AF861924

DIE EISENBAHN IM WIRTSCHAFTSLEBEN

DIE EISENBAHN IM WIRTSCHAFTSLEBEN

VON

KURT WIEDENFELD

BERLIN
VERLAG VON JULIUS SPRINGER
1938

ISBN-13: 978-3-642-90577-3 e-ISBN-13: 978-3-642-92434-7
DOI: 10.1007/978-3-642-92434-7

Alle Rechte, insbesondere das der Übersetzung, vorbehalten

Copyright 1938 by Julius Springer in Berlin

Vorwort

Das Transportmonopol der Eisenbahn, das allüberall reichlich ein halbes Jahrhundert den Aufbau und die Entwicklung des Wirtschaftslebens maßgeblich bestimmt hat, ist gegenüber dem gewaltigen Ausbau der Wasserstraßen und vollends gegenüber dem starken Hochkommen des Kraftwagenverkehrs in keinem Lande zu halten. Anfangs als „Staat im Staate" von den Völkern und von den Regierungen in gleicher Weise gefürchtet, ist dieses Monopol durch die gesetzgebenden Gewalten zum Träger einer allgemeinen Beförderungspflicht und einer gleichmäßigen Tarifpflicht gemacht worden. Staatliche Handhabung oder wenigstens staatliche Aufsicht haben auch allenthalben dafür gesorgt, daß diese Verpflichtungen wirklich erfüllt werden. Auf sie hat das Wirtschaftsleben sich eingerichtet. Und niemand bleibt von der Frage unberührt, ob auch ohne Transportmonopol an der Beförderungs- und der Tarifpflicht festgehalten werden kann, was etwa zur Aufrechterhaltung einer so entscheidenden Grundlage des Wirtschaftslebens geschehen muß.

Solche Frage zu beantworten, verlangt Klarheit über das Warum des Monopols. Wie hat es dazu kommen können, daß im Eisenbahnwesen (und nur in ihm) die dem Kapital innewohnende Monopoltendenz über alle Widerstände so gut wie restlos Herr geworden ist? In keinem andern Wirtschaftszweige gibt es Unternehmungen, die auch nur annähernd die Kapitalkraft der Eisenbahngesellschaften erreichen, und die Deutsche Reichsbahn gar ist nach Kapitalgröße und Beschäftigtenzahl das bei weitem größte Unternehmen der ganzen Welt. Mit der wirtschaftlichen Bedeutung verbindet sich also eine soziale Macht von unvergleichbarer Wucht. Und wiederum ist es „Jedermanns" Angelegenheit, um die es bei den Eisenbahnen geht.

Das Urteil endlich, wie Volksgemeinschaft und Staat zu den Eisenbahnen sich wohl stellen können, darf an den Leistungen nicht vorübergehen, die in den vergangenen Jahrzehnten vollbracht worden sind; — an der Art und Weise, wie die Eisenbahnen in die Wirtschaftsentwicklung eingegriffen haben, wie sie zu den wichtigsten Trägern solcher Entwicklung geworden sind. Wird in der Gegenwart auch in fast allen

Staaten die wirtschaftliche Bindung an die Welt stark gelockert, zumeist sogar aus ihrer maßgeblichen Bedeutung herausgenommen, — dabei ist es doch geblieben, daß in allen Kulturstaaten das Leben der Gesamtbevölkerung sich auf regelmäßigem und allgemeinem, tagtäglich die Lebensnotwendigkeiten erfassendem Güteraustausch aufbaut, und daß ein solcher lebenswichtiger Austausch ohne regelmäßige Transportvorgänge auch übernationaler Art sich nicht denken läßt. So gibt die Vergangenheit trotz anderer Betonung der Bedeutungselemente auch für die Gegenwart noch eine wichtige Urteilsunterlage ab, und auch sie muß kennen, wer sich ein solches Urteil bilden will.

Diesen drei Fragenkomplexen sind die drei Abhandlungen gewidmet, die ich hiermit einer breiteren Öffentlichkeit vorlege. Sie sind ursprünglich in Zeitschriften veröffentlicht worden; und zwar die beiden ersten im „Archiv für Eisenbahnwesen", Jahrgang 1938 und 1936, der dritte in der Zeitschrift „Die Staatsbank", Jahrgang 1935. Sie zu einem Buch zusammenzufassen, scheint mir eben der Bedeutung wegen, die den Eisenbahnen beizumessen ist, und vor allem deshalb angebracht, weil das Ganze des Transportwesens im Deutschen Reich vor einer tiefgreifenden Umwälzung steht, über deren Richtung und Folgen nachzudenken nicht nur für die Fachkreise eine wichtige Aufgabe darstellt.

Es versteht sich von selbst, daß in die älteren Aufsätze jeweils die neuesten Erscheinungen nachgetragen worden sind. Sollte aber die Geschlossenheit der einzelnen Abhandlungen aufrechterhalten bleiben, so waren in den Einzelheiten Wiederholungen nicht immer zu vermeiden; dieselbe Erscheinung greift nun einmal in die verschiedenen Betrachtungsweisen mit oft gleichem Gewicht ein, und dann dürfte eine Wiederholung zur Klärung besser als eine Rückverweisung geeignet sein.

Zum Schluß habe ich den Schriftleitungen und Verlegern der beiden Zeitschriften, in denen die Abhandlungen früher erschienen sind, für die Zustimmung zu dem Wiederabdruck ebenso aufrichtig zu danken wie dem Verlag, der diesen Abdruck jetzt als Buch herausbringt.

K. Wiedenfeld.

Inhaltsverzeichnis

I.

Die Verkehrsaufgaben zur deutschen Wirtschaftsgestaltung

Kapitel I: Die neue Wirtschaftsweise.

1. Verglichen mit der Vorkriegszeit, in der heiß und heftig um den Ausbau des Wasserstraßennetzes gestritten worden ist, weist das deutsche Wirtschaftsleben der Gegenwart eine so tiefgreifende Wandlung seines ganzen Wesens auf, daß auch für die Verkehrspolitik sich eigenartig neue Aufgaben ergeben. Damals ganz und gar in die Weltmarktwirtschaft eingespannt und trotz seiner Schutzzölle von der Preisbewegung des Ländergesamts in der Gestaltung seiner Gütererzeugung und seines Güterverbrauchs entscheidend bestimmt, hat sich das Reich unter dem Druck des Friedensdiktates und der Abschließungsmaßnahmen fast aller wichtigeren Staaten mehr und mehr darauf eingestellt, den lebenswichtigen Bedarf seiner Bevölkerung aus der Ausnutzung seiner eigenen Bodenkraft und seiner eigenen Bodenschätze bis zum Letzten der natürlichen und technischen Möglichkeiten zu decken, nach diesem Bedarf also und nicht mehr nach dem internationalen Vergleich der Gestehungskosten seine Gütergewinnung zu entfalten. Die Auslandsbeziehungen in Einfuhr und Ausfuhr können nur noch eine zwar wichtige und teilweise sogar unentbehrliche, aber doch nicht mehr eine den Gesamtgang regelnde Ergänzung des heimischen Güteraustauschs bilden. Was vordem lediglich ein bequem zusammenfassender und deshalb leicht mißzuverstehender Ausdruck für die tatsächlichen Gegebenheiten des deutschen Wirtschaftslebens war, hat einen tiefen Sondersinn erhalten: es gibt jetzt eine *deutsche Volkswirtschaft* des Inhalts, daß die Gütererzeugung und der Güterverbrauch im Rahmen des deutschen Staatsraumes für die Lebens- und Schaffensnotwendigkeiten aufeinander abgestimmt werden, daß das Wirtschaftsleben selbst durch die einheitlich-staatliche Wirtschaftspolitik hindurch und über diese hinaus auf den geschlossenen Staatsraum bezogen erscheint und so — trotz der Auslandsergänzungen — im wesentlichen auch in sich auf diesem Raume

seinen Kreislauf vollendet. Der Staatsgedanke, wie er von bestimmtem Raume nicht zu trennen ist und wie er für das deutsche Volk im Reich jetzt seiner Verwirklichung entgegengeht — er hat auch für die Wirtschaftsbeziehungen der Menschen dieses Raumes, für das wirtschaftliche Verhalten der Raumbewohner die Bedeutung der entscheidenden Grundlage angenommen.

Dies ist gegenüber aller Vergangenheit etwas durchaus Neues. Allerdings hat schon der Merkantilismus der werdenden Großstaaten seine Wirtschaftspolitik ganz und gar auf den Zusammenschluß der mannigfachen, bislang nur durch die Person des Fürsten zusammengehaltenen Landschaften eingestellt und durch eine zentrale Verwaltungsleitung für die Durchführung der gesamtstaatlichen Anordnungen zu sorgen unternommen; er hat auch, wo die Natur es erlaubte, durch Kanalbauten über immerhin schon größere Entfernungen hinweg seine Landschaften tatsächlich miteinander zu verbinden und einen Güteraustausch zwischen ihnen herbeizuführen versucht. Dennoch ist es sogar einem Friedrich dem Großen nur in dem eingeschränkten Rahmen seines mitteldeutschen Besitzes, den er durch das Netz der märkischen Wasserstraßen zwischen Elbe und Oder aufgeschlossen hat, und in schmalem Streifen längs des Warthe-Netze-Weges nach der Weichsel hin, nicht aber für das Gesamtgebiet gelungen, mit Hilfe seines Magazinsystems von Ost nach West einen regelmäßigen Ausgleich zwischen örtlichen Mißernten und andersörtlichen Überschüssen an Getreide zu sichern; hat doch sogar der Bau des Plauer und des Finowkanals hauptsächlich dem Salzverkehr zwischen den magdeburgischen Gewinnungsstätten und Berlin—Stettin, dem Transport also eines geringmassigen Luxusgutes dienen sollen. Ebenso lassen die zahlreichen Getreide-Ordonnanzen des großen französischen Kanalbauers Colbert deutlich erkennen, daß jener Ausgleich sich fast nur für benachbarte Landschaften und ebenfalls nicht, trotz günstigerer Raumgestaltung des Staates, über das Gesamtgebiet hinweg bewirken ließ. In England standen noch nach den Napoleonischen Kriegen die Ausfuhr- und die Einfuhr-Grafschaften für Getreide nebeneinander, obwohl in der zweiten Hälfte des 18. Jahrhunderts ein „Kanalbaufieber" das Mittelland ebenso mit London wie mit der Ost- und der Westküste verbunden hatte, und obwohl in Gestalt der berühmten Drehkreuzstraßen auch befestigte Landwege schon mannigfach das Gebiet durchzogen.

Trotz aller Wirtschaftspolitik war also vor dem Zeitalter der Eisenbahnen und Telegraphen nirgends in den großen Staaten von wirklicher

Geschlossenheit eines einheitlichen, in seinen Teilen sich ergänzenden Wirtschaftskörpers zu sprechen. Sogar nach der Aufhebung der Binnenzölle, die überall die Einheitlichkeit des Staates wirtschaftlich zum Ausdruck bringen sollte — in Frankreich ein Ergebnis der Großen Revolution und eine Ergänzung der neuen Departements-Einteilung, in den neugebildeten Staaten Süddeutschlands eine Folge des Reichsdeputationshauptschlusses von 1803, in Preußen eine Wirkung der Staatserweiterung von 1815, und im Deutschen Zollverein von 1834 ab (bis 1888) allmählich auf die Glieder des späteren Reiches ausgedehnt — sogar nach dieser bedeutsamen Maßnahme der Wirtschaftspolitik ist das Wirtschaftsleben noch lange Zeiten in allem Wesentlichen seinen alten Weg örtlicher Gebundenheit weitergegangen, hat es in den einzelnen Landschaften sich mit der Erzeugung und dem Verbrauch der tagtäglichen Lebensnotwendigkeiten oder gar mit deren Preisbildung kaum nach den benachbarten Landschaften und schon gar nicht nach der Ferne, auch nicht nach der Ferne des eigenen Staatsraumes maßgeblich ausgerichtet. Und dies gerade kennzeichnet die Gegenwart: die Wirtschaftspolitik, die das Staatsganze umgreift, findet jetzt im Wirtschaftsleben ihre Entsprechung; der Güteraustausch und damit die gegenseitige Erzeugungsergänzung werden zu maßgeblichem Teil (wenngleich nicht restlos) in das Staatsgebiet gezogen, und auf der Unterlage heimischer Gestehungskosten findet die Preisbildung statt.

Für Deutschland ist aus der staatlichen Entwicklung noch ein zweites Neues entstanden. Obwohl nämlich schon durch den Zollverein seinen Mitgliedern und dann durch die Verfassung von 1871 dem Reich die Einheitlichkeit der Außenzölle gegeben war und auch binnenwirtschaftlich wichtige Sachgebiete verfassungsgemäß durch Reichsgesetze geregelt worden sind, haben doch die einzelnen Bundesstaaten und Länder gerade auf wirtschaftlichem Gebiete ihre Selbständigkeit sowohl in der Gesetzgebung wie namentlich in der Verwaltung sich in sehr hohem Grade bewahren können und auch zur Wirkung gebracht. Das galt vor allem für die Tarifgestaltung der Eisenbahnen; denn wenn es auch zwischen 1880 und 1890 nach und nach gelungen war, für die sieben Staatsbahnnetze und die elsaß-lothringischen Reichsbahnen die sog. Normaltarife des Güterverkehrs auf einheitliche Sätze zu bringen, so blieben doch die Ausnahmetarife von solcher Regelung völlig frei und hiermit großenteils gerade diejenigen Gütergruppen, die als Massenstoffe von gehobener wirtschaftlicher Bedeutung sind — auf den preußisch-hessischen Bahnen z. B. sind nicht weniger als 60 % des gesamten Güterverkehrs schließlich nach solchen Sondersätzen abgewickelt worden, und mancher „Eisenbahntarifkrieg“ ist vor dem Weltkriege auf deutschem Boden von den Einzelstaaten geführt worden. Dieser Mißstand ist dann zwar durch die „Verreichlichung“ aller Staatsbahnen (1920) beseitigt worden, und auch die Binnenwasserstraßen stehen gemäß der Verfassung von 1919 einheitlich unter Reichsverwaltung. Wie aber sogar während des schweren Existenzkampfes des deutschen Volkes sich die Sorge der sog. Mittelstaaten, Preußen würde als Beherrscher des so wichtigen Kohlenbergbaus und der Eisenindustrie allzu sehr an wirtschaftlicher Kraft ihnen überlegen werden, mannigfach der Durchführung sachlicher Gebotenheiten entgegengestemmt und sie wenigstens verzögert hat, so ist auch später der formelle Verlust der Eigenstaatlichkeit von den „Ländern“, nicht zuletzt von Preußen, keineswegs reibungslos hingenommen worden; und immer waren es bevorzugt die wirtschaftlichen Interessen, die man gegenüber der Reichsverwaltung und gegeneinander geltend gemacht hat. Der Weg zu wirklicher Einheitlichkeit der gesamten Wirtschaftspolitik und zum Aufbau eines in sich ruhenden, nach innerer Abrundung strebenden Wirtschaftslebens ist erst durch diejenige Gesetzgebung geöffnet worden, die an die Spitze der Länderregierungen die Reichsstatthalter und diese unter den Reichsminister des Innern gestellt, die aber auch in die wichtigeren Fachbereiche tief eingegriffen und hierdurch in das deutsche Wirtschaftsleben selbst einen starken Zug des Zusammenarbeitens gebracht hat. Jetzt läßt sich dieses Wirtschaftsleben, wenngleich erhebliche Teile des deutschen Volkstums außerhalb des Reiches stehen und demgemäß nicht organisch-zwangsläufig dem neuen Wirtschaftskörper angehören, im Raume des Reiches als eine, wie wirtschaftspolitische, so wirtschaftsorganisatorische Ganzheit — als deutsche Volkswirtschaft also begreifen.

Hiermit hat sich *Deutschlands Wirtschaftsverhältnis zur übrigen Welt* grundlegend gewandelt. Wie auch die anderen Staaten, deren Wirtschaftskräfte bis zum Weltkriege in der Weltmarktwirtschaft zusammengefaßt und erst in ihr zur Ganzheit gelangt waren, so lehnt Deutschland es jetzt ab, sein Dasein als Teil des weltmarktwirtschaftlichen Ganzen zu führen: es will seine Produktivkräfte entfalten, gleichgültig ob dieselben Erzeugnisse etwa von außen her billiger zu beschaffen sind, und im eigenen Bereich den Verbrauch weitestgehend auf die eigene Gütererzeugung abstellen; es will namentlich auch seine Preisbildung sich im Lebensnotwendigen nicht mehr von außen her bestimmen lassen. Das Reich und das Wirtschaftsleben seines Raumes folgen hiermit lediglich dem Vorgehen der andern früheren Weltmarktglieder und sogar nur dem Zwange, der von den andern Staaten teils unmittelbar als den Gläubigerländern, teils mittelbar durch ihre Absperrungsmaßnahmen ausgeübt wird. Daß von der früheren Wirtschaftsweise nichts mehr übriggeblieben ist, zeigt unverkennbar die völlige Währungszersplitterung; wird doch weder das Gold als ein feststehender Wertungsmaßstab, noch das englische Pfund als allgemeine Verrechnungseinheit international noch anerkannt. Für Deutschland ist um so mehr Grund gegeben, den Güter- und Leistungsaustausch mit dem Ausland straffer zu regeln, als noch immer schwere Auslandsschulden auf ihm lasten und einen Teil seiner Ausfuhrerlöse beanspruchen. Es waren böse Erfahrungen, die schließlich (1934) zum „Neuen Plan" geführt und das Bemühen, die Einfuhr nicht über das Maß der deutschen Zahlungsfähigkeit hinausgehen zu lassen, in eine feste Form gebracht haben.

Dieses bedeutet jedoch nicht, daß Deutschland jetzt etwa die Einfuhr aus der Fremde gänzlich entbehren könne und deshalb auch auf die Aufrechterhaltung seiner Ausfuhr keinen Wert mehr zu legen brauche. Trotz der Ernährungsschlachten und auch nach Durchführung des zweiten Vierjahresplans wird die steigende Bevölkerung voraussichtlich immer das Hereinholen namentlich solcher Nahrungsmittel, die weniger physisch als psychisch — von der Erzielung starken Arbeitswillens und geistig-seelischer Leistungsfähigkeit mehr als von der Erhaltung des Körpers her — zu bewerten sind (wie Reis, Kaffee, Tabak, Bananen), und erst recht die Beschaffung gewisser ausländischer Rohstoffe, die sich auch auf synthetischem Wege nicht oder nicht in genügender Menge und Beschaffenheit aus dem deutschen Boden gewinnen lassen (wie einige Erz- und Holzarten, Baumwolle, Felle und Häute, Phosphate), zur unabweislichen Notwendigkeit machen. Und wie schon zur Bezahlung all dieser Massen eine Ausfuhr entsprechender Wertgröße unentbehrlich bleibt, so wird auch eine beträchtliche Anzahl von deutschen Gewerbezweigen ihre hochgelernte, auf spezialisierte Leistung eingestellte Arbeiterschaft, ihre technischen und kaufmännischen Angestellten festgelegter Arbeitsrichtung und selbst ihre Unternehmer nur weiterbeschäftigen können, wenn ein mehr oder minder großer Teil der fertigen Erzeugnisse nach wie vor den Weg ins Ausland zu nehmen vermag. Auf Autarkie im vollen Wortsinn kann das deutsche Wirtschaftsleben sich um so weniger einstellen, als es hiermit der Bevölkerung den Nahrungs- und Beschäftigungsspielraum einengen und die Volkszahl jeweils von solchem Spielraum abhängig machen würde.

So läßt sich denn die neue Wirtschaftsweise, für die sich der Ausdruck Nationalwirtschaft mehr und mehr in Wissenschaft und Praxis einbürgert, nach ihren wesentlichen Zügen dahin umschreiben: sie ist in der Gütererzeugung und im Güterverbrauch mit den Lebensnotwendigkeiten der Bevölkerungsmassen bis zur letzten Möglichkeit auf den Gesamtraum je ihres Staates abgestellt; als Ergänzung gerade auch für solche Lebensnotwendigkeiten, nicht nur für den Luxusbedarf einer dünneren Oberschicht nimmt sie aber auch das Ausland in Anspruch — hier wie dort maßgeblich von der staatlichen Wirtschaftspolitik nach Art und Richtung bestimmt. Das Wirtschaftsleben, das in der Weltmarktwirtschaft (für das Menschenalter von 1880 etwa ab bis zum Kriegsbeginn) sich vom eigenen Raum so gut wie völlig gelöst hatte und somit raumunabhängig, aber weltgebunden geworden war, hat diese Bindung abgeworfen; es hat aber dadurch nicht schlechthin seine Raumunabhängigkeit verloren, ist nicht lediglich auf größerem Raume in die Verhältnisse primitiver Vergangenheit zurückgefallen. So wird man es, um zugleich den starken Einfluß der Wirtschaftspolitik zum Ausdruck zu bringen, als „staatsraumbezogen" bezeichnen dürfen. —

2. Das Doppelgesicht des deutschen Wirtschaftslebens gibt den *Fragen der Transportgestaltung* im Rahmen der gesamten Wirtschaftsproblematik ein eigenartiges, gegenüber aller Vergangenheit gesteigertes Schwergewicht. Zumal in einem Staatsgebiet wie Deutschland, das einen großen Landkoloß mit geringer Meerberührung darstellt und dank dem gleichen Süd-Nord-Verlauf seiner meisten und wichtigsten Ströme, wie auch dank dem weithin gebirgigen Charakter seiner westlichen und südlichen Teile von der Natur für ein Zusammenstehen aller seiner Landschaften nicht gerade vorbestimmt erscheint. Hier hängt wesentlich stärker als in andern Staatsräumen — man stelle etwa daneben Großbritannien in seiner langgestreckten Inselgestalt oder Frankreich mit seinem radialen Flußsystem und seiner ebenfalls verhältnismäßig langen Meeresküste — vom Transportverhalten der Menschen, nicht zuletzt der Staatsverwaltung der Grad ab, bis zu welchem das wirtschaftliche Hauptziel der Gegenwart, der Zusammenschluß der Staatsteile, in der Wirklichkeit sich erreichen läßt, und wie dann hiermit die Verfolgung des zweiten Zweckes, der ergänzungsweisen Heranziehung des Auslandes, zu verbinden ist.

Allerdings ist gerade für Deutschland die Verkehrsproblematik wiederum dadurch vereinfacht, daß das Gesamtnetz seiner Transportanstalten in den wesentlichen Linien schon ausgebaut oder doch durch weit ausgreifende Gesetze festgelegt ist. So hat die Eisenbahnausstattung schon seit den achtziger Jahren des vergangenen Jahrhunderts fast nur noch durch Schienenwege rein örtlicher Bedeutung, durch Neben- und Kleinbahnen verdichtet zu werden brauchen; für die Hauptbahnen hat es sich lediglich um die Erhöhung ihrer Leistungsfähigkeit gehandelt. Das Wasserstraßengesetz von 1921 hat mit der Fertigstellung des Mittellandkanals eine Anzahl von Flußkorrektionen und Kanalisierungen angeordnet, die im Laufe der nächsten Jahre sämtlich durchgeführt sein werden und vom Rhein bis zur Oder, vom Südwesten bis zum Osten also, ein Fluß- und Kanalnetz von einigermaßen einheitlicher Gestalt, gleichsam gleichspurig, schaffen sollen; die Unterschiede der Tragfähigkeit, die nach älteren Plänen noch zwischen den 2000-t-Schiffen für den Rhein und dem 400-t-Schiff für die Oder sich bewegten, werden zwar nicht völlig ausgeglichen, bleiben aber mit dem 1200-t-Schiff für den Mittellandkanal und dem 800-t-Schiff für die Oder in erträglichen, den Ausdruck Wasserstraßennetz immerhin noch erlaubenden Grenzen — nur die Warthe, die jetzt fast ganz in polnischem Gebiet verläuft, und die Weichsel, an der die deutsch-polnische Grenze (entgegen der sonst in der Welt ausschließlich geltenden Regel) auf das rechte Ufer und nicht in die Mitte des Stromlaufs gelegt ist, bleiben ebenso wie dank dem polnischen Korridor die Wasserstraßen Ostpreußens völlig außerhalb der so geschaffenen Einheit. Auch dem großen Landstraßenverkehr ist mit den Reichsautobahnen und mit der Erklärung der wichtigeren sonstigen Straßen zu Reichsstraßen das Rückgrat gegeben, mit dem er rechnen kann. Selbst die Flugzeuglinien dürfen, soweit das Reichsgebiet davon berührt wird, als feststehend geltend, nachdem das Chaos der ersten Nachkriegsjahre durch die straffe Zusammenfassung der mannigfachen Unternehmungen örtlichen Ehrgeizes hat überwunden werden können. Das Netz der besonderen Nachrichtenmittel, der drahtgebundenen und der drahtlosen Übertragung, ist vollends so dicht über das Gesamtgebiet gelegt, daß kaum noch örtliche Ergänzungen in Betracht kommen.

Somit hat vor allem der Streit, ob Eisenbahn oder Binnenschiffahrt oder Lastkraftwagen im Vordergrund der Entwicklung stehe und je bevorzugt zur Erfüllung der Gesamtaufgabe sich eigne, seinen Sinn verloren. Die Politik als Trägerin allen Zielsetzens hat gesprochen und zur Erörterung nur noch die Frage gelassen, wie Eisenbahn und Binnenschiffahrt und Lastkraftwagen und auch die andern Transportmittel am besten, d. h. mit dem jeweils größten gemeinwirtschaftlichen Erfolge, einzusetzen sind. Die Frage spitzt sich schließlich dahin zu: ob dem Wirtschaftsleben mehr mit der planmäßigen gegenseitigen Ergänzung oder mit dem Wettbewerb der verschiedenen Verkehrsträger gedient sei, und wie etwa die Ergänzung ausgestaltet werden könne und solle. Hierauf die Antwort zu geben, ist aber nicht die Sache eines abstrakt-technischen Vergleichs. Es gilt vielmehr eine Untersuchung, die auf der einen Seite die Leistungskraft jedes Transportmittels an der Mannigfaltigkeit der Transportaufgaben mißt, die andererseits aber auch die von Natur und Geschichte in jedem Lande besonders gestellten Bedingungen maßgeblich berücksichtigt und so immer nur zu einem länderweise gültigen Ergebnis gelangen kann. Rechtfertigt dieses die Beschränkung auf Deutschland, wie sie hier vorgenommen wird, so folgt aus jenem für eine wirtschaftlich eingestellte Betrachtung die Grundaufteilung nach den binnen- und den außenwirtschaftlichen Aufgaben, die vielleicht doch verschiedene Ansprüche an die Transportmittel stellen.

Kapitel II: Die Transportmittel in der deutschen Binnenwirtschaft.

1. Wenn es sich in der deutschen Binnenwirtschaft jetzt vor allem darum handelt, das Gesamtgebiet des Reiches ohne Rücksicht auf die Entfernungen, die dabei von den Gütern etwa zu überwinden sind, im Rahmen der Erzeugungsmöglichkeiten zu einem Wirtschaftsganzen zusammenzufassen, so haben mit der Fertigstellung des Mittellandkanals die *Wasserstraßen* gegenüber der Vergangenheit eine erhöhte Beachtung zu beanspruchen.

Das wichtigste Hemmnis, unter dem die Flüsse und Kanäle stehen, ist bekanntlich darin gegeben, daß sie dank ihrer Naturabhängigkeit nicht in beliebiger Verzweigung, wie sie für die Schienenwege und vollends für die Landstraßen möglich ist, über weite Flächen gelegt werden können. Sie bedürfen daher, um auch abseits ihres Verlaufs wirtschaftlich wirksam zu werden, der Ergänzung durch die andern Transportmittel; d. h. bei ihnen muß in sehr beträchtlichem Umfang mit der Notwendigkeit von Umladungen, mit einer Vor- oder Nachfracht und oft genug mit Vor- und Nachfracht gerechnet werden. Dies bedeutet, daß sie auf kurze Entfernungen nur dann ihre Vorzüge zu entfalten vermögen, wenn die erste Absendestelle des Gutes und die letzte Empfangsstelle beide durch den Wasserweg miteinander verbunden sind. Schon eine einzige Umladung bringt nicht nur besondere Kosten mit sich; sie gefährdet auch die Beschaffenheit des Transportgutes, und sie verlangsamt die Abwicklung des Wasserverkehrs, da ein einzelner Kahn, vollends ein Schleppzug eine größere Anzahl von Eisenbahnzügen und gar von Lastkraftwagen zu seiner Füllung beansprucht und deshalb auf deren Heranrollen zu warten hat. Eine zweite Umladung bedeutet die Verdoppelung solcher Sonderkosten und Aufenthalte. Somit müssen die niedrigen Kosten des eigentlichen Wassertransportes schon mit erheblichem Schwergewicht in die Waagschale fallen, die Belastung der Umladungen auszugleichen, was nur bei verhältnismäßig langen Wegen in betracht kommt. Und dann wieder erhebt sich die Gefahr, daß die naturabhängige Wasserstraße nur auf großem Umwege die Umladungsplätze verbindet, daß also Eisenbahn und Landstraße die höheren Kosten der kilometrischen Leistung durch die Kürze des Weges auszugleichen vermögen.

Als Beispiel für die Bedeutung der Umladungen und der Umwege sei angeführt, daß vor der Eröffnung des Rhein-Herne-Kanals selbst ein so hoch leistungsfähiger Strom wie der Rhein für die Beförderung derjenigen Ruhrkohlenmengen, die nicht unmittelbar von den Zechen in die Schiffe verladen werden konnten, fast ausnahmslos erst benutzt worden ist, wenn der Empfangsort am Rhein selbst oberhalb von Koblenz lag; und kam noch eine zweite Umladung in Betracht, so mußte schon Frankfurt oder gar Mannheim den Endpunkt des Schiffstransportes abgeben. Das Braunkohlenbrikett der mitteldeutschen Bergbaugebiete hat sein wichtigstes Absatzgebiet, Berlin, niemals mit Hilfe der Elbe, Havel und Spree aufgesucht; und selbst nach Hamburg ist es in größeren Mengen mit der Eisenbahn als im gebrochenen Eisenbahn-Schiffahrts-Wege regelmäßig befördert worden. Die böhmische Braunkohle hat dagegen ebenso selbstverständlich fast nur die Elbe benutzt, um Hamburg und auch Berlin zu erreichen.

So wird deutlich, was für die Binnenschiffahrt die Errichtung des Mittellandkanals ausmacht. In ihrem westlichen Abschnitt durchzieht diese Wasserstraße, ergänzt durch den Lippe-Seitenkanal, vom Steinkohlenbezirk der Ruhr, der seinen Namen bekanntlich nur noch geschichtlich — längst nicht mehr geographisch — begründet, gerade diejenigen östlichen und vor allem nördlichen Teile, die zwar erst am Ende des vorigen Jahrhunderts erbohrt und in den ersten Jahrzehnten des laufenden Jahrhunderts aufgeschlossen worden sind, die aber alsbald das Schwergewicht der ganzen Kohlegewinnung an sich gerissen und als Träger der Zukunft zu gelten haben. In der Mitte sind es die Eisenverarbeitungsstätten bei Osnabrück und bei Peine (Ilsede), im Osten der Kali- und der Braunkohlenbergbau Mitteldeutschlands, die teilweise vom Kanal selbst, sonst vom Ergänzungsstück der neu kanalisierten Saale und des Elster-Saale-Kanals eine Belebung erwarten. Ganz fern im Südosten endlich schließt Deutsch-Oberschlesien mit seinem Bergbau auf Steinkohle, Zink und Bleierz, an den die neu regulierte Oder und der erweiterte Klodnitz- (jetzt Adolf-Hitler-) Kanal heranführen, die Reihe der alten Massengutgewinnungsstellen ab, die jetzt an die hoch leistungsfähige Wasserstraße des Mittellandkanals und seine Ergänzungen den unmittelbaren Anschluß erhalten werden. Neu kommt hinzu die gewaltige Anlage der Reichswerke „Hermann Göring", die in der Nachbarschaft von Ilsede auf dem Eisenerzvorkommen von Salzgitter aufgebaut wird und tief in die Verarbeitung hineinragen soll; durch einen besonderen Seitenkanal wird sie an die Hauptstrecke angeschlossen werden. Aus der Landwirtschaft ist das mitteldeutsche Gebiet anzuführen, das in der Intensität der Bodenbearbeitung an der Spitze der ganzen Welt steht und aus der unmittelbaren Nachbarschaft dem Wasserweg wohl größere Mengen von Getreide und namentlich Zucker zuführen wird; vielleicht kann auch Niederschlesien insoweit Vorteil aus ihm ziehen, als Großbetriebe eine einheitliche Versendung ihrer Erzeugnisse vorzunehmen vermögen. Endlich liegen nicht weniger als 17 Großstädte, die zusammen eine Bevölkerung von fast 10 Millionen Menschen zählen, zwischen Duisburg und Gleiwitz an der neuen Wasserstraße selbst, und nimmt man die miteinander verbundenen Ströme hinzu, so sind es gar 32 Großstädte mit zusammen mehr als 15 Millionen — rund ein Fünftel der deutschen Gesamtbevölkerung; nicht nur gewaltige Verbrauchszentren, sondern sämtlich als Träger weit aufgespaltener und unendlich mannigfaltiger Verarbeitungsgewerbe zugleich stark zusammengeballte Stätten der Güterfertigung und hierdurch Bezieher der Rohstoffe und Halbfabrikate, die in jenen Bergbaubetrieben gewonnen werden. Im ganzen wird man hiernach die Volksmasse, deren Lebensraum vom deutschen Wasserstraßennetz (einschl. der Donau) bespült wird, auf ein Drittel der Gesamtzahl wohl schätzen dürfen. So wird in Zukunft die eine Bedingung — Lage des ersten Versendungs- und des letzten Empfangsplatzes an der Wasserstraße — in wesentlich erhöhtem Maße erfüllt sein, auch wenn der Unterschied der Leistungsfähigkeit, wie er zwischen den westlichen und den östlichen Teilstrecken noch festgehalten werden muß, schwerlich einen regelmäßigen Güteraustausch zwischen den Endstrecken, am wenigsten zwischen Rhein und Oder selbst, etwa zulassen wird.

Auch mit der zweiten Bedingung steht es dank dem Mittellandkanal für die Binnenschiffahrt besser als bisher: es gibt in reicher Mannigfaltigkeit Entfernungen, deren Größe die Hemmung der Umladungen und der Umwege überwinden läßt. So sind diejenigen Zechen des Ruhrgebietes, die nicht an der Wasserstraße selbst liegen, für die Belieferung Mitteldeutschlands genau so auf einen Eisenbahn-Vortransport eingerichtet, wie sie gewohnt sind, den Ruhrorter Rheinhafen auf dem Schienenwege zu erreichen. In Oberschlesien wird sogar für die meisten Bergwerke ein solches Vorlegen der Eisenbahn nötig werden, da der Adolf-Hitler-Kanal erst am westlichen Rande des Bezirks beginnen kann. Leipzig rechnet darauf, für den westlichen Teil des sächsischen Industriegebietes ebenso erhebliche Mengen der Textilrohstoffe heranbringen, wie die Fertigwaren abtransportieren zu können; vollends hofft es, der maßgebliche Versandplatz für die südlich und östlich anschließenden Braunkohlengruben im Verkehr mit Mitteldeutschland und Hamburg zu werden. Und was auf der ganzen Länge des Kanal- und Flußsystems der Beispiele mehr sind, bei denen sich die Städte auf die Erfahrungen Hildesheims berufen, das in der Tat am Ende seines Seitenkanals einen regen Güterumschlag zu bewältigen hat. Mit der Länge des Wasserweges wächst dessen Einflußbereich flächenmäßig ins Breite; stärker also, als der Wegvergrößerung allein entsprechen würde.

Noch ein Drittes wird der Binnenschiffahrt dank den jetzt ausgeführten Erweiterungs- und Verbesserungsarbeiten einen Zuwachs an Leistungsfähigkeit bringen: die größere Regelmäßigkeit der Wasserführung, die auf Weser, Elbe und Oder durch die Errichtung von Talsperren und die Behandlung des Stromlaufes selbst erzielt werden soll, die auf den Kanälen als eine Selbstverständlichkeit gilt — sie betont eine Seite des Verkehrs, die seit der Ausbreitung der Schienenwege und Telegraphen allgemein im überörtlichen Güteraustausch eine besonders wichtige Rolle spielt. Das Wirtschaftsleben legt — abgesehen von den wenigen Güterarten, die einem raschen Verderb ausgesetzt sind — auf die Schnelligkeit der Beförderung viel weniger Gewicht als auf die Berechenbarkeit des erforderlichen Zeitaufwandes. Man hat sich längst abgewöhnt, an den Verbrauchsstellen sich durch Vorratshaltung gegen die unabsehbaren Störungen eines primitiven Transportsystems zu schützen. Alles ist vielmehr auf denkbar regelmäßige, dem Fahrplan der Eisenbahn angepaßte Zufuhr der Verarbeitungsstoffe ebenso wie der Verbrauchsgüter eingerichtet und will gerade der Zeit nach genauestens disponieren können. Muß man sich dennoch, wie es bei der Benutzung der Binnenschiffahrt unvermeidlich ist, mit Unregelmäßigkeiten abfinden, so drückt sich dies in den Frachten aus, die dem Empfänger der Waren gleichsam eine Risikoprämie belassen müssen. Oft genug wird aber die Eisenbahn oder der Lastkraftwagen nur deshalb bevorzugt, weil sich bei ihnen der Zeitpunkt des Eintreffens mit größerer oder gar mit absoluter Genauigkeit vorausberechnen läßt. Kommt es also nach der Fertigstellung der jetzigen Bauten im gesamten Wasserstraßennetz zu einem höheren Grad solcher Berechenbarkeit der Transportzeiten, so ergibt sich auch daraus für die Binnenschiffahrt ein weiterer Spielraum.

Trotz alledem kann keine Rede davon sein, daß das neu gestaltete Netz der deutschen Wasserstraßen für sich allein jenem Ziele genügen könnte, aus Deutschlands Gesamtgebiet einen einheitlichen, abgerundeten Wirtschaftskörper zu machen, oder daß man es auch nur als das Rückgrat des deutschen Transportsystems bezeichnen dürfte. Sogar in der Ebene Norddeutschlands und vollends im gebirgigen Süden sind denn doch allzu weite und wichtige Wirtschaftsbezirke außer jeder Berührung mit den schiffbaren Flüssen und Kanälen. Ostpreußen sieht sich ganz abgeschnitten und auf die Ostseeküste gewiesen. Verglichen mit den Schienenwegen und Landstraßen, die in die tiefsten Winkel der Landschaften die Wagen gleicher Art zu tragen und doch mit ihrer Ausstattung sich den geringsten Transportbedürfnissen anzupassen vermögen, ist es für die Wasserstraßen dabei geblieben, daß ihre Ausmessungen sich über die gesamte Länge nach dem Höchstmaß zu richten haben, das es irgendwo zu befriedigen gilt, und daß sie daher für Strecken geringen Verkehrs schon in der ersten Anlage zu teuer werden; auch Stichkanäle lassen sich also nur für große Leistungen verantworten, während eine Neben- oder Kleinbahn oder gar eine Landstraße schon bei niedrigsten Erwartungen bauwürdig erscheint. Und selbst dann, wenn das Transportbedürfnis etwa die Errichtung eines Kanals oder wenigstens die Verbesserung eines Flußlaufes erlauben würde, bleibt noch die Abhängigkeit vom naturgegebenen Wasserzufluß und von den klimatischen Verhältnissen als unabänderliche Grenze der Leistungs- und der Ausbreitungsmöglichkeiten. Mag unter primitiven Verhältnissen das Vorhandensein eines Stromes zunächst die Anlage einer Eisenbahn oder festen Straße überflüssig machen — in einem Lande, dessen Wirtschaftsleben ganz und gar auf Güteraustausch gestellt ist und die wirtschaftlichen Notwendigkeiten des tagtäglichen Daseins hiervon nicht ausnimmt, muß dem leistungsfähigsten Strom und Kanal die Eisenbahn zur Seite gestellt sein. Nicht obwohl, sondern weil der Rhein im Laufe des 19. Jahrhunderts fast zu einem Kanal ausgebaut worden ist und auch von der Natur stark bevorzugt erscheint, weil infolgedessen sich auf ihm ein Verkehr von sonst nirgends bekanntem Umfang entwickelt hat — darum laufen längs seiner beiden Ufer jene zweigleisigen Eisenbahnen, die aufs äußerste in Anspruch genommen sind und schon längst Ergänzungslinien innerhalb der begleitenden Gebirge notwendig gemacht haben. Fast im gesamten Ausland — Frankreich allein ausgenommen — sind denn auch die Wasserstraßen im Zeitalter der Eisenbahn verödet und nur ausnahmsweise, besonderer Wirkungen wegen, noch ausgebaut worden. Auch in Deutschland hat man lange gestritten, ob nicht die Anlage einer Schleppbahn den Transportaufgaben besser als der Mittellandkanal dienen werde. Aber noch niemand ist auf den Gedanken verfallen, zugunsten neuer Kanalbauten auf die Eisenbahnen etwa zu verzichten. Einstweilen zeigen also diese und nicht die Wasserstraßen die Kennzeichen einer das Ganze tragenden Rückgraterscheinung. —

2. Ganz eigenartig ist im Binnenwirtschaftsleben die Stellung der *Landstraße* und des auf ihr sich bewegenden *Kraftwagenverkehrs.* Vergleicht man die Gegenwart mit dem gleichgerichteten Transportmittel der Vergangenheit, so fällt nicht nur die gewaltige Steigerung der Zugkraft, die sich aus dem Einsatz des mechanischen Motors ergibt, sondern fast mehr noch die weit vorgetriebene Differenzierung solcher Kräfte und die hieraus folgende Unterschiedlichkeit der Wegegestaltung in die Beobachtung: selbst eine Vielheit von Pferden oder Zugochsen unterscheidet die gezogene Last von der des einspännigen Fuhrwerks nicht annähernd so stark, wie sich heute der schwere Last-

kraftwagenzug vom kleinen Personenkraftwagen abhebt, und eine Reichsautobahn hat in ihrer Tragfähigkeit kaum noch eine Ähnlichkeit mit dem einfachen Landwege, während früher dieser und die befestigte Straße doch zumeist von denselben Fahrzeugen benutzt werden konnten. Vergleicht man jedoch in der Gegenwart die Landstraße mit den anderen Transportmitteln, so wird ihr Wesen bestimmt einerseits durch die Geringfügigkeit der motorischen Zugkraft, die selbst beim stärksten Lastkraftwagenzuge weit hinter der Leistung einer schweren Eisenbahnlokomotive oder eines Schleppdampfers zurückbleibt; andererseits aber (hiermit ursächlich zusammenhängend) durch die große Anpassungsfähigkeit gegenüber den natürlichen Wegebedingungen, die selbst eine Autostraße tiefer in die Talwinkel hinein und höher in die Gebirge hinaufzuführen erlaubt, die auch dasselbe Fahrzeug im Innern der Städte wie auf der freien Landstraße verkehren läßt, sowie durch die Beweglichkeit, mit der dem einzelnen Transportauftrag zu jeder Zeit gerade das ihm entsprechende Fahrzeug dargeboten werden kann. Jene Differenzierung verhindert allerdings, den gesamten Straßenbesitz eines Landes als ein einheitliches Netz des Sinnes zu bezeichnen, wie die Schienenwege gleicher Spurweite dieselben Wagen, wenngleich unter Wechsel der Zugkraft, überallhin zu tragen vermögen; insofern zeigen die Landstraßen eine Ähnlichkeit mit den Wasserstraßen verschiedener Tragfähigkeit. Die Unterschiede sind aber doch nicht annähernd so groß wie dort und in aller Regel nicht groß genug, die Benutzung des leichteren Fahrzeugs auf den Wegen des Großverkehrs völlig auszuschließen. Was also an „Massenhaftigkeit“ dem einzelnen Beförderungsvorgang abgeht, wird in recht hohem Grade durch die Beweglichkeit und Anpassungsfähigkeit ausgeglichen, zumal der mechanische Motor auch hier die Berechenbarkeit der Beförderungszeit und ein genügendes Maß von Schnelligkeit weitgehend gewährleistet.

Aus solcher Sachlage ergibt sich die Stellung, die dem Lastkraftwagen im Gesamtbilde des deutschen Verkehrs zuzuweisen ist. Dank dem Fehlen der neuzeitlichen Massenhaftigkeit ist er für die Beförderung der großen Massenstoffe (wie Erze, Kohlen, Steine, Ziegel u. dgl.) nur wenig geeignet. Er kann diese zwar als Zubringer der Bahn und der Schiffahrt wie auch dann übernehmen, wenn er den Weg unmittelbar von der Gewinnungs- zur Verbrauchsstätte im sog. Haus-Haus-Verkehr zurückzulegen vermag. In jedem Fall muß es sich aber um immer noch verhältnismäßig geringe Mengen handeln, die in einheitlichem Vorgang zu verladen sind; ein Betrieb wie die Leuna-Werke, die täglich eine ganze Anzahl voll ausgelasteter Eisenbahnzüge an Braunkohle verarbeiten, lassen sich diese aus den Gruben des nahe benachbarten Geiseltals in regelmäßigem Pendelverkehr mit eigenen Großraumwagen lieber von der Reichsbahn zuführen, als daß sie ungezählte Lastkraftwagen dafür einsetzen, und so handeln die meisten Großverbraucher, die einen eigenen Bahnanschluß besitzen, wenn nicht die Entfernung auf der Landstraße ganz wesentlich kürzer als etwa auf der Eisenbahn ist. Im Fernverkehr spielen also die derben Massenstoffe keine irgend erhebliche Rolle; sie sind im wesentlichen dem Nah- und Zubringerverkehr vorbehalten.

Die leichteren Güter jedoch machen sich vielfach gerade das geringere Ladegewicht des Kraftwagens oder Kraftwagenzuges zunutze, um vom Güterzugfahrplan der Eisenbahn und von den Zeitverlusten, die sich aus der Aufstellung der Güterzüge und aus der Sammlung der gleichzeitig zu befördernden Güter unvermeidlich ergeben, für eine Sendung freizuwerden, die für sich allein oder mit rasch zusammenkommenden Stückgütern desselben Bestimmungsortes den Lastwagen schon füllt, für den Eisenbahntransport aber noch nicht einmal eine Stückgut-Sammelladung ergeben würde. Auch für große Entfernungen ergeben sich hierbei Zeitvorteile um so eher, als die Eisenbahn direkte Güterzüge, die unterwegs weder Wagen abgeben noch aufnehmen sollen, nur zwischen wenigen Großstädten verkehren lassen kann, und als vor allem die Fahrpläne der Güterzüge dank der Benutzung desselben Schienenweges für das Vorbeilassen der Personenzüge nur allzu oft lästige Aufenthalte vorsehen müssen. Es ist eine Frage der Dringlichkeit, ob im Einzelfall ein solcher Vorteil den Nachteil der größeren Transportgefährdung und der geringeren gesetzlichen Haftpflicht aufwiegt.

Für Stückgüter darf andererseits die Bedeutung des Haus-Haus-Verkehrs nicht so hoch eingeschätzt werden, wie es oft geschieht. Auch auf der freien Landstraße macht sich in aller Regel bei großen Entfernungen nur die Benutzung eines großen Kraftwagens oder gar eines Kraftwagenzuges bezahlt. Diesen in den Städten herumfahren und seine Last zusammensuchen zu lassen, geht aber zumeist nicht an; hier müssen die kleinen Einheiten eingesetzt werden. Auch hier wird also eine zweifache Umladung — am Abgangs- und am Bestimmungsorte — notwendig. Die Betriebsstellen des Reichskraftwagenbetriebs-Verbandes haben daher schon allenthalben den Charakter von „Sammelbahnhöfen“ angenommen. Handelt es sich aber um größere, einen schweren Wagen füllende Sendungen, so hat auch die Eisenbahn sich durch den Behälterverkehr ebenso wie der Kraftwagen von solchen Notwendigkeiten freigemacht.

Für die Fernbeziehungen hat einstweilen der sog. Werksverkehr die größere Bedeutung erlangt; jener Verkehr also, der sich zwischen den Betriebsstätten derselben Unternehmung abspielt. Hier dürfte weniger ein technischer Transportvorteil als vielmehr die Befreiung von den Frachttarifen der Eisenbahn entscheidend ins Gewicht fallen. Überall in der Welt macht sich bei den ganz großen Unternehmungen und vollends bei den Konzernen, die mehrere Fabrikationsstufen in sich vereinigen, sehr stark das Bestreben geltend, die Kostengestaltung für den gesamten Güterumlauf selbst in die Hand zu bekommen und, wie bei den Anfangs- und Zwischenprodukten von den Marktpreisen, so in den Transporten von den allgemeingültigen und nicht nach den besonderen Verhältnissen des einzelnen Großwerks ausgerichteten Eisenbahntarifen unabhängig zu werden.

Für den gewerblichen Teil des Kraftwagendienstes gibt es aber gerade im Nahverkehr immer Aufgaben zu lösen, die im Hinblick auf das allgemeine Ziel des landschaftlichen Zusammenrückens von besonderem Gewicht sind. Auch die Schienenwege können nicht so dicht über Deutschland gelegt werden, daß schließlich jedes Dorf oder auch nur jede Klein-Landschaft ihren unmittelbaren Anschluß erhält; hierzu sind sie in der Anlage und im Betriebe zu teuer — von den Wasserstraßen gar nicht zu sprechen, die nur für sehr großen Verkehr in Betracht kommen. Auch solche Bezirke aber gehören in den Gesamtkreis der deutschen Volkswirtschaft hinein und sollen an dem nationalen Güteraustausch teilhaben. Für sie ist es ein Vorteil des Kraftwagens, daß er sowohl mit seiner eigenen Tragfähigkeit und entsprechend seinem Gewicht als auch mit seiner Straße dem Bedürfnis der einzelnen Gegend angepaßt werden kann, daß keine Einheitsspur eines Gleises zu hohen Mindestaufwendungen zwingt, und daß die Geringfügigkeit des Anlagekapitals schon bei geringerer Ausnutzung den Betrieb lohnend macht. Gilt dies aber selbst für diejenigen Teile Deutschlands, die sich schon eines recht dichten Eisenbahnnetzes erfreuen, so vollends für die Grenzbezirke des Westens und mehr noch des Ostens, die durch die Abtrennung der früher deutschen Gebietsteile den Zusammenhang mit ihren alten Absatzgebieten vielfach verloren und nun einen Anspruch darauf haben, daß ihnen Ersatz geschaffen werde. Keineswegs sind etwa — um nur dies eine Beispiel anzuführen — alle Schädigungen bereits behoben, die längs dem polnischen Korridor die völlig unsachliche Grenzziehung dem Leben der deutschen Seite geschlagen hat; und es geht nicht an, nur den südlichsten Abschnitt, so wichtig Oberschlesien selbstverständlich ist, als förderungsbedürftig zu betrachten. Längs der ganzen Grenze handelt es sich um mehr als nur ein wirtschaftliches Interesse, wenn für einen breiten Streifen deutschen Landes die Forderung erhoben wird, ihn durch Schaffung guter Zubringerstraßen an die verbesserte Oder und an die

Hauptbahnlinien und dadurch an das übrige Deutschland enger und enger anzuschließen.

Im Personenverkehr, soweit er sich die Pflege der wirtschaftlichen Beziehungen zur Aufgabe setzt, liegt es nur wenig anders. Auch in ihm greifen zwar die Autobuslinien vielfach weit über den landschaftlichen Bereich hinaus in die Ferne, und vollends gibt es für den Einzelkraftwagen kaum noch eine räumliche Grenze. Nur dieser jedoch dient, wenn er zur Überwindung großer Entfernungen benutzt wird, in nennenswertem und sogar großem Umfange und regelmäßig auch dem Anknüpfen und Abwickeln geschäftlicher Vorgänge, während die Autobusfahrten solcher Art fast ausschließlich zum Zwecke der Erholung und der allgemeinen Wissensbereicherung veranstaltet werden. Im Nahverkehr dagegen sind gerade dem Autobus besonders wichtige wirtschaftliche Aufgaben gestellt, mag es sich um die Beförderung von Arbeitskräften aus den Wohngemeinden zur Arbeitsstätte oder allgemein wiederum um den Zubringerdienst für die Eisenbahnen handeln. Die „Überlandlinien“ nehmen im Personenverkehr etwa die wirtschaftliche Stellung ein, die für die Güterbeförderung die gewerblichen Kraftwagen-Unternehmungen innehaben, während die Benutzung des Einzelwagens sich eher dem Güter-Werkverkehr vergleichen läßt.

Weder im Personen- noch im Güterdienst aber läßt es das Fehlen der ins Große gehenden Massenhaftigkeit des einzelnen Transportvorganges dazu kommen, daß der Kraftwagen etwa mit der gleichen Durchschlagswirkung die Eisenbahn oder die Binnenschiffahrt im überlandschaftlichen Güteraustausch ersetze. So beträchtlich die Mengen sind, die er vom Schienenwege regelmäßig schon abzieht — an dessen Bedeutung als Rückgrat des Gesamtverkehrs hat er nicht rütteln können. —

3. Wesentlich stärker noch eingeschränkt ist der Wirkungsbereich, den die *Verkehrsmittel der Luft* und die *besonderen Nachrichtenmittel* für sich in Anspruch nehmen.

In den Nachrichtendienst hat zwar der Rundfunk das ihm sonst fehlende Element der Massenhaftigkeit unmittelbar eingefügt; und die Bild-Fernübertragung hat dank der Genauigkeit, mit der sie den Text jeder Mitteilung und vor allem die Unterschrift des Absenders dem Empfänger vor die Augen stellt, die Zuverlässigkeit der Übermittlung gerade für wirtschaftlich bedeutsame Meldungen ganz wesentlich erhöht. Beides aber, die Massenhaftigkeit und die hochgradige Zuverlässigkeit, in der drahtgebundenen oder der drahtlosen Übertragung zu vereinigen, ist noch nicht gelungen. Infolgedessen ist im Wirtschaftsleben der Geschäftsbrief unentbehrlich geblieben, der zwar je für sich nur eine Einzelnachricht enthält, mit andern zusammen aber von der Post zu Massentransporten vereinigt wird.

Für die Briefpost hat nun aber der Luftdienst eine Beschleunigung gebracht, wie sie von keinem der andern Massentransportmittel erreicht wird. Dieser Vorteil macht sich zwar nicht im Nahverkehr, für den die Transporte zu und von den Flugplätzen zu stark ins Gewicht fallen, wohl aber — im Gegensatz zum Personenverkehr, in dem er nur für sehr weite Reisen von maßgeblicher Bedeutung ist — schon bei ziemlich geringen Entfernungen geltend und entzieht vollends auf den großen Strecken, wie sie in Deutschland für das wirtschaftliche Zusammenfügen von Nord und Süd, Ost und West zu überwinden sind, erhebliche Mengen von Postsendungen dem Eisenbahnbetriebe. Ein empfindlicher Nachteil ist es jedoch, daß die hohen Raum- und Geldansprüche, die sich aus dem Anlegen der Flugplätze ergeben, und die Betonung der langen Strecken zu einer starken Konzentration des Luftverkehrs zwingen; an Ausbreitungsmöglichkeit sind diesem nicht nur die Landstraßen und Schienenwege, sondern sogar auch die Wasserstraßen weit überlegen.

Somit sind sowohl die Eigenmittel der Nachrichtenübertragung als auch der Luftdienst zwar eine wichtige Ergänzung zu den anderen Verkehrsträgern; einen Ersatz stellen sie nicht dar. Und für die grundlegende Bedeutung, die im Gesamtaufbau des deutschen Transportapparates den Eisenbahnen zukommt, ist es kennzeichnend, daß die Reichspost, die im landschaftlichen Verkehr sich des Kraftwagens in großem Umfang bedient, die den Flugzeugen geradezu die finanzielle Unterlage bietet, dennoch weitaus am stärksten auf den Eisenbahndienst sich stützt, der mit seiner Berechenbarkeit ein ausreichendes Maß von Massenhaftigkeit und Schnelligkeit verbindet und in seiner räumlichen Ausdehnung die Dichtigkeit eines engmaschigen Grundnetzes allenthalben aufweist. —

4. Vollends ist die *Küstenschiffahrt* im binnenwirtschaftlichen Güteraustausch auf räumlich engen Wirkungsbereich beschränkt. Ihre bei weitem wichtigere Aufgabe liegt in der Verbindung, die sie zwischen den deutschen Ostseehäfen auf der einen und den Nordseehäfen auf der andern Seite zum Anschluß an deren großen Überseeverkehr herstellt. Zum deutschen Binnenlande hin — zum „Reich“, wie man sich noch heute auszudrücken pflegt — ist selbst für Ostpreußen der Eisenbahnweg in aller Regel billiger und schneller als der kombinierte Eisenbahn-See-Weg, den man bei Benutzung der Küstenfahrt einschlagen müßte. Für dieses Verkehrsmittel bedeutet die Gestalt des deutschen Raumes eine natürliche Ungunst von solcher Wucht, daß sie auch durch die besonderen Vorzüge des Meerestransportes nicht auszugleichen ist.

So hat denn auch in der Vergangenheit nur der schmale, unmittelbare Küstenstreifen des Ostens, der seine landwirtschaftlichen Erzeugnisse im jeweils dicht benachbarten Ostseehafen unmittelbar verladen kann, diese Gelegenheit mit einiger Regelmäßigkeit benutzt, den Absatz im zufuhrbedürftigen Mittel- und Westdeutschland zu finden und in umgekehrter Richtung sich mit den Fertigwaren der dortigen Industrie zu versorgen. Die zahlreichen kleinen Häfen, die in dichter Folge sich an der deutschen Ostseeküste aneinanderreihen, von denen viele in ihren Rathäusern und Kirchen die Zeugnisse alter Hanseherrlichkeit aufweisen — sie haben mit ihrer Schiffahrt sämtlich nur noch eine streng örtliche Bedeutung, greifen allenfalls mit ihrem Fischfang in die Ernährung des tieferen Hinterlandes ein. Sogar Königsberg verdankte die Seeverbindung, in der es mit Köln gestanden hat, der Hauptsache nach nicht seinem deutschen, sondern dem Aus- und Einfuhrbedürfnis seines russischen Hinterlandes, wie auch Danzig den Großteil seiner Getreideversendungen aus polnischem und südrussischem Einflußbereich gezogen hat; und erheblich größere Mengen sind aus beiden Hafenplätzen regelmäßig ins Ausland (nach den skandinavischen Staaten und England) als etwa über Stettin, Hamburg oder die Rheinstädte ins innere Deutschland gegangen. Es ist für alle diese Seehäfen und ihre Verkehrsaufgabe kennzeichnend, daß sie nach der Wiedereinführung des Getreidezolls (1879 und namentlich 1885) und vollends nach der Einführung des Getreidestaffeltarifs der preußischen Staatsbahn (1891) an Bedeutung stark verloren haben, weil die Landwirte ihres deutschen Hinterlandes ihre Erzeugung nunmehr mit der Eisenbahn nach Berlin hin absetzten, wo der Zoll preishaltend wirken konnte — daß sie aber alsbald wieder zum Aufschwung gekommen sind, als die Einführung des Einfuhrscheins (1895) für die Ausfuhr die Gewährung einer dem Zollbetrage entsprechenden Vergütung brachte und die preußische Staatsbahn zugleich den Getreidestaffeltarif wieder aufheben mußte.

Erst das Unfriedensdiktat von Versailles hat mit der Schaffung des polnischen Korridors die deutsche Küstenschiffahrt stärker in den binnenwirtschaftlichen Güteraustausch hineingestellt. Trotz aller Verträge, die zwischen dem Reich und Polen über die Durchleitung deutscher Züge abgeschlossen worden sind, bedeutet die Berührung eines fremden Staatsgebietes unvermeidlich eine starke Störungsquelle, zum mindesten eine beträchtliche Verzögerung für alle Transporte und damit ein Maß von Unberechenbarkeit, das sich mit den neuzeitlichen Verkehrsansprüchen nicht verträgt. Und wie deshalb für den Personendienst vom preußischen Staate eine besondere Seeverbindung zwischen Stettin und Königsberg errichtet worden ist, so ziehen auch Gütersendungen vielfach den Seeweg von und nach Ostpreußen jetzt dem Eisenbahnwege vor. Wie schon erwähnt, ergibt sich hieraus auch für den Kraftwagen eine wichtige Aufgabe: bei den geringen Entfernungen, um die es sich meistens zwischen Küstenplatz und Binnenstadt handelt, hat er als Zubringer der Küstenschiffahrt wichtige Dienste zu leisten.

Überall sonst ist es bei dem früheren Verhältnis geblieben. Der Fischfang bringt zwar erhebliche Mengen binnenwirtschaftlich wichtiger Güter in die Häfen hinein. Seine „Erzeugnisse“ sind aber viel zu sehr auf schnellsten Weitertransport gestellt, als daß sie von der Küstenschiffahrt aufgenommen werden könnten. Sie ins deutsche Binnenland zu bringen, ist überall eine Aufgabe der Eisenbahn. Einen Güteraustausch von deutscher Landschaft zu deutscher Landschaft trägt die Küstenfahrt nur in streng örtlich begrenztem Bereich. —

5. So sind denn die *Eisenbahnen* dasjenige Verkehrsmittel, das für die Zusammenfügung der deutschen Landschaften von jeher die Hauptleistung vollbracht hat und auch in der Gegenwart für dieses Ziel am wirksamsten einzusetzen ist. Die restlose Abstimmung von Fahrstraße, Fahrzeug und Betriebsführung läßt zwar nicht von jeder der heute geforderten Eigenschaften das Höchstmaß erreichen; das gilt nur von der Fahrplanmäßigkeit und Berechenbarkeit der Entfernungsüberwindung, während an Massenhaftigkeit des Einheitstransportes die Binnenschiffahrt, an räumlicher Anpassungsfähigkeit und Wendigkeit die Landstraße mit dem Kraftwagen, an Schnelligkeit der Luftverkehr und die Eigenmittel der Nachrichtenübertragung dem Schienenwege überlegen sind. Wohl aber ergibt sich für diesen aus dem Zusammenklang der bau- und betriebstechnischen Bedingungen für das Ganze der Leistung ein so hoher Grad, wie er von keinem der andern Verkehrsträger erreicht wird. Den besonderen, auf bestimmte Sachbereiche je beschränkten Aufgaben dieser andern Transportmittel stellt also die Eisenbahn — weil sie auf eigener, nur ihr dienender Fahrstraße und der hierauf verlegten Schiene eine gleichmäßige Bewegungskraft von hoher Leistungsfähigkeit und eine entsprechend große Last trägt und dank der Zwangsläufigkeit aller Transporte auf streng fahrplanmäßigen Betrieb angewiesen ist — eine Allgemeineignung gegenüber, die sie (und nur sie) schlechthin überall einsatzfähig macht: auch ihre Massenhaftigkeit, ihre Wendigkeit, ihre Schnelligkeit sind beträchtlich genug, den hohen Ansprüchen der Gegenwart überall zu genügen, wann und wo nicht zu besonderen Zwecken die eine Leistungsseite auf Kosten der andern betont wird.

Die Eignung der Eisenbahn, über große Landgebiete hinweg Verbindungen von starker Durchschlagskraft zu schaffen, tritt in Deutschland schon in jenem Jahre 1847 hervor, in dem sich (aus der Vereinigung der preußischen Eisenbahndirektionen, 1846 gegründet) der Verein Deutscher Eisenbahn-Verwaltungen gebildet hat. Schon zehn Jahre nach der

Eröffnung der ersten deutschen Bahn war das Bedürftnis nach gemeinsamem Vorgehen aller wichtigeren Unternehmungen stark genug, der anfangs auch hier auftretenden Eigenbrötelei ein Ende zu machen. Dem Verein ist es zu verdanken, daß durch die Vereinheitlichung der Gleisspurweite und der Brücken- und Tunnelprofile die Wagen seiner Mitglieder durch ganz Deutschland verkehren konnten, wie durch den Austausch aller Betriebserfahrungen und das Aufstellen einheitlich geltender Fahrregeln allenthalben ein hoher Grad von Sicherheit früh erreicht worden ist. Erst dank diesen Maßnahmen hat der Deutsche Zollverein sich mit wirklichem Leben, mit überlandschaftlichem Güteraustausch füllen können.

Dieselbe Erfahrung hat wenig später die ersten Bahnen ins Leben gerufen, die von allem Anfang an nicht auf die Verbindung benachbarter Städte und auf die Pflege des Personenverkehrs, sondern langstreckig und unter Betonung des Güteraustausches geplant wurden. Es war auch nicht Zufall oder allein die finanzielle Notwendigkeit, was einen so weit ausgedehnten und damals noch zerrissenen Staat wie Preußen zu starker Förderung gerade solcher Bahnen und bald auch, nachdem das Hindernis einer fehlenden Verfassung beseitigt war, zum eigenen Bau aufgerufen hat. War es im Westen, wo der preußische Staat durch seine Kapitalgarantien die Errichtung der Köln-Mindener Eisenbahngesellschaft ermöglicht hat, ausgesprochen das politische Bedürfnis, die westlichen Provinzen (über die gleichzeitig geplanten Bahnen des Königreichs Hannover und des Herzogtums Braunschweig) mit dem mitteldeutschen Kern der Monarchie zu verbinden, so stand beim staatlichen Bau der Ostbahn und der Niederschlesisch-Märkischen Bahn — der ersten preußischen Staatsbahnen — ebenso ausgesprochen der wirtschaftliche Zweck im Vordergrund, für die östlichen Provinzen den Zugang zur Landeshauptstadt zu erleichtern und umgekehrt deren Ernährung aus jenen landwirtschaftlichen Gebieten zu sichern. Welch gewaltiger Unterschied der Zielsetzung gegenüber den ersten Bahnen, wie der Welt, so auch Deutschlands; hier etwa Nürnberg—Fürth, Berlin—Potsdam, Leipzig—Dresden, Braunschweig—Wolfenbüttel (die erste deutsche Staatsbahn), Köln—Aachen, Düsseldorf—Elberfeld, München—Augsburg als einige der wichtigsten Planungen der Anfangszeit aufzuführen.

Einen starken Schritt über die landschaftlichen Beschränkungen, der Absicht nach sogar über die Einzelstaaten hinaus hat die Reichsverfassung von 1871 mit der Bestimmung getan, daß die deutschen Eisenbahnen „wie" ein einheitliches Nutz verwaltet werden sollten. Bismarck ist dann (1876) zwar mit seinem Versuch, die wichtigeren Linien in den Besitz des Reiches zu bringen, am Widerstand der Einzelstaaten gescheitert.

Von 1875 ab beginnt jedoch in diesen die Verstaatlichung der Privatbahnen. Sie ist in Preußen, dem das Jahr 1866 die Vereinigung der östlichen und der westlichen Teile gebracht hatte, bis etwa 1885 so weit durchgeführt worden, daß man seitdem von einem geschlossenen Netz sprechen darf, welches in Norddeutschland den Osten und Westen aneinander schließt und mit dem Saargebiet auch tief in den Südwesten herunterreicht. Hier schloß das ebenfalls einheitliche Netz der elsaß-lothringischen Bahnen an — besonders wichtig deshalb, weil dieser Besitz nicht als Bestandteil des Reichsland-Haushaltes, sondern unmittelbar vom Reiche verwaltet wurde und seine oberste Spitze im preußischen Arbeitsminister (als Haupt der preußischen Staatsbahnen) fand. Dem Haken, mit dem nun Preußens Einfluß den ganzen Süden umfaßte, wurde in seinem Winkel noch eine besonders starke Versteifung eingebaut, als sich im Jahre 1896 die preußisch-hessische Eisenbahngemeinschaft bildete und kurz darauf (1901) die so wichtige Main-Neckar-Bahn (Frankfurt a. M.—Mannheim—Heidelberg) ihr beitrat. Wer denkt da nicht an die Anfänge des Deutschen Zollvereins, zu dem ja auch Preußen und das Großherzogtum Hessen zuerst sich zusammengefunden haben! Die Tarifpolitik der preußisch-hessischen Gemeinschaft hat selbst auf die Ausnahmetarife der andern Staatsbahnen tatsächlich einen sehr maßgeblichen Einfluß ausgeübt.

Von dieser Zeit ab wird folgerichtig der Reichsbahngedanke wieder eifrig erörtert, und zwar sind es hauptsächlich süddeutsche Kreise, die ihn aufgreifen. Es kommt aber zunächst (1909) — und das ist kennzeichnend für die Ausdehnung, die schon der überlandschaftliche Güteraustausch innerhalb Deutschlands erhalten hat — lediglich zur Gründung der Güterwagengemeinschaft, an der sich alle deutschen Hauptbahnen, auch die Staatsbahnen, beteiligen; nicht aber zu einer Erweiterung der preußisch-hessischen Gesamt-Eisenbahngemeinschaft. Erst nach dem Weltkriege, als dieser das intensivste Ineinanderarbeiten aller Bahnen notwendig gemacht hatte, und als andererseits der Staatsbahnbesitz eine höchst empfindliche Finanzlast für die Besitzerstaaten geworden war, da wurde die Zeit reif, die einzelstaatlichen Bahnen in der Hand der Reichsverwaltung zu der großen Einheit zusammenzufassen, die schon ein Bismarck erstrebt hatte, und die allein den allseitigen Wiederaufbau des überstark beanspruchten und daher der Erneuerung dringend bedürftigen Eisenbahnwesens Deutschlands zu tragen vermochte. Die Forderung der neuen Verfassung, die Bahnen des deutschen Gebietes „als" ein geschlossen-einheitliches Unternehmen des Reiches selbst und nicht mehr nur „wie" eine Einheit aufzubauen, ist seit dem 1. April 1920 verwirklicht, und seit 1934 sind auch die letzten Reservatrechte beseitigt, die sich die Länder in den Übertragungsverträgen noch vorbehalten hatten. Einer einheitlichen, das Ganze des reichsdeutschen Raumes überschauenden Tarifpolitik ist nunmehr gerade auch für den Güterverkehr der Weg geöffnet.

Kapitel III: Die Transportmittel und die Außenwirtschaft.

1. Die neue Zielsetzung des deutschen Wirtschaftslebens, welche die außenwirtschaftlichen Beziehungen nur als eine Ergänzung des binnenwirtschaftlichen Güteraustausches gelten läßt, hat auch das Gesamt der Transportmittel in neue Zusammenhänge und demgemäß unter neue Wertungen gestellt. Oder richtiger: sie hat scharf in den Vordergrund eine Betrachtungsweise gerückt, die zwar in der Vergangenheit schon im Gefolge der Schutzzollpolitik Bismarcks sich an einigen Stellen hier und da bemerkbar gemacht hat, im ganzen jedoch bislang ohne irgendeine wesentliche Bedeutung geblieben war.

Allerdings darf auch in der Gegenwart die *außenwirtschaftliche Aufgabe der Verkehrsträger* nicht ausschließlich etwa darin erblickt werden, daß sie die Einfuhr der uns fehlenden Rohstoffe und lebenswichtigen Nahrungsmittel durch Linienführung und Frachtengestaltung ebenso wie die zur Abgeltung der überstaatlichen Zahlungsverpflichtungen erforderliche Fabrikatenausfuhr zu erleichtern hätten. In nicht geringer Menge müssen wir vielmehr auch jetzt noch aus dem Ausland gewisse Entbehrlichkeiten in den deutschen Verbrauch treten lassen, weil die fremden Lieferländer nur unter solcher Gegenleistung zur Abnahme entsprechender oder gar größerer Werte in deutschen Waren bereit sind; wir erhalten also mit der Durchbrechung der allgemein eingehaltenen Abwehrlinie teilweise überschüssige und anderweit verwertbare Zahlungsmittel, sichern jedenfalls wichtigen Zweigen der deutschen Industrie ihre gewohnten Absatzgebiete und folgeweise die Weiterbeschäftigung der darin tätigen Arbeitskräfte. Und in umgekehrter Richtung stehen uns für die Ausfuhr in der Steinkohle und in den Kalisalzen auch Rohstoffe zur Verfügung, deren Lagerstätten wir dank ihrer Reichhaltigkeit nicht zu schonen brauchen; gerade sie stellen aber als derbste und kostenempfindlichste Massenstoffe an den Transportapparat und seine Frachten um so höhere Ansprüche, als die Steinkohlenvorkommen zur billigen Straße des Meeres wesentlich ungünstiger liegen als die englischen Gruben, ihre wichtigsten Wettbewerber, und als auch für die Kalisalze vom früheren Weltmonopol Deutschlands nichts mehr übrig geblieben ist, seitdem nicht nur die elsässischen Bergwerke zu französischem Besitz geworden, sondern auch in mannigfachen Ländern Europas und der Übersee neue abbauwürdige Lagerstätten erschlossen worden sind. So zeigt sich von der Warenseite her die den deutschen Verkehrsmitteln gestellte außenwirtschaftliche Aufgabe nicht als vereinfacht, sondern im Gegenteil als stärker verschlungen und mannigfacher bedingt, als sie je in der Vergangenheit gewesen ist.

Vollends wird die Lage durch die örtlichen Verschiebungen kompliziert, die als Folge der ausländischen Absperrungsmaßnahmen im gesamten Außenhandel Deutschlands teils schon eingetreten sind, teils noch angestrebt werden müssen. Konnte sich das deutsche Wirtschaftsleben vordem darauf einrichten, daß sich die Einfuhr der wichtigsten Unentbehrlichkeiten zu großem Teil durch eine Ausfuhr bezahlte, die nach ganz anderen Erdgebieten ging als jenen, aus denen die Einfuhr stammte, und auch aus Unternehmungs- und Kapitalerträgen, die irgendwo sonst in der Welt gewonnen wurden, so heißt es jetzt, die Ausfuhrwerte länderweise auf die Einfuhr abstimmen. Dies bedeutet nicht nur eine stärkere Betonung einiger alteingefahrener, sondern vielfach das Aufsuchen neuer Bezugs- und Absatzgelegenheiten und damit für das Land der europäischen Mitte die Benutzung und Öffnung neuer Transportwege in Europa selbst, folgeweis auch im eigenen Bereich. Die Wirkung greift noch tiefer, bis in die Standortbestimmung und die Frachtengestaltung hinein, wenn an Stelle der hochwertigen und kostenunempfindlichen Verkaufsgüter eines gehobenen Geschmacks, die in der deutschen Ausfuhr seit langem eine bevorzugte Stelle innegehabt haben, die derben Massenfabrikate eines weniger entwickelten Bedarfs an das Ausland zu liefern sind.

Nicht zuletzt hat für den Außenhandel die Transportgestaltung dadurch eine besondere Bedeutung, daß die „Welt“ im Einkauf und namentlich im Verkauf noch immer unter dem Gesetz des Wettbewerbs steht. Es gilt also, ohne Rücksicht auf die innerdeutschen Verarbeitungsbedingungen für die ausländischen Rohstoffe und Nahrungsmittel wie auch für die mehr entbehrlichen Waren jeweils dieselben Preise zu bieten und für die deutschen Güter draußen nicht höhere Preise zu fordern, als von andern Ländern her geboten und gefordert werden. Dieser Druck ist für das deutsche Wirtschaftsleben um so empfindlicher, als die internationale Fabrikationsteilung und Fabrikationsergänzung der Vergangenheit längst nicht in dem früheren Ausmaß gilt und gerade die deutschen Verarbeitungsgewerbe sich daher seit dem Großen Kriege vielfach einem scharfen Wettbewerb bei solchen Waren ausgesetzt sehen, für die sie vordem eine recht ausgeprägte Vorzugsstellung auf dem Weltmarkt genossen haben. Erst recht ist der Preiskampf hart in den derben Massenwaren, die nun wieder umgekehrt von den deutschen Gewerben stärker für den Außenabsatz eingesetzt werden müssen. Und selbst dort, wo die deutsche Industrie noch einen technisch-qualitativen Vorsprung aufweist — wie etwa in einigen Zweigen des Maschinenbaues —, wird dieser durch die Hemmungen der Kreditgewährung stark abgeschwächt; handelt es sich doch hierbei um Produktionsmittel, die ihren Preis dem Erwerber nur nach und nach wieder einbringen, also mit Vorliebe gerade in kapitalschwachen Neuländern auf Kredit gekauft werden, und ist doch Deutschland durch seine Devisennot darauf gestellt, für jede Ausfuhr den Gegenwert möglichst rasch zu erhalten, um ihn zur Bewirkung neuer Einfuhr benutzen zu können. Solchen Schwierigkeiten zu begegnen, müssen alle Faktoren des Inlands zusammenwirken. So auch die Transportanstalten, die mit ihren Frachten zumeist einen wesentlichen Bestandteil der deutschen Gestehungskosten ausmachen. —

2. So beträchtlich für das Land der europäischen Mitte mit seinen Fluß- und besonders zahlreichen Eisenbahnübergängen die Gütermengen sind, die über die trockene Grenze aus dem Ausland kommen und mehr noch ins Ausland gehen — die wichtigeren Träger seines Außenhandels sind doch die großen *Nordseehäfen* und die in ihnen sich abwickelnde *Seeschiffahrt.* Sogar nach der Ostsee hin dienen sie der deutschen Ausfuhr in erheblich stärkerem Maße als Lübeck und Stettin, wie sie umgekehrt von dort her mehr Waren nach Deutschland hereinfließen lassen; sie sind auch im Wettbewerb mit London für den ganzen Ostseebereich die Vermittler der überseeischen Beziehungen und die Umladeplätze. Ebenso führen die Transportfäden nach dem Süden und Südosten Europas mehr über die Seehäfen als über die Landgrenzen.

Allerdings müssen sich die deutschen Nordseeplätze (Hamburg, Bremen und Emden) in die Bedienung des deutschen Hinterlandes nach wie vor mit den Häfen der Rheinmündungen, vor allem mit Rotterdam, teilen; nur Antwerpen hat an Bedeutung für den deutschen Wirtschaftsbereich stark verloren, seitdem durch das Versailler Diktat Lothringen und Luxemburg herausgerissen worden sind. Mit jener politischen Tatsache müssen wir uns abfinden; weder ist jemals die Wiedereingliederung der Niederlande in das Deutsche Reich ernstlich angestrebt worden, noch können wir den Rhein als die leistungsfähigste Verbindung zum Meere hin entbehren. Rein wirtschaftlich betrachtet steht die Einbuße, die Deutschland hierdurch erleidet, weit zurück hinter den Vorteilen, die ihm im gesamten Rheingebiet und tief nach Süddeutschland hinein die Benutzung des Rheins bis zu seinen Mündungen gewährt. Der holländischen Volkswirtschaft kommen, da auf dem Flusse selbst — entsprechend der Rheinkonvention von 1831 — keinerlei Befahrungsabgaben erhoben werden, fast nur die Hafengebühren und die Speditionsentgelte zugute. Rotterdam zumal ist für Deutschland in Ein- und Ausfuhr so gut wie ausschließlich Umschlagstätte; sein Eigenhandel — mit den entsprechend höheren Handelsgewinnen — ist fast völlig auf Holland selbst beschränkt. Amsterdam greift zwar in seinen Spezialartikeln, besonders in den Erzeugnissen der holländischen Kolonien, mit seinem Eigenhandel über die Grenze hinüber; dafür bietet es jedoch auch wiederum in den Kolonien Absatzgelegenheiten, die sonst den deutschen Waren kaum zugänglich wären. Die Schiffsfrachten endlich, die auf den deutschen Gütern liegen, werden sowohl auf dem Rhein als auch zur See überwiegend von deutschen Schiffahrtsunternehmungen eingenommen, die allerdings dafür in den holländischen Städten auch Kontore unterhalten müssen, den Unternehmergewinn aber und den Kapitalzins ebenso wie zu erheblichem Teil die Mannschaftslöhne nach Deutschland hereinbringen; wiederum Rotterdam ist im Seeverkehr viel mehr ein Zwischenhafen für die von Hamburg und Bremen ausgehenden Linien als eine Heimat eigener Reedereien. Den Vorteil aber von diesem ganzen Verkehr haben nicht nur die holländischen Seehäfen, sondern auch die deutschen Rhein-Binnenhäfen, in deren größten (etwa Duisburg-Ruhrort, Köln, Frankfurt am Main, Mannheim) sich ein mannigfaltiger Eigenhandel gerade auf den vom Rhein getragenen Auslandsbeziehungen aufgebaut hat. Auch Rotterdam, nicht Amsterdam, hat aber an Bedeutung für Deutschland erheblich eingebüßt, seitdem es nicht mehr die großen Mengen überseeischen Getreides umzuschlagen hat; es hat jedoch Ersatz in den Eisenerzen erhalten, die jetzt die deutschen Hüttenwerke an Stelle der lothringischen und luxemburgischen Minette stärker von Übersee her beziehen.

Von den drei deutschen Seehäfen ist Emden in seinem Hinterlandverkehr im wesentlichen auf die Nachbarschaft des Dortmund-Ems-Kanals und namentlich auf den östlichen Teil des Ruhrgebietes beschränkt. Von hier empfängt es die Steinkohle, die zur Ausfuhr bestimmt ist, und dorthin schlägt es die norwegischen und schwedischen Erze, wie auch die Hölzer der Ostseestaaten um; alles als reiner Speditionsplatz, da die gesammelte Wucht des Rheinisch-Westfälischen Kohlensyndikats und der großen Eisenhüttenwerke für einen selbständigen Eigenhandel keinen Raum lassen. Diese derben Massenwaren stehen ganz im Vordergrund. Für die Einfuhr der feineren Güter, wie etwa der Baumwolle für die westfälische Textilindustrie und der Kolonialprodukte, liegen Bremen und auch Hamburg zu nahe, als daß gegen deren starke Eigenhandelskraft Emden aufkommen könnte. Auch in der Ausfuhr deutscher Fertigwaren kann der Emshafen keine bedeutsame Stellung sich erringen. Diese Gesamtlage kommt in seinem Seeverkehr zu deutlichem Ausdruck: es fehlen die regelmäßigen „Linien“, die nach festen Fahrplänen die Verbindungen mit Übersee herstellen und von der Personenbeförderung wie vom Transport hochwertiger Güter getragen werden.

Der einseitigen Betonung der derben Massengüter, die für Rotterdam und Emden kennzeichnend ist, stellen Hamburg und Bremen die ganze bunte Mannigfaltigkeit gegenüber, die einen Seeplatz erst recht eigentlich zum „Welthafen“ machen. Sie sind denn doch im gehobenen Sinne des Wortes „die“ deutschen Seehäfen, von denen nach allen Richtungen der Windrose die Linienfahrten ausstrahlen; als Linienheimat stärker noch als London und Liverpool betont. Von ihnen geht der größte Teil der deutschen Fertigwarenausfuhr in die Welt hinaus, wie sie auch für Deutschland den Personenverkehr nach Übersee beherrschen. Durch ihre Hafen- und Speicheranlagen, ihre Bewertungseinrichtungen werden die höherwertigen Rohstoffe, wie Baumwolle, Wolle, Kautschuk, Werthölzer, Buntmetalle, und die qualitätsbestimmten Nahrungsmittel, wie Fette und Ölstoffe, Kaffee, Kakao, Reis, in das deutsche Binnenland geleitet. Bremen — so gut wie ausschließlich auf seinen Eigenhandel gestützt; aber auch Hamburg, obwohl in ihm die Spedition für binnenländische Rechnung (namentlich für Berlin und die großen Elbstädte) erhebliche Bedeutung hat, durch die Stärke und Vielseitigkeit seines Eigenhandels gekennzeichnet. In kurzer Zeit ist es auch nach dem Weltkriege mit der Finanzhilfe des Reiches gelungen, die große Zahl der ausgelieferten, höchstwertigen Schiffe durch Neubauten zu ersetzen und der deutschen Flagge das entscheidende Übergewicht über die Farben fremder Staaten wiederzugewinnen; nur noch als ein Zeichen der großen Bedeutung, die den beiden deutschen Welthäfen überall beigemessen wird, sind jetzt die Schiffe fremder Nationen zu bewerten, die teilweise in Linienbetrieb, mehr noch in wilder Fahrt an der Elbe und der Wesermündung vor Anker gehen. Dies ist um so wichtiger, als das Reich den laufenden Betrieb der deutschen Reedereien nur noch durch einen Zuschuß stützt, der den Währungsnachteil gegenüber den Wettbewerbern abgewerteten Geldwesens ausgleicht, in seiner Höhe daher hinter den Schiffahrtssubventionen der anderen Seefahrtvölker — auch Englands — weit zurückbleibt. Ebenso bedeutet es Rückkehr zu den alten Traditionen deutscher Seeschiffahrt, wenn in den letzten Jahren der unglückselige, den natürlichen Bedingungen schnurstraks zuwiderlaufende Versuch, erst in Hamburg und in Bremen je für sich und dann für beide Häfen zusammen aus der Vielheit der Reedereien ein riesiges Einheitsunternehmen zu bilden, unter staatlichem Druck wieder rückgängig gemacht worden ist: gerade für Hamburg und für Bremen sind die Arbeitsunterlagen vom Binnenlande her ebenso wie nach Übersee hin viel zu mannigfaltig, als daß eine einzige Oberleitungsstelle auch nur für einen der beiden Komplexe, geschweige denn für beide die ausreichende Übersicht und die im Wettbewerb des Weltverkehrs unerläßliche Beweglichkeit für ihre Entschlüsse hätte bewahren können.

In der ungesunden Konzernbildung, die (in ähnlicher Weise wie einige Industriezweige) die deutsche Seeschiffahrt zum Opfer eines Schlagwortes gemacht hat — genauer: in der Stimmung, die ein solches Mißgebilde ermöglicht hat, haben sich die großen Schwierigkeiten formell ausgewirkt, unter die durch den Weltkrieg die beiden deutschen Seehäfen gestellt worden sind. Mehr noch als das Zerreißen aller wichtigen Handelsfäden, dessen der hansische Kaufmannsgeist überraschend schnell Herr geworden ist, — mehr auch noch als der Verlust der Schiffe, den man ebenfalls in wenigen Jahren ausgeglichen hat, — mehr noch als alles dieses und uneinbringlich ist ihnen die gewaltige Einschrumpfung des festländischen Einflußbereiches zum Verhängnis geworden. Tief nach West- und selbst Südrußland hinein, bis sich Odessa zur Geltung bringen konnte, und in die Donauräume bis an die Alpen, im Wettbewerb mit Triest und Fiume, reichte vordem Hamburgs und Bremens Hinterland; auch die Schweiz gehörte noch größtenteils dazu, nur in den südwestlichen Teilen von Marseille und Genua, im Nordwesten von Le Havre bekämpft und für derbe Massenstoffe im ganzen Gebiet den Rheinmündungshäfen überlassen. Es hat den Gesamtbereich gekennzeichnet, daß der Bremer Baumwollbörse — einer in der Welt einzig dastehenden Organisation — die großen Textilverbände der angeführten Länder als Mitglieder angehört haben. Und was ist davon geblieben? Südrußland ist dank dem handelspolitischen System des Rätestaates völlig ausgefallen. Polen hat sich in Gdingen einen eigenen Seehafen geschaffen, den es durch eine kostspielige Eisenbahnbau- und Tarifpolitik und durch die staatliche Subventionierung polnischer Seeschiffahrtsunternehmungen zu einem selbständigen Gliede des Weltverkehrs gemacht hat. Schon in Böhmen und vollends in Österreich greift Triest viel weiter als früher nach Norden hinauf, seitdem die italienischen Bahnen als Teil eines größeren Netzes für den Umschlag dieses Hafens besonders niedrige Tarife gewähren; die Demarkationslinie, die zwischen der Deutschen Reichsbahn und den Bahnen der fremden Staaten schließlich vereinbart worden ist, läßt dies deutlich genug erkennen. Auch die Donau zieht jetzt bergauf und bergab mehr Transporte an sich; in Deutschland gewiß ein Vorteil für Regensburg, eine Schädigung jedoch ebenso sicher für die Nordseehäfen.

So ist denn der Reichsraum mit ungleich stärkerer Betonung jetzt die Unterlage für Hamburg und Bremen geworden. Und in diesem Verhältnis ist es für beide Teile eine ausgesprochene Gunst der geographischen Lage, daß Deutschland nur mit so schmalem Küstenstück an das Weltmeer grenzt. Hierdurch ist einer weitgehenden Zersplitterung der Verkehrskräfte vorgebeugt, wie sie sich z. B. in Frankreich zuungunsten von Le Havre und Marseille immer bemerkbar gemacht und auf das Binnenland sowohl durch die allzu kleine Zahl hoch leistungsfähiger Schiffahrtsunternehmungen als auch durch die geringe Häufigkeit regelmäßiger Verschiffungsgelegenheiten zurückgewirkt hat. Sogar der Ostseebereich, der für den Weltverkehr nur eine Art von Landschaft bedeutet und seinen deutschen Häfen Lübeck und Stettin auch nur eine Stellung landschaftlicher Begrenzung zu geben vermag, ist als Hinterland der Nordseeplätze anzusprechen und wird von diesen, wie schon erwähnt, in Küstenfahrt (durch den Kaiser-Wilhelm-Kanal) mit dem großen Weltverkehr verbunden. Vollends ist es in der Nachkriegszeit wichtig geworden, daß nicht nur die finanziellen Hilfen der Reichsverwaltung, sondern vor allem die Ausfuhrfähigkeiten aller Landschaften — auch die des Rheingebietes — sich zu sehr erheblichem Teil auf Hamburg und Bremen konzentriert haben, und zwar gerade diejenige Ausfuhr, die für Deutschlands wirtschaftliche Weltstellung besondere Bedeutung hat und so auch die unentbehrliche Einfuhr entscheidend ermöglicht: die Ausfuhr der feineren Halb- und Fertigfabrikate, die auf die Bereitstellung häufiger und fahrplanmäßig festliegender Linienverschiffungen schlechthin angewiesen ist, die aber auch größtenteils den Eigenhandel der Seestädte nicht entbehren kann.

Eben dieser wirtschaftliche Zusammenhang zwischen der weitgedehnten Landmasse des reichsdeutschen Raumes und seinen wichtigsten Ausfalltoren rückt nun aber die Gestaltung des binnenländischen Verkehrsapparates um so mehr in die außenwirtschaftliche Betrachtung, als Hamburg und Bremen gerade in ihren Transportbeziehungen zum Hinterland grundlegende Verschiedenheiten aufweisen. Mag Bremen auch (mit Bremerhaven und Wesermünde) dank seines Eigenhandels und seiner Seeschiffahrt in einigem Umfang am Elbverkehr beteiligt sein, im wesentlichen ist es durch seine Eisenbahnverbindungen groß geworden. Hamburg dagegen (zusammen mit Altona und Harburg) ist ausgeprägt „der“ Elbe-Seehafen, für den sogar dank der Märkischen Wasserstraßen die obere Oder zu einem Nebenfluß seines Stromes wirtschaftlich geworden ist; Binnenschiffahrt und Eisenbahn stehen hier gleich bedeutsam nebeneinander. Vollends hängt es, wenngleich sicherlich nicht allein, so doch maßgeblich von den binnenländischen Transportverhältnissen ab, wie sich Deutschlands gesamte Gütereinfuhr und Güterausfuhr auf die mannigfachen Übergangsstellen der Meeresküste und der Landgrenze verteilen. —

3. Für die *binnenländischen Transportmittel* läßt der Außenwirtschaftsdienst die verschiedenartige Bedeutung der zu befördernden Güter stärker noch als im Inlandsverkehr hervortreten. Jene sind alle von der Selbstkostengestaltung her darauf gestellt, im Rahmen letzter Möglichkeiten darauf zu halten, daß ihre Fahrzeuge den Rückweg in ähnlicher Weise beladen zu nehmen vermögen, wie sie von ihrem Ausgangspunkt den Hinweg angetreten haben. Erst das Gesamtergebnis einer sogen. Rundfahrt, d. h. Hin- und Rückfahrt zusammen, bestimmt den Erfolg des einzelnen Transportvorganges. Vor dem Leerlauf ihrer Wagen müssen sich also die Eisenbahn und der Kraftwagenverkehr ebenso scheuen, wie die Benutzer der Wasserstraßen das Ballastfahren zu vermeiden haben.

Hierfür ist es störend, daß in der deutschen Einfuhr die als Massenstoffe anzusprechenden Nahrungsmittel und Rohstoffe, in der Ausfuhr jedoch die feineren Halb- und Fertigfabrikate scharf im Vordergrund stehen. Jene nehmen nun einmal ungleich größere Räume beim Transport in Anspruch als diese, und diese sind gegen den Zeitaufwand, der mit jeder Entfernungsüberwindung verbunden ist, dank ihren hohen Werten ungleich empfindlicher als jene. Es klaffen also in der Gesamtaufgabe Unstimmigkeiten, die auch nicht durch die verhältnismäßig geringfügigen Mengen der Kolonialwaren bei der Einfuhr und die ebenfalls zum Ausgleich nicht genügenden Mengen der deutschen Rohstoffausfuhr etwa behoben werden. Sie sind um so empfindlicher, als die Örtlichkeiten des Güterübergangs — die Seehäfen sowohl, als auch die Grenzstationen der Eisenbahn und der Landstraßen, vollends der Wasserwege — nicht in der freien Wahl der Verkehrsunternehmungen liegen, sondern diesen von der Lage des ausländischen Herkunfts- oder Bestimmungsortes, von der Seeschiffahrtsgestaltung und teilweise sogar von der Natur vorgeschrieben werden. Und so bekommt die Frage, inwieweit die verschiedenen Transportmittel in eigenem Betriebe Ausgleichsmöglichkeiten besitzen, für die Stellung, mit der sie einander gegenüberstehen, im außenwirtschaftlichen Verkehr ein stärkeres Gewicht, als ihr im binnenwirtschaftlichen Güteraustausch mit dessen mannigfachen Ausweich- und Umweggelegenheiten beizumessen ist. —

4. Aus diesem Grunde kann die *Binnenschiffahrt* ihre Kraft, die in der betonten Massenhaftigkeit bei langsamem Transportverlauf liegt, nicht voll zur Geltung bringen. Die großen Ströme — Rhein, Elbe, Oder, in geringerem Maße auch Weser und Donau — haben zwar in der Gütereinfuhr auch neben den Eisenbahnen, wie im binnenländischen Verkehr, ihre sehr gewichtige Rolle durchgehalten, und auch der Dortmund-Ems-Kanal hat sich in der Nord-Süd-Richtung, wie schon erwähnt, als

Transportweg durchaus bewährt. Nicht zuletzt die Getreidezufuhr in die west- und mitteldeutschen Zuschußgebiete war so stark, daß der anhaltende Widerstand, den die Vertreter landwirtschaftlicher Interessen im preußischen Landtag dem Plan eines Mittellandkanals entgegengestemmt haben, von der Furcht diktiert war, die ausländischen Erzeugnisse könnten dank einer bis zur Elbe reichenden Wasserstraße den Absatz der deutschen Produkte im ganzen Norden, vor allem aber in den Industriebezirken Mitteldeutschlands und in Berlin unmöglich machen. Was jetzt von solcher Einfuhr noch übriggeblieben ist, nimmt ebenfalls seinen Weg ganz überwiegend über die Flüsse und Kanäle; dank den handelspolitischen Abmachungen mit Ungarn und den südlichen Donaustaaten hat sogar die Donau an Bedeutung erheblich gewonnen. Ebenso gehen überwiegend die ausländischen Eisenerze, außer der lothringischen und luxemburgischen Minette, über Rhein und Oder — die Erze und Halbstoffe der Buntmetalle über Rhein und Elbe — das fremde Erdöl über Rhein, Elbe und Donau — die englische Stein- und die böhmische Braunkohle über die Elbe — und was der derben Massenstoffe mehr sind, in die deutschen Verarbeitungs- und Verbrauchsbezirke hinein.

Den so beschäftigten Kahnraum nun aber in Einklang mit den Ausfuhrmöglichkeiten zu halten, ist nur in geringem Umfange möglich. Am besten ausgeglichen ist noch das Verhältnis auf der Oder, auf der dem Nord-Süd-Transport der schwedischen Erze nach Oberschlesien hin die Beförderung der oberschlesischen Kohle nach Stettin entspricht; aber auch hier lohnt sich eine Leerfahrt etwa von Berlin nach Stettin oder Hamburg nicht, um für die in Berlin abgeladene Kohle in den Seehäfen Eisen- oder Metallerze als Rückfracht zu gewinnen. Auf der Elbe genügen die Kalisalze und die aus ihnen hergestellten Düngemittel weder in der Richtung nach Hamburg noch nach Böhmen hin, den Transporten der ausländischen Massenstoffe die entsprechende Menge deutscher Güter gegenüberzustellen; auch Berlin muß die Kähne, die ihm englische Steinkohle zuführen, großenteils leer zurückgehen lassen.

Auf den Wasserstraßen des Westens schließlich liegt es nicht anders: der ohne Ladung aus Emden oder Rotterdam ins Kohlenrevier der Ruhr zurückkehrende Kahn ist auf den Kanälen wie auf dem Rhein eine ganz regelmäßige Erscheinung von jeher gewesen und in der Gegenwart um so mehr geworden, als die Getreide-Gegentransporte dank Ernährungsschlacht und Neuem Plan gegen früher gewaltig eingeschränkt sind. In ihrer wichtigsten, dem Sonderwesen der Massenhaftigkeit entsprechenden Leistung, in der Beförderung der mengen- und gewichtsbetonten Rohstoffe und Nahrungsmittel, ist also die Binnenschiffahrt durch das Mißverhältnis der zu befördenden Mengen beim Auslandverkehr nicht unbeträchtlich eingeengt. Anpassungsfähiger ist sie jedoch mit den sogen. Selbstfahrern, den Güterdampfern und Gütermotorschiffen. Diese stehen zwar, weil sie die bewegende Maschine und die beförderten Güter im selben Schiffsrumpf tragen, sowohl in der Kraftentfaltung als auch in der Befrachtungsmöglichkeit weit hinter den Schleppzügen zurück und bringen das Moment der Massenhaftigkeit nur sehr abgeschwächt zur Geltung. Dafür sind sie nicht nur schneller und in ihren Fahrzeiten regelmäßiger, berechenbarer, sondern auch im ganzen Betriebe beweglicher; sie nähern sich der Eisenbahn. Und dies ist für den Auslandsverkehr wichtig. Denn der Selbstfahrer eignet sich sowohl für den Transport der nicht ganz hochwertigen Ausfuhrfabrikate als auch für den der eingeführten Kolonialwaren, und er kann auch solche Massengüter mitnehmen, die in irgendwelcher Verpackung (wie etwa Düngemittel), nicht in loser Schüttung befördert zu werden pflegen. Dazu macht es ihm nichts aus, unterwegs noch Ladung aufzunehmen oder schon abzugeben, den Inlandverkehr also zum Ausgleich heranzuziehen und auf diese Weise die volle Leerfahrt zu vermeiden. Nur auf den Kanälen ist der Betrieb insofern behindert, als auch der Selbstfahrer auf der freien Strecke sich dem Tempo der Schleppzüge anzupassen hat, ein Überholen in aller Regel nur an besonderen Stellen (zumeist nur vor den großen Häfen) vornehmen darf. Und es bleibt naturgemäß auch für ihn die entscheidende Hemmung gegenüber der Eisenbahn und dem Kraftwagen, daß seine Straßen sich nicht beliebig verzweigen lassen, seine Wirkung also längs der Flüsse und Kanäle selbst auf einen verhältnismäßig schmalen Raum beschränkt ist und nur am Ende eines langen Weges auch in die Tiefe des deutschen Raumes hineingreift.

An den betriebstechnischen Zusammenhängen sind auch die Möglichkeiten abzulesen, die sich für die deutsche Außenwirtschaft aus der Fertigstellung des Mittellandkanals und der ergänzenden Fluß- und Kanalbauten vielleicht ergeben werden. An Massenstoffen, die in ganzen Kahnladungen und im Schleppverkehr befördert zu werden pflegen, bietet Mitteldeutschland nach der Natur seines Bodens für eine stärkere Ausfuhr nicht eben viel. Rohkali und künstliche Düngemittel, nicht zuletzt der Luftstickstoff des Leunawerkes, werden die kanalisierte Saale benutzen können, und es erscheint auch denkbar, daß über den Elster-Saale-Kanal und die Saale selbst, über die Elbe und den vergrößerten Elbe-Trave-Kanal — also über Lübeck — die Braunkohle als Industriebrikett sich wenigstens im Ostseebereich einen Markt in ähnlicher Weise erschließt, wie sie vom Rhein her mitten im Steinkohlenbezirk der Ruhr mannigfach schon seit Jahrzehnten die Steinkohle verdrängt hat. Wichtiger wird sein, daß die Verbesserungen des Oderweges und der Ausbau des Klodnitzkanals es der Steinkohle von Deutsch-Oberschlesien erleichtern können, von Stettin aus ebenfalls im Ostseebereich den Wettbewerb gegenüber Polnisch-Oberschlesien trotz aller Tarifbegünstigungen der polnischen Eisenbahnen durchzuhalten. Auch sonst mag noch der eine oder andere Roh- oder Halbstoff, der unweit der Wasserstraßen gewonnen wird und bisher zu weiterem Absatz nicht gelangen konnte, dank den neuen Möglichkeiten eines Massentransportes in der Fremde absatzfähig werden; darunter vor allem Erzeugnisse solcher Werke, die nach dem Muster der von Oberschlesien nach Magdeburg verlegten Zinkraffinerie auf den Bezug westfälischer Steinkohle (oder auch mitteldeutscher Braunkohle) und ausländischer Rohstoffe unmittelbar am Wasser neu errichtet werden und dank den technischen Bedingungen ihrer Arbeitsvorgänge einen Umfang erhalten müssen, der über die inländischen Absatzaussichten hinausragt. Im wesentlichen werden jedoch ebenso diese neuen wie die altbestehenden Betriebe, sofern sie überhaupt sich für die Ausfuhr einsetzen lassen, dafür jene feineren Waren liefern müssen, die seit langem in der deutschen Gesamtausfuhr weitaus im Vordergrunde stehen und auch in der Gegenwart als Sonderergebnisse deutscher Arbeitsweise sich leichter als die überall in der Welt herstellbaren Massenstoffe im Ausland durchsetzen; und davon mögen die schweren Stücke, wie etwa Maschinen, bei günstiger Lage des herstellenden Werkes zu der Wasserstraße, deren Selbstfahrern wohl anvertraut werden. Ob aber eine so ausgeprägt auf Ausfuhr gestellte Gewerbegruppe, wie es die sächsisch-ostthüringische Textilindustrie in allen ihren Zweigen ist, von ihren weitab gelegenen Standorten her den Elster-Saale-Kanal benutzen wird, ist um so zweifelhafter, als die längere Transportdauer und die mit jeder Umladung nun einmal verbundene Qualitätsgefährdung bei Waren so hohen Wertes stark ins Gewicht fällt und der Eisenbahn einen beträchtlichen Vorsprung gibt.

Trotzdem erscheint es nicht ausgeschlossen, daß auch die Ausfuhr der feinen Fabrikate durch die neuen Wasserstraßen eine Erleichterung erfährt; und zwar mittelbar von der Einfuhrseite her. Sollte es nämlich gelingen, durch entsprechend gehaltene Handelsverträge den Verkehr Stettins und namentlich Lübecks mit den skandinavischen Staaten auf der Grundlage etwa der finnländischen und schwedischen, der lett- und estländischen Rohstofflieferungen stärker zu beleben — das Holz der baltischen Randgebiete, Schwedens Eisenerze wären in erster Reihe zu nennen —, so würde für eine Rückladung reichlich Schiffsraum zur Verfügung stehen und aller Wahrscheinlichkeit nach eine Frachtenlage sich ergeben, die den deutschen Fertigwaren die Bedienung der nordischen Märkte gegen den Wettbewerb der zum Meere günstiger gelegenen

Werke Englands und überhaupt Nordwesteuropas wohl erleichtern könnte. Das wäre aber besonders wertvoll, weil es sich hier großenteils um Abnehmerkreise handelt, deren Geschmack sich längst von der derben Massenware ab- und den schon mehr individualisierten Feinfabrikaten zugewandt hat. Eine dorthin gerichtete Ausfuhr würde also für die deutschen Industrien weder in ihrer maschinellen Apparatur noch in der Art, wie die menschlichen Arbeitskräfte durch alle Schichten hindurch beschäftigt zu werden pflegen, eine irgend schwierige oder kostspielige, die deutschen Produktivkräfte in ihrer Wirksamkeit mindernde Umstellung bedingen. Den Ersatz für die Länder Westeuropas und für Nordamerika, die sich unseren Fertigfabrikaten zunehmend verschlossen haben, könnten wir im Norden eher als in den anderen fremden Erdteilen und im südöstlichen Europa zu finden erwarten. —

5. Mehr noch als die Binnenschiffahrt ist der *Kraftwagenverkehr* durch die unterschiedliche Art der Einfuhr- und der Ausfuhrgüter darin gehemmt, auch für die Außenwirtschaft Deutschlands seine volle Leistungsfähigkeit zu entfalten. Dies gilt namentlich für denjenigen Teil, der im Ferndienst den Vordergrund beherrscht: den Werksverkehr. Denn dieser wird in der Verbindung mit den Seehäfen ebenso wie mit den Landgrenzen überwiegend von solchen Firmen eingesetzt, die sich mit der Herstellung hochwertiger Fabrikate befassen und demgemäß in ihrer Ausfuhr auf pünktliches Erreichen der an feste Abfahrtzeiten gebundenen Liniendampfer, wie überhaupt ihrer Abnehmer entscheidendes Gewicht zu legen haben. Einen organischen, zwangsläufigen Zusammenhang mit einer Rückladung, die in demselben Unternehmen verwendet werden soll und zugleich für die Kraftwagenbeförderung sich eignet, stellt fast nur der sogen. Veredlungsverkehr her; denn hier kommen in aller Regel Güter, die schon weit vorgearbeitet sind, sowohl in der Richtung zum Auslande (passiver Veredlungsverkehr) als auch von dort her (aktiver Verkehr) zum Versand, und sie verändern vom Transportstandpunkt aus ihre Beschaffenheit überhaupt nicht, betonen vielmehr die Eigenschaft des hochwertigen und deshalb nicht an Massenbeförderung gebundenen Gutes nach der Veredlung noch stärker als vorher: der Lastkraftwagen nimmt also die veredelten Güter einer früheren Sendung „nach Hause“ zurück, wenn er neue Güter zu gleicher Bearbeitung herbeigebracht hat. Es kann auch sein, daß ein Werk der Fertigfabrikation vom Ausland im freien Verkehr soweit höherwertige Halbfabrikate oder Maschinenteile bezieht, wie zur Füllung seiner Kraftwagen für den Rückweg erforderlich ist; schon dann pflegen aber die Sendungen der beiden Richtungen in ihren Gewichten nicht miteinander zu stimmen, und das Werk muß für seinen Güterbezug noch andere

Transportmittel in Anspruch nehmen oder beim Versand auf eine volle Ausnutzung der Lastfähigkeit verzichten. Vollends ergibt sich, wenn Rohstoffe die Rückladung bilden müssen, ein so großer Unterschied in den Mengen und in den Gewichten, daß es oft nicht einmal lohnt, einen verhältnismäßig so kleinen Teil der gekauften Stoffe mit den eigenen Kraftwagen zum Werke bringen zu lassen, daß man vielmehr den einheitlichen Transport mit einem werkfremden Beförderungsmittel vorteilhafter findet. Der Großhandel gar ist in Deutschland schon längst nach Warengruppen und nach der Einfuhr- oder Ausfuhrrichtung viel zu stark spezialisiert, als daß die einzelne Handelsfirma regelmäßig im eigenen Betriebe eine Rückladung finden könnte; was sollen der Kolonialwarenhändler, der sich von den Seehäfen her seine Güter heranfahren läßt, oder der Textilwarenhändler, der die (nicht von ihm hergestellten) Tuche oder Konfektionsartikel zur Ausfuhr bringt, dem eigenen Kraftwagen in der umgekehrten Richtung mitgeben? Sogar die Konzernbildung, obwohl vielleicht zwecks Herstellung solcher Ladungszusammenhänge hier und da vorgenommen, kann nichts wesentliches helfen; der Vorteil ist in aller Regel zu gering, als daß er die zumeist sehr starken Hemmungskräfte anderer Art zu überwinden vermöchte, und wird deshalb nur mitgenommen, wenn andere (aus ganz anderer Sphäre stammende) Gründe zum Auf- oder Ausbau eines Konzerns oder überhaupt eines Großgebildes führen.

Etwas freier steht der gewerbliche Kraftwagenbetrieb in den außenwirtschaftlichen Beziehungen, Er kann als Voll- oder auch (mit Hilfe der besonderen Spediteure) als Sammelladungen die verschiedensten Güter zu einer Rundfahrt zusammenfügen; und wenn es nicht im direkten Hin und Her geht, so lassen sich „drei- und mehreckige“ Fahrten bilden, oft genug unter Einschiebung einer rein binnenwirtschaftlichen Leistung, bis schließlich der Wagen wieder an seinen Ausgangsplatz zurückkehrt und nun vielleicht eine ganz anders gerichtete Reise antritt. Auch dieser Betrieb kann sich jedoch naturgemäß nur im Rahmen derjenigen Möglichkeiten entfalten, die ihm einerseits das Gesamt der außenwirtschaftlichen Beziehungen Deutschlands und andererseits seine eigene Sonderart lassen. Für die Beförderung jener Massenstoffe, die gemäß dem Neuen Plan hauptsächlich zur Einfuhr noch zugelassen werden, eignet er sich ebensowenig, wie er sich dem mengen- und gewichtsmäßigen Mißverhältnis zwischen solcher Einfuhr und der Ausfuhr nicht entziehen kann. Auch der gewerbliche Kraftwagen-Fernverkehr, soweit er am Außenwirtschaftsdienst sich beteiligt, findet daher die maßgebliche Unterlage seines Einsatzes in der Ausfuhr und muß entsprechend mit Mangel an Rückladung, mit Leerläufen rechnen oder aber nach den

Rückladungsgelegenheiten seine Ausfuhrbeteiligung einschränken. Die geringe Zahl von Lastkraftwagen, die nach den Feststellungen des Betriebsverbandes dem gewerblichen Fernverkehr überhaupt gewidmet sind, läßt darauf schließen, daß die Schwierigkeiten der Rückladung tatsächlich ihn noch stärker als den Werksverkehr in seiner Entfaltung hemmen. —

6. So bleibt denn auch für die deutsche Außenwirtschaft schließlich die *Eisenbahn* als dasjenige Beförderungsmittel übrig, das dank ihrer gesetzlich auferlegten Transportpflicht überall und jederzeit zum Einsatz bereitstehen muß und wirklich bereitsteht. Auch sie kann das Mißverhältnis der Mengen und Gewichte nicht beseitigen, darf nicht einmal in ihren Wagengestellungen sich nach ihm richten; sie muß daher, wie im binnenwirtschaftlichen Dienst, so in der Besorgung der Ein- und Ausfuhr mit Leerfahrten in sehr großer Zahl und auf große Entfernungen als regelmäßiger und unvermeidlicher Erscheinung sich zurechtfinden. Ihr fällt dies aber auch in der Tat nach der Art ihres Betriebes und ihres ganzen Aufbaues wesentlich leichter als den beiden Wettbewerbern, der Binnenschiffahrt und dem Kraftwagen: die damit verbundenen Unkosten fallen bei ihr im Verhältnis zu dem Gesamt des erforderlichen Aufwandes nicht annähernd so stark ins Gewicht.

Dies gilt bereits in der Regel, allerdings nicht immer, für die einzelne Strecke und das kleine Netz geringen Verkehrs. Hier wird es zumeist möglich sein, ein paar leere Wagen einem Zuge anzuhängen, der im übrigen einer wirklichen Beförderungsleistung für Güter oder auch Personen dient und dessen Zugkraft noch nicht voll ausgenutzt ist; der aber doch im Interesse der Bahnunternehmung selbst gefahren werden muß, weil von der Dichtigkeit der Zugfolge die Benutzung der Bahn in sehr erheblichem Grade abzuhängen pflegt. Und kommt es dann zur Einfügung besonderer Leerzüge, so ist dies ein Zeichen entsprechend gesteigerten Gesamtverkehrs, und es wird möglich sein, mit einem einzigen Leerzuge die Wagen an den Ausgangspunkt zurückzubringen, zu deren beladener Beförderung mehrere Zugleistungen erforderlich waren. Der Zug und nicht der einzelne Wagen ist auf den Schienenwegen die wichtigste Betriebseinheit; wie denn auch allenthalben in der Welt die Betriebsstatistik auf die Erfassung der Zug- und der Lokomotivkilometer mehr als auf die Wagen- oder Achskilometer abgestellt ist. Sogar der Personalaufwand, der gesondert aus den Leerläufen erwächst, pflegt nur sehr gering zu sein, sobald die durchgehende Bremse ihn aus dem Verhältnis der Länge und des Gewichts des Zuges herauslöst. Und auch die Unterschiede der Güterarten spielen nur eine geringfügige Rolle; lassen sich doch die offenen und die gedeckten, sogar die etwelchen Sonderzwecken dienenden Wagen jederzeit jedem Zuge anhängen oder zu Leerzügen zusammenstellen.

Bedeutsamer noch und für die Bahnunternehmung vorteilhafter macht sich auch in diesem Zusammenhange die allgemeine Organisationstendenz geltend, von der die Eisenbahnen stärker als irgendein anderer Wirtschaftszweig beherrscht werden: die Tendenz zum allumfassenden Großbetrieb, deren letztes Ergebnis überall erst mit der monopolistischen Erfassung der durch Natur oder Staat zusammengehaltenen Großräume erreicht wird. Hier lassen sich dank der bunten Mannigfaltigkeit, die in der Gütergewinnung und Güterfertigung ebenso wie im Güterverbrauch für den Gesamtbereich zu bestehen pflegt, mit Hilfe drei- und vieleckiger Transportleitung Leerläufe in viel größerem Umfang vermeiden, als dies über kleinere Räume hin und vollends solchen Betrieben möglich ist, die durch die Natur ihrer Straße (wie die Binnenschiffahrt) an eng begrenzte Verkehrsmöglichkeiten gebunden oder aber durch die Natur ihres Beförderungsapparates (wie der Kraftwagenbetrieb) von jedem Gedanken eines Raummonopols freigehalten sind. Es hat nur eine Ausnützung solcher Möglichkeiten bedeutet, wenn schon die preußischen Staatsbahnen sich in Magdeburg eine Wagenverteilungsstelle geschaffen hatten, die für das ganze Netz den Ausgleich der örtlich jeweils vorhandenen und der erforderlichen Güterwagen bewerkstelligen sollte, und wenn schon im Jahre 1909 — also lange vor der Begründung der Deutschen Reichsbahn — über das ganze Reichsgebiet eine Güterwagengemeinschaft sämtlicher Vollbahnen gelegt worden ist. Sogar im überstaatlichen Verkehr spielt die Benutzung fremder Wagen, die sonst leer zurücklaufen müßten, eine solche Rolle, daß der Verein Deutscher Eisenbahnverwaltungen (jetzt: Verein Mitteleuropäischer Eisenbahnverwaltungen) dafür eine besondere Abrechnungsstelle eingerichtet hat und darin alljährlich hohe Millionenbeträge gegeneinander ausgleicht.

Schon das Bestehen dieses Vereins, in dessen Mittelpunkt Deutschland steht und der auch jetzt wieder fast alle Eisenbahnen der benachbarten Staaten umfaßt, läßt ebenso wie das rasche Wiederaufleben des Internationalen Übereinkommens über den Güterverkehr (abgeschlossen 1890, wieder aufgenommen 1924 und durch ein Übereinkommen über den Personenverkehr ergänzt) mit unverkennbarer Deutlichkeit die große Bedeutung hervortreten, die gerade auch den Eisenbahnen des Landes der europäischen Mitte für die Bewältigung der außenwirtschaftlichen Beziehungen im reichsdeutschen Raume zugefallen ist. Und wenn auch alle Vereinbarungen solcher Art dem Wesen der Dinge nach fast ausschließlich auf die Überwindung der trockenen Grenzen abgestellt sind, so greifen doch die deutschen Bahnen auch in den Seeverkehr an einigen Stellen unmittelbar ein: es ist kennzeichnend, daß nach Schweden und Dänemark hin in regelmäßigem Fahrplan als Bestandteile des Eisenbahnbetriebes Fährschiffe laufen, die hin und her die Güterwagen über die Ostsee tragen und damit den Gütern selbst die Umladung ersparen. Auch die großen Seehäfen, obwohl an der Mündung hochleistungsfähiger Ströme gelegen, können die Schienenwege — wie jeder Liegeplan mit seinen weitausgedehnten Bahnanlagen deutlich macht — als Zubringer und Abträger großer Gütermassen nicht entbehren; nicht einmal für dieselben Inlandsrichtungen, für welche ihr Strom zur Verfügung steht, und schon gar nicht zur Erreichung der dem Wasserwege verschlossenen und in Deutschland nun einmal weit überwiegenden Binnenlandschaften.

Bei aller Bedeutung also, die für die Einfuhr und die Ausfuhr dem Wasserstraßennetz, wenigstens für die Ausfuhr auch dem Kraftwagendienst beizumessen ist — das tragende Rückgrat der deutschen Wirtschaft sind wiederum die Eisenbahnen geworden und geblieben. —

7. Eine besondere Stellung nimmt im überstaatlichen Wirtschaftsverkehr die *Luftfahrt* ein. Sie ist, wie schon dargelegt, dank der Abhängigkeit von den Landungsstellen auf jene großen Entfernungen eingestellt, bei denen die hohe Fahrgeschwindigkeit nicht durch das Starten und Landen und durch die Abgelegenheit der Flughäfen zu einer verhältnismäßig niedrigen Reisegeschwindigkeit von Stadtmittelpunkt zu Stadtmittelpunkt heruntergedrückt wird. Hierdurch ist sie in einem immerhin abgerundeten und engräumigen Gebiet wie Deutschland, innerhalb dessen sich so weite Wege nur vereinzelt finden lassen, für die Verbindung mit fremden Ländern mehr noch als für rein binnenländische Transporte geeignet; und sie wird auf diese Aufgabe hin um so stärker gerichtet, als die europäische Lage Deutschland zu einem ausgeprägten Durchgangsgebiet stempelt und demgemäß auch zahlreichen Linien, die ihre Ausgangs- und ihre Endpunkte in fremden Ländern haben, einen Zwischenhalt darbietet.

Daß diese Beförderungsgelegenheiten in erster Linie dem Briefverkehr zugute kommen, braucht nur kurz erwähnt zu werden; es ist bedeutsam genug, da (nach einem Wort Stephans) auf den Briefen sich alle Wirtschaftsbeziehungen aufbauen, wie auf den Muscheln die Koralleninseln. Auch der Personendienst macht aber in zunehmendem Maße von den Flugzeugen und Luftschiffen Gebrauch; stehen doch wirtschaftlich bestimmte Reisen ebenfalls häufig unter dem Gebot der Zeitausnutzung und damit höchst möglicher Schnelligkeit. Schließlich sind es nicht nur die schnell verderblichen Waren (wie frische Gemüse, Blumen), sondern auch andere dringend und plötzlich benötigte Güter (wie Maschinenersatzteile), die auf große Entfernungen im überstaatlichen Wirtschaftsverkehr dem schnellsten Beförderungsmittel zugeführt werden. Die von Deutschland geführten oder Deutschland berührenden

Luftlinien haben sich somit zu einem Wesensbestandteil des gesamten Transportapparates entwickelt; ergänzend und wettbewerbend stehen sie neben den Kraftwagen, der Seeschiffahrt und den Eisenbahnen.

8. Die außenwirtschaftliche Bedeutung der besonderen *Nachrichtenmittel* endlich ist dem deutschen Volke nach dem Weltkriege unvergeßlich ins Bewußtsein gehämmert worden. Denn wenn auch das Unterfangen, Deutschland aus dem Welttelegraphenverein (1868, noch vor dem Weltpostverein, gegründet) herauszuhalten, sich nicht hat durchführen lassen, — die überseeischen Kabel, die es mit Nord- und Südamerika und mit Westafrika verbanden, hat man ihm ebenso entrissen, wie das abgelegene Südsee-Kabelnetz ihm zusammen mit seinen dortigen Kolonien verlorengegangen ist. Und dieses Fehlen eigener Kabelverbindungen zur überseeischen Welt, das auch jetzt noch besteht, hat sich zu schwerem wirtschaftlichem Nachteil solange geltend gemacht, bis es — zunächst heimlich vor den Feinden — der Außenhandelsstelle des Auswärtigen Amtes gelang, den Funkdienst der Reichspost in den der Vereinigten Staaten von Amerika alltäglich für einige Minuten einzuschalten. Nun erst wurde es möglich, die auch für Deutschland besonders wichtigen Preisnotierungen der New-Yorker Baumwollbörse und der Metallbörse den Bremer und Hamburger Kaufleuten so zuzuleiten, daß sie in gleicher Weise wie ihre Liverpooler und Londoner Wettbewerber ihre Kaufentschlüsse zu fassen vermochten, mit etwaigen Kaufaufträgen nicht auf ein oft schon ganz verändertes Marktfeld stießen. Der wirtschaftliche Zwang, die in Berlin eintreffenden Berichte nicht nur schnellstens, sondern vor allem auch gleichzeitig den deutschen Interessenten zuzuleiten, hat dann bald die Anfänge des Rundfunks ausgelöst.

Solche Börsenmeldungen und überhaupt Nachrichten von allgemeiner wirtschaftlicher Wichtigkeit zu übermitteln, ist im überstaatlichen Verkehr stets die Hauptaufgabe der Kabel und Telegraphen, wie auch des Funkdienstes gewesen; durch die Zeitungen und den Rundfunk, durch Börsenanschläge und vor allem durch die Abonnementszettel des (früher Wolffschen, jetzt) Deutschen Nachrichtenbüros werden sie an die Interessenten weitergegeben. Dem Funkdienst tut es hierbei keinen Abbruch, daß das Meldungsgeheimnis nicht sicher gewahrt ist; der Inhalt ist ja für die Allgemeinheit bestimmt. Deutschland kann sich daher insoweit noch mit dem Zustand abfinden, daß es auch jetzt nur im europäischen Bereich, nicht aber nach Übersee hin über eigene Kabel verfügt. Diese Funkverbindungen sind auch für die Gegenwart wirtschaftlich wichtig geblieben; Deutschland will sich nicht mehr, als zur Erreichung politischer Unabhängigkeit erforderlich ist, auf wirtschaftliche Selbständigkeit stellen und muß deshalb über die Güter hinaus, deren Einfuhr unentbehrlich geblieben ist, das Ganze der wirtschaftlichen Vorgänge über die Welt hin beobachten können.

Auf den allgemeinen Nachrichten baut sich zu gutem Teil das privatwirtschaftliche Geschehen auf, das überwiegend die überstaatlichen Beziehungen zum Ausdruck bringt; und auch dieses ist an den telegraphischen Dienst entscheidend gebunden. Im Welthandel kommt es noch immer darauf an, mit raschestem Entschluß die Folgerungen aus dem allgemeinen Gange zu ziehen, sich draußen im Ausland niemanden im Kaufen oder Verkaufen zuvorkommen zu lassen. Mag dann ein Brief die Einzelheiten des Vertrages festlegen oder mag auch ein Briefwechsel die Einigung der Kaufparteien vorbereitet haben, — der Abschluß erfolgt in wohl den meisten Fällen auf telegraphischem Wege. Da hierfür der Geheimhaltung wegen der drahtgebundene dem drahtlosen Verkehr vorgezogen zu werden pflegt, so hat das Fehlen der eigenen Überseekabel trotz aller Funkverbindungen doch als eine empfindliche, Ausfüllung heischende Lücke zu gelten.

Im außenwirtschaftlichen Verkehr jedoch stehen alle diese Sondermittel des Nachrichtentransportes noch weniger als im binnenländischen Güteraustausch selbständig für die Herstellung und Abwicklung der Geschäftsbeziehungen zur Verfügung. Die notwendige Kürze des Telegramms, das Mißverstehen eines Ferngesprächs lassen vorher oder nachher, oft vorher und nachher, den Brief noch immer unentbehrlich erscheinen. Auch mit seinen Mitteilungen befindet sich folglich das überstaatliche Wirtschaften stets in Abhängigkeit von denjenigen Verkehrsträgern, die dem allgemeinen Beförderungsdienst gewidmet sind. Und in diesem wieder liegt das Schwergewicht, da die Gütergewinnung und der Güterverbrauch zum geringsten Teil in den Seehäfen und unmittelbar an den trockenen Grenzen sich abspielen, bei den Transportmitteln des Binnenlandes. Auf deren Gestaltung und Handhabung kommt es also auch in der Außenwirtschaft letztlich entscheidend an. Hier treffen sich die beiden Richtungen, in denen das Wirtschaftsleben auch des deutschen Volkes verläuft.

Für die binnenländischen Transportmittel gilt es, die neue Zielsetzung des deutschen Wirtschaftens, das neue Verhältnis zwischen Binnen- und Außenwirtschaft zur Geltung zu bringen.

Kapitel IV: Die Frachtenfrage.

1. Mit Ausnahme jener seltenen Fälle, in denen das Moment der Schnelligkeit schlechthin ausschlaggebend die Wahl des Transportmittels bestimmt, lösen sich die technischen Unterschiedlichkeiten schließlich

alle in einen *Kostenvergleich* **auf.** Wie die verschiedenen Verkehrsträger — Binnenschiffahrt, Kraftwagen, Eisenbahn — in der Höhe der Frachten, die ihnen für die Beförderungsleistung zu entrichten sind, und namentlich auch in der Art, wie die Beförderungspreise zustande kommen, zueinander sich verhalten, das regelt entscheidend ihre gegenseitigen Beziehungen, ihr Miteinander- und ihr Gegeneinanderarbeiten. Und auch für die allgemeine, die volkswirtschaftliche Beurteilung ist nicht die technische Leistung an sich der letzte Maßstab, sondern die Höhe der Kosten, die solche Leistung dem Wirtschaftsgesamt auferlegt, und die Art, wie die Verteilung dieser Kosten ganz oder teilweise sich im Aufbau des Wirtschaftslebens auswirkt.

So ist es für die privatwirtschaftliche Entscheidung eine Kostenfrage, ob etwa der Zinsverlust und das größere Risiko einer Preisbewegung, die aus dem langsameren Gange der Binnenschiffahrt hervorgehen, gegenüber der Eisenbahn und dem Kraftwagen durch einen niedrigeren Frachtsatz ausgeglichen werden. Auch der geringere Grad von Berechenbarkeit der Transportzeit, der zu größerer Vorratshaltung den Empfänger zwingt, läßt sich in der Fracht zur Wirkung bringen. Sogar die Kosten der Umladungen und das mit diesen verbundene Risiko der Qualitätsgefährdung, die sich aus der räumlichen Begrenzung aller Schiffahrtswege ergeben, werden nur als Teile der Gesamtfracht gewertet, wie umgekehrt die weitgehende Haftpflicht als besondere Leistungserhöhung der Eisenbahn das Einheben etwas höherer Frachten ermöglicht. Und nicht anders liegt es bei den Vergleichen der Eisenbahn und der Binnenschiffahrt mit dem Kraftwagen.

Die volkswirtschaftliche Betrachtung muß durch die privatwirtschaftliche Schicht hindurch die allgemeinen Zusammenhänge zu erfassen trachten. Für die Gesamtheit ist schon wichtiger als die Frage, wie sich für die Benutzer die Frachten stellen, was also aus der Transportleistung für die Be- und für die Verfrachter geldlich herauskommt, die umfassende und tiefergreifende Erwägung, mit welchen Selbstkosten — mögen sie vom Verfrachter oder auch vom Staate aufgewendet werden — die Bereithaltung der Straße und der Betriebsmittel sowie der Betrieb selbst die Leistungen möglich macht; muß doch immer die produktive Tätigkeit dem Verteilen ihres Ertrages vorangehen. Vor allem aber geht es bei den Transportmitteln in einem Wirtschaftsganzen, das auf Güteraustausch eingestellt ist, um die örtliche Verteilung der Produktivkraft im Gesamtraume, um die Standortbildung und um Standortverschiebungen, und damit um die Gestaltung der Daseinsunterlagen für das Ganze der staatlich zusammengefaßten Bevölkerung. Und diese Wirkung ist es, die von der neuen Zielsetzung, von der scharfen Betonung des binnenwirtschaftlichen Austausches her in Deutschland auf die Frachtenfrage ein neues Licht fallen läßt. —

2. In solcher Betrachtung rückt vollends die *Eisenbahn* in den Vordergrund. Mit engmaschigem Netz gleicher Spurweite über das ganze Reichsgebiet gelegt, in der Ausbreitung also den Wasserstraßen weit überlegen, und dank dem höheren Grade der Massenhaftigkeit für den Fernverkehr besser als der Kraftwagen geeignet, bestimmt der Schienenweg mit seiner Frachtengebarung zumeist schlechthin ausschlaggebend, überall mitmaßgeblich nach Art und Umfang die wirtschaftlichen Beziehungen, die sich von Landschaft zu Landschaft über die größten Entfernungen hinweg entfalten können und schon entfaltet haben.

Die Bedeutung dieses Machtverhältnisses tritt am klarsten darin zutage, daß es bis vor kurzem keinen Staat gegeben hat, der sich autoritär um die Frachtenbildung in der Binnenschiffahrt und im Landstraßenverkehr seines Gebiets gekümmert hat; daß es aber andererseits in allen Kulturstaaten schon seit Jahrzehnten als Selbstverständlichkeit gilt, die Eisenbahnen weitgehend einer Frachtenkontrolle staatlicher Stellen zu unterwerfen. Dieser Unterschied ist um so auffallender, als die Wasser- und die Landstraßen fast überall entweder von den Staaten selbst oder doch von öffentlich-rechtlichen Körperschaften abgeleiteter staatlicher Gewalt (Kommunalverbänden, Provinzen, Handelskammern), selten aber (wie in England) von privaten Unternehmungen hergerichtet und verwaltet worden sind, während die Schienenwege sich vielfach im Eigentum und Betrieb gerade solcher Privatgesellschaften befunden haben und befinden. Allenfalls das Schleppmonopol, das auf den Kanälen Nordfrankreichs für die Handelskammern je des durchzogenen Gebietes gilt, kann als eine Maßnahme angesprochen werden, die Gesamtfracht durch die autoritative Festsetzung des Schlepplohnes zu beeinflussen und dadurch auf einem so niedrigen Satz festzuhalten, daß auch die konkurrierenden Eisenbahnen sich eine entsprechende Mäßigung auferlegen müssen. Hauptsächlich scheint aber auch dieses Monopol weniger einer Frachtenregelung als vielmehr der Durchführung eines störungsfreien Fahrbetriebes dienen zu sollen — kommen doch die engen, vielfach nur einschiffigen Kanäle betriebstechnisch der Zwangsläufigkeit des Schienenweges recht nahe, und ist für diesen doch von allem Anfang an die Notwendigkeit einer einheitlich-geschlossenen Verwaltung hervorgetreten. Selbst die Bestimmung der englischen Konzessionen, daß auf den Drehkreuzstraßen (Chausseen) die Befahrungsabgaben beim Überschreiten von 10 % Dividende herabgesetzt werden sollten, hat kaum jemals zum Einschreiten einer Behörde geführt; ist es doch allzu leicht, bei entsprechend hohen Gewinnen diese den Aktionären in anderer Form als gerade der einer erhöhten Dividende zuzuführen. Sogar das „Chausseegeld“, obwohl nur zur Deckung der Kosten der Straßenunterhaltung zumeist bestimmt und deshalb in der Regel ohne Bedeutung für die Straßenfrachten, ist in den meisten Staaten abgeschafft worden, als auch die befestigte Straße ihre Bedeutung als Durchgangsweg an die Eisenbahn abtreten mußte und landschaftlich-örtlich so allgemein benutzt wurde, daß man die Kosten lieber im allgemeinen Steuerwege und nicht mehr durch besondere Stellen einhob. Erst das Hochkommen des Kraftwagens — genauer: die starke Konkurrenz, die er der Eisenbahn bereitet — hat überall in der Welt den Ruf nach einer ähnlich autoritativen Regelung, wie sie den Eisenbahnen auferlegt ist, laut werden lassen. Der Binnenschiffahrt gegenüber ist es dagegen zumeist — auch in Deutschland bis zu den Kämpfen um den Mittellandkanal — still geblieben; von ihr fürchtete man dank der räumlichen Begrenztheit ihres Werbens weder einen schwerwiegenden Wettbewerb gegen die Schienenwege, noch in Landwirtschaft oder Industrie Standortsverschiebungen.

Dem steht gegenüber, daß schon das preußische Eisenbahngesetz von 1838 für die staatliche Aufsichtsbehörde ein Eingreifen in die Frachtengestaltung möglich macht, und daß das erste allgemeine Eisenbahngesetz Englands (1844) gar auf jeder Strecke in beiden Richtungen das Fahren je eines Zuges (der gesetzlichen Vorschrift wegen parliamentary train genannt) mit festgesetzten Höchstpreisen fordert. Zu wirklicher Beeinflussung der gesamten Frachtgebarung ist es allerdings erst später gekommen: in Deutschland durch die große Verstaatlichungsaktion der Jahre 1875/85, in England durch das Gesetz von 1888, in den Vereinigten Staaten von Amerika für den über-einzelstaatlichen Verkehr durch das Gesetz von 1887, und was an Beispielen mehr angeführt werden könnte. Die Verstaatlichung hat naturgemäß am weitesten geführt: es wurde Aufgabe der staatlichen Verwaltung, die Frachtsätze unmittelbar festzusetzen. Aber auch dort, wo man es beim privaten Eigentum und dem privaten Betrieb belassen hat, sind schon damals diejenigen beiden Grundsätze festgesetzt worden, die seitdem — im Gegensatz zu den anderen Transportmitteln — das ganze Frachtengebäude der Eisenbahn in aller Welt tragen: die Frachten sind für alle Güter und Entfernungen in die Form von Tarifen zu bringen und so zu veröffentlichen, und sie haben allen Benutzern der Bahn gegenüber zu gleichen Bedingungen zu gelten. Später sind die Privatbahnstaaten zumeist noch weitergegangen: England z. B. hat 1920 ein besonderes Eisenbahn-Tarifgericht (nicht eine Verwaltungsbehörde) eingesetzt, das jede Tarifposition auf die Klage eines Interessenten hin auf seine „Angemessenheit“ hin prüfen kann, an dessen Zustimmung aber auch jede Änderung eines Tarifsatzes gebunden ist; in den Vereinigten Staaten von Amerika hat das Bundesverkehrsamt, dessen Befugnisse schon vor dem Weltkriege erheblich ausgeweitet worden waren, jetzt dieselbe Aufgabe zugewiesen erhalten. Auch hier sind die Staatsgewalten also dicht an das Recht der Tarif-Initiative herangekommen. Und schließlich ist auch darauf hinzuweisen, daß seit den neunziger Jahren alle Handelsverträge eine Vereinbarung zu enthalten pflegen, welche den Gütern der beiden Parteien je auf den Bahnen des andern Partners die Gleichbehandlung mit dessen eigenen Gütern sichern sollen.

Über jene allgemeinsten Grundsätze hinaus (Veröffentlichung der Frachttarife und gleiche Behandlung aller Frachtinteressenten) haben in Deutschland die einzelstaatlichen Eisenbahnverwaltungen alsbald nach den ersten Verstaatlichungen der Privatbahnen ihre Tarifmacht dazu benutzt, zunächst einmal in das wirre Durcheinander der einzelbahnlichen Frachtsätze eine formale Ordnung hineinzubringen: 1877 ist (unter formeller Führung des Reichseisenbahnamts) ein Tarifschema aufgestellt worden, das die unendliche Fülle der Güter einheitlich klassifiziert hat und so die Befrachter wenigstens, wenn sie mehrere Bahnsysteme in Anspruch nehmen müssen, die hierbei zu entrichtenden Frachtsätze übersichtlich an derselben Stelle finden läßt. Schon dies hat die Überwindung großer Entfernungen innerhalb Deutschlands und damit das Zusammenführen entlegener Landschaften nicht unwesentlich erleichtert. Wichtiger noch wurde, daß die Einzelstaaten zuerst je für ihre eigenen Bahnen und dann auch untereinander in dieses Schema materielle Einheitlichkeit einfügten: Anfang der neunziger Jahre gelten über das ganze Reichsgebiet hin, wenngleich nicht für das ganze Tarifwesen, so doch für die sog. Normaltarife die gleichen tonnenkilometrischen Sätze. Ein gewaltiger Fortschritt, der nicht weniger bedeutet hat und noch heute bedeutet, als daß die weniger entwickelten Teilgebiete, in denen die stehenden Anlagen der Bahnen in verhältnismäßig geringem Maße nur ausgenutzt werden können und den einzelnen Transport daher mit hohen Kosten belasten, trotzdem nur dieselben Frachten je Gewicht und Entfernung zu entrichten haben wie die Landschaften dichtesten Verkehrs und stärkster Bahnausnutzung. Konkret ausgedrückt: die ausgeprägt landwirtschaftlichen Bezirke des deutschen Ostens und Südens sind durch diese Maßnahme näher an das übrige Deutschland herangerückt worden, als es unter landschaftlich getrennten Eisenbahnverwaltungen möglich gewesen wäre.

Die preußische Staatsbahnleitung wäre gern noch einen Schritt weitergegangen. Der langgestreckten Form ihres Staates, die nach Elsaß-

Lothringen hin für die Eisenbahnen noch eine Verlängerung erhalten hatte, würde eine starke Staffelung der Tarife — d. h. eine mit den Entfernungen fortschreitende Herabsetzung der Kilometersätze — besser als die absolute Gleichstellung aller Entfernungen entsprochen haben. Man war sich darüber klar, daß eine derartige Verbilligung der langen Wege den Güteraustausch innerhalb Deutschlands noch wesentlich hätte steigern können, und man versprach sich mit Recht von der hieraus folgenden Hebung der Bahnausnutzung auch einen großen finanziellen Erfolg. Gerade diesen Ersatz konnten jedoch die Eisenbahnverwaltungen der andern Bundesstaaten nicht wohl erwarten; ihre Netze waren zu wenig ausgedehnt, als daß auf ihnen schon die Staffelung in irgend beträchtlichem Umfang in eine Verkehrszunahme sich hätte auswirken können, und so blieb nur die Furcht, daß von Preußen her der Wettbewerb in Landwirtschaft und Industrie erstarken könnte. Solchem Widerspruch mußte auch die preußische Staatsbahn nachgeben, wenn sie nicht das ganze Werk der Tarifeinigung gefährden wollte.

Das Mittel, die örtlichen Beziehungen auszubauen, war in den Ausnahmetarifen gegeben. Für deren Aufstellung hatten die Bahnen ihre Selbständigkeit behalten, waren sie nur an die Pflichten der Veröffentlichung und der Gleichhaltung aller Befrachter gebunden. Hier konnten daher die Sonderverhältnisse einzelner Landschaften ebenso wie einzelner Wirtschaftszweige weitestgehend berücksichtigt werden, um ihnen den Bereich der Rohstoffbezüge und namentlich auch der Absatzgelegenheiten auszuweiten. Die Abstellung auf bestimmte Örtlichkeiten, wie etwa die deutschen Stätten der Gütergewinnung oder die deutschen Seehäfen oder die deutschen Verarbeitungsstätten, gab auch die Möglichkeit, die ausländischen Güter ohne Verletzung der Handelsverträge auf die höheren Normaltarife zu verweisen und so eine ausgeprägt binnenländische Transportpolitik zu treiben. Als besonders markante Beispiele seien der Ausnahmetarif, nach dem die Eisenerze des Siegerlandes nach Oberschlesien gingen, und die Gruppe der Seehafen-Ausnahmetarife angeführt, die ebenso gewissen Zweigen der Einfuhr wie auch der Ausfuhr dienten; zu ihnen gehörten auch die kombinierten Eisenbahn-See-Tarife, die dem Verkehr zwischen dem inneren Deutschland und Ostafrika einerseits, den Häfen der Levante andererseits eine feste Berechnung der Gesamtfracht ermöglicht und dem deutschen Fabrikatenexport wichtige Unterstützung gegeben haben. Alles in allem waren es schließlich — ohne Einrechnung des sog. Rohstofftarifs, der nur seiner Form nach einen Ausnahmetarif darstellte — am Ende der Friedenszeit 60 % der überhaupt beförderten Gütermengen, die auf den preußisch-hessischen Bahnen nicht mehr nach den Normaltarifen abgefertigt wurden. Es war eine der empfindlichsten Belastungen Deutschlands, daß im Versailler Diktat für fünf Jahre den Gütern der feindlichen Länder die Gleichbehandlung mit deutschen Gütern nicht nur je Strecke, sondern der Genuß des irgendwo auf deutschen Bahnen geltenden billigsten Tarifs vorbehalten war; eine Bestimmung, die zur Aufhebung sämtlicher Ausnahmetarife gezwungen hat.

Die Nachkriegszeit, die Zusammenfassung der deutschen Schienenwege in der Reichsbahn hat dann endlich die Handhabe geboten, auch die Normaltarife noch über ihre räumlich gleichmäßige Geltung hinaus auf den binnenländischen Güteraustausch auszurichten. Es war eine der ersten und wichtigsten Handlungen der neuen Verwaltung, daß sie bei der Neuordnung der ganzen Frachtengebarung, die nach dem Weltkriege dank der Erschütterung aller wirtschaftlichen Verhältnisse notwendig geworden war, den Grundsatz der Entfernungsstaffelung zur Herrschaft gebracht hat: seit dem 1. Dezember 1920 sinken im Bereich der Normaltarife die Kilometersätze mit den Entfernungen. Zur Berücksichtigung besonderer Wirtschaftsbedürfnisse sind dann auch wieder Ausnahmetarife eingeführt worden, sobald Deutschland nach Ablauf jener fünf Sperrjahre wieder Herr seiner Eisenbahn (wie auch seiner Handelstarifpolitik) geworden war. Mit Ausnahmetarifen fügt sich die Reichsbahn auch dem zweiten Vierjahresplan und der Ernährungsschlacht ein, wie diese die höchstmögliche Entfaltung der deutschen Produktivkräfte und damit die stärkste Betonung des binnenwirtschaftlichen Güteraustausches zum Inhalt haben. Immer aber, ob Normal- oder Ausnahmetarif, gilt als schlechthin herrschendes Gesetz die Vorschrift, daß kein Beförderungsakt von der Reichsbahn vorgenommen werden darf, dessen Preis nicht aus einem vorher veröffentlichten Tarif für jedermann ersichtlich und berechenbar gemacht worden ist. Und die weitere Vorschrift, daß jeder Tarif, wenn die mitveröffentlichten Bedingungen erfüllt sind, ohne Unterschied der Personen oder Unternehmungen angewendet werden muß, was zugleich der Reichsbahn wieder die Beförderungspflicht für jede Sendung auferlegt, die nicht ausdrücklich und allgemein von der Benutzung des Schienenweges ausgeschlossen ist. —

3. Die Unterlagen, welche die Tarifgestaltung der Reichsbahn durch die wirtschaftliche Zusammenführung aller Landschaften des Reiches ebenso wie als sichere Berechnungsunterlage aller Einzelunternehmungen dem deutschen Wirtschaftsleben stellt, müssen als Maßstab und Forderung auch die Wertung bestimmen, die den beiden andern Transportmitteln, der *Binnenschiffahrt* und dem *Kraftwagenverkehr*, zuteil wird. Gewiß nicht in dem absoluten Sinne, daß nun von diesen dieselbe Leistung verlangt wird; das würde die Verschiedenartigkeit der technischen Bedingungen außer acht lassen, Ungleiches also in gleiche Be-

trachtung rücken. Wohl aber ist die Bedeutung jener Unterlagen für den Aufbau und für den Verlauf der deutschen Volkswirtschaft so groß, daß die andern Techniken des Transportes sich mit ihrer Frachtenbildung in sie einzufügen haben, sie in ihrer Wirksamkeit nicht stören dürfen.

Nach ihrer Natur und nach der Gesetzeslage werden die Frachten auf den Wasser- und den Landstraßen von andern Grunderscheinungen bestimmt wie auf den Schienenwegen. Während sich hier dank der Zwangsläufigkeit des schienengebundenen Betriebs alsbald die Notwendigkeit des festen Fahrplans und damit das „Monopol auf der Schiene" ergeben hat, ist es bei den beiden andern Transportmitteln, die mit den mannigfachen Ausweich- und Überholungsmöglichkeiten auf der freien Strecke rechnen dürfen, beim Wettbewerb mannigfacher Unternehmungen verblieben. Der gewaltigen Größe des stehenden Kapitals, die in allererster Linie von den Beschaffungskosten des Weges und der Bahnhofsanlagen herrührt und die einzelnen Eisenbahnunternehmungen zur Monopolisierung ganzer Landschaften geradezu gezwungen hat, steht bei den Binnenschiffahrts- und den Kraftwagenbetrieben ein Anlagekapital von vergleichsweise geringem Ausmaß gegenüber; ist es doch bei ihnen der Staat oder sonst eine öffentlich-rechtliche Körperschaft, die ihnen den Weg gebaut hat und noch baut, ihnen also lediglich die Beschaffung der Fahrzeuge von vornherein überläßt und auch mit dem etwaigen Anspruch auf Benutzungsabgaben sich nur an das Betriebskapital hält, eine mit jedem Beförderungsakt zu dem Unternehmer zurückfließende Ausgabe also verursacht. Es fehlt auch für die Durchsetzung einer Monopoltendenz jene Unterlage, die im Schienenverkehr wiederum die Fahrplanmäßigkeit und die damit gegebene Übersehbarkeit des ganzen Betriebes für den Aufbau eines weit ausgreifenden, die verschiedensten Einzelräume umfassenden Unternehmens darbieten. Nicht einmal auf den Kanälen, die mit ihren geringen Breiten für einen freien Streckenverkehr nur geringe Möglichkeiten enthalten, ist es bisher auf privatwirtschaftlicher Unterlage zur Herausbildung monopolistischer Betriebe gekommen.

Solchem Gegensatz entspricht es, daß es für die Binnenschiffahrt und die Kraftwagenbetriebe weder eine Haftungsverpflichtung, die sich von den allgemein geltenden Rechtsbestimmungen in ähnlicher Weise wie die der Eisenbahnen abhebt, noch die Verpflichtung zur Einhaltung eines zu veröffentlichenden Fahrplans gibt. Es fehlt vor allem die volkswirtschaftlich so wichtige Beförderungspflicht und mit ihr bis in die jüngste Zeit die Verpflichtung, die Frachten in einem veröffentlichten Frachtentarif verbindlich zusammenzustellen. Und wenn jetzt dem gewerblichen Lastkraftwagen-Fernverkehr mit Rücksicht auf die Eisenbahn die Innehaltung des Reichsbahntarifs gesetzlich auferlegt ist, so ist dies eine Besonderheit, die schon für den Nahverkehr nicht gilt und auf die Binnenschiffahrt nicht ausgedehnt worden ist; eine Beförderungspflicht ist auch für den Kraftwagen-Fernverkehr nicht mit der Tarifpflicht verbunden worden. Auch für diesen ist es also dabei verblieben, daß er sich ebenso die Strecken, die er bedienen will, wie die Güter, die er zur Beförderung annimmt, nach seinem privatwirtschaftlichen Vorteil aussuchen kann. Dem Wettbewerb der Kraftwagenunternehmen untereinander und dem zwischen Eisenbahn und Kraftwagen ist also zwar die äußerste Spitze abgebrochen worden; völlig beseitigt ist er nicht, und Kraftwagen und Eisenbahn sind auch nicht völlig gleichgeschaltet worden.

Auf den Kanälen greift allerdings das Reich in die Frachtenbildung ein wenig ein durch die Befahrungsabgaben und dort, wo es das Schleppmonopol ausübt, durch den Schlepplohn. Wie es aber schon auf den Flüssen und Strömen, obwohl sie doch erst durch die staatlichen Regulierungsarbeiten zu ihrer Leistungsfähigkeit als Beförderungsmittel erhoben worden sind, auf jedes Entgelt für diese Aufwendungen verzichtet, so hält es auch auf den künstlichen Wasserstraßen (im engeren Sinne dieses Wortes) die Abgaben so niedrig, daß knapp die laufenden Ausgaben der Verwaltung und Erhaltung gedeckt werden, für die Verzinsung des Anlagekapitals und für die Erneuerung jedenfalls nichts übrig bleibt; und dieses Verhältnis wird durch die Schleppvergütung nicht verändert, da sie nur die Selbstkosten deckt, keinen Überschuß abwirft. So haben auch hier die Frachten keineswegs zu den wirklichen Selbstkosten des Verkehrs eine maßgebliche Beziehung. Noch weniger ist dies bei den sog. natürlichen Wasserstraßen der Fall. Und es gilt auch nicht für die Landstraßen, da die Automobilsteuer und der Benzinzoll nicht so viel aufbringen, wie dem Gemeinwesen an Ausgaben aus der Unterhaltung der Straßen und aus der Verzinsung des in ihnen steckenden Kapitals erwachsen; gegenüber den Wasserstraßen jedoch mit dem gewichtigen Unterschied, daß die Landstraßen über ganz Deutschland verbreitet sind und allgemein benutzt werden, während jene eine verhältnismäßig seltene Gabe darstellen und den schon von der Natur bevorzugten Landschaften auch noch von Staats wegen einen Vorsprung verleihen. Alles steht in scharfem Gegensatz zu der Reichsbahn; denn wenn diese auch das ursprüngliche Anlagekapital ihrer Schienenwege dank der Inflation nicht mehr zu verzinsen braucht — die 13 Milliarden Reichsmark gewöhnlicher Aktien der früheren Reichsbahngesellschaft waren als reine Stimmrechtsträger gedacht —, so hat sie doch nach diesem Kapital ihre Erneuerung zu bemessen und die Neuanlagen auch kapitalgemäß zu verzinsen, und außerdem liegen auf ihr dem Reiche gegenüber wuchtige Sonderlasten aus der Demobilmachungszeit und eine feste Abgabeverpflichtung, die zusammen fast so hoch wie der Zinsbetrag für die frühere Reparationsobligation von 11 Milliarden sind.

Auf solchen Grundlagen hat der Verkehr der Wasser- und der Landstraßen im freien Wettbewerb, wie er bis vor kurzem geherrscht hat, eine Frachtenbildung vollzogen, die von der zeitlichen Übersehbarkeit ebensoweit entfernt war wie von der gleichmäßigen Behandlung aller Befrachter. Auf den Flüssen ist denn doch, trotz aller Regulierungsarbeiten, das entscheidende Element der Wasserführung aus den natürlichen Zusammenhängen nicht ganz herausgelöst worden, und so folgen sich sogar auf dem Rhein, vollends auf Elbe und Oder, noch immer Niedrigwasser und Hochwasser in dem der Natur entsprechenden unregelmäßigen Wechsel aufeinander, was in dem Angebot an Schiffsraum und in seinem Verhältnis zur Nachfrage sich notwendig mit gleicher Unregelmäßigkeit und Unberechenbarkeit auswirkt. Dies greift dann auch in die Kanäle hinein, da auf ihnen der abgeschlossene Eigenverkehr zumeist an Bedeutung hinter den Anschlußleistungen zurücksteht; mit Ausnahme nur des Dortmund-Ems-Kanals, der vom Rhein her nur wenig berührt wird. Auf den Landstraßen ist es nicht so sehr die Natur, die etwa mit Glatteis die Benutzung gelegentlich einschränkt, als vielmehr der Zufall des einmal stärkeren und dann wieder schwächeren Zusammentreffens von Wagenangebot und Wagennachfrage, was die Frachten schwanken läßt. Daher hatten auch die Frachttarife, wie sie von den großen Transportunternehmungen und Speditionsfirmen wohl aufgestellt worden sind, naturgemäß nicht die Bedeutung einer gleichmäßig für längere Zeiten geltenden Skala, wie es für die Eisenbahnen längst als selbstverständlich gilt; sie gaben lediglich Richtlinien ab, nach denen von Fall zu Fall in Einzelverhandlungen zwischen Ver- und Befrachter der Transportpreis vereinbart wurde.

Hiermit ist zugleich gegeben, daß die Frachten nicht gleichmäßig für alle Befrachter gegolten haben. Selbst die Schifferbörsen, die eine Zusammenfassung des jeweiligen Angebots angestrebt haben, sind bis zu solchem Erfolge nicht durchgedrungen. Die Mengen vor allem, für die jeweils von dem einzelnen Befrachter Schiffs- oder Wagenraum gesucht wurde, machten sich in aller Regel sehr nachhaltig für eine Differenzierung der zu bewilligenden Beförderungspreise geltend. Es spielte aber auch, wie es dem freien Marktverkehr entspricht, eine wichtige Rolle der Grad an Geschicklichkeit, mit dem im Einzelfall die Gesamtlage ausgedeutet und ausgenutzt wurde. Nicht zuletzt hat die Frachtenunterlage für die verschiedenen Befrachter dadurch ein sehr unterschiedliches Gewicht erhalten, daß die großen Industrieunternehmungen, wie etwa am Rhein die Kohlenzechen und die Eisenhütten, ihre wuchtigsten Transporte durch eigene Schiffe ausführen lassen und dadurch dem Preisgefüge und seinen Schwankungen völlig entziehen können, wie im Kraftwagenferndienst der sog. Werksverkehr sogar an führender Stelle steht. Auch dies ist eine wuchtige Abweichung von den Regeln des Eisenbahntransportes, die nur in einigen wenigen Ausnahmetarifen eine volle Zuglast erheblich günstiger als die Wagenladung tarifieren und diese Wagenladung (15 t) niedrig genug angesetzt haben, daß auch kleinere Unternehmungen sie als Befrachter ausnutzen können; hier wird zugunsten des Kleinen der technische Unterschied wirksam, daß für die Eisenbahn als Volladung bereits eine Gütermenge gelten kann und muß, die in der Binnenschiffahrt — nicht im Landstraßenverkehr — noch als Stückgut zu behandeln ist.

Die räumliche Zusammenfassung der verschiedenen Landschaften endlich hat bisher auf den Wasser- und den Landstraßen ebenfalls ein anderes Gefüge als auf den Schienenwegen gezeigt. In der Binnenschiffahrt ist sie wiederum entscheidend von der Natur abhängig; und wenngleich der Einflußbereich so hoch leistungsfähiger Ströme wie des Rheins und der Elbe tief nach Süden sich erstreckt, — von einer gleichmäßigen Erfassung des gesamten Reichsgebietes ist ebensowenig wie überhaupt von einer starken Breitenwirkung zu sprechen. Im so beschränkten Rahmen jedoch haben die Wasserstraßen, zumal sie auf große Entfernungen leichter den Wettbewerb mit der Eisenbahn durchhalten können, auch mit ihrer Frachtengebarung die Teilgebiete näher aneinander gerückt, als dies jemals in der Vergangenheit möglich war: die Beförderung der täglichen Notwendigkeiten hat auch auf ihnen den Luxusverkehr tief in den Schatten gestellt und etwa zwischen den Landschaften des Oberlaufs und denen des Unterlaufs Zusammenhänge geschaffen, die beiderseits als Wesensbestandteile jedes örtlichen Wirtschaftslebens empfunden werden und so den einzelnen Bezirk aus seiner wirtschaftlichen Isolierung herausgehoben haben. Im Kraftwagenverkehr hat die Beweglichkeit allem Anschein nach mehr in die Breite als in die Tiefe gewirkt: einer Frachtenbemessung, die auf große Entfernungen berechnet ist, steht die geringe Lastfähigkeit so stark hemmend entgegen, daß die Benutzung der Landstraße anstatt der Eisenbahn nicht mehr von einem Vergleich der Transportkosten, sondern von den besonderen Bedürfnissen abhängt, die im Einzelfall ein weitgesteckter Transport befriedigen soll; immerhin macht sich nicht nur im Nahverkehr, sondern auf mittlere Entfernung (etwa bis 200 und auch 300 km) auch im Fernverkehr der gewerblich betriebene Kraftwagen (nach den Feststellungen des Betriebsverbandes) als ein durchaus selbständiges Transportmittel stark geltend, das mit seinen Frachten den Austausch der Lebensnotwendigkeiten kostenmäßig beeinflußt.

Wie nun aber die mittleren Entfernungen auch für die Eisenbahnen hauptsächlich den Radius bestimmen, in dem sie sich über den Nahverkehr hinaus betätigen, und wie hier durch den Kraftwagen ihr früheres Transportmonopol durchbrochen worden ist, so läßt die Fertigstellung des Mittellandkanals und seiner Ergänzungen für die deutschen Wasserstraßen eine beträchtliche Ausweitung ihres Wirkungsbereiches erwarten; von den Flüssen aus gesehen, in die Breite und damit in diejenige Dimension, die sich dem Einfluß der Binnenschiffahrt bisher nur in geringem Maße geöffnet hat. Das bedeutet ebenfalls eine beträchtliche Einengung des Raumes, in dem sich die Reichsbahn ohne Wettbewerber bewegen könnte. Und nimmt man hinzu, daß der Kraftwagen mit seiner Betonung des Nahverkehrs und der mittleren Entfernungen als Güterzubringer und Güterabträger den Wasserstraßen wesentlich größere Dienste leisten kann als den Schienenwegen, die selbst dicht an die Stätten des Transportbedarfs herankommen, so ergibt sich eine Tiefen- und Breitenwirkung von so erheblichem Ausmaß, daß nicht mehr nur von einer Verschiebung vereinzelter Verkehrsbeziehungen zu sprechen ist, daß vielmehr das ganze Frachtensystem auf eine neue Grundlage gestellt erscheint.

So drängt die Frage zur Entscheidung: Können die Frachtsysteme strengen Tarifzwanges und freien Wettbewerbs nebeneinander bestehen, ohne daß die Transportleistungen an volkswirtschaftlichem Wert verlieren? Und wenn diese Frage verneint werden muß: soll und kann der freie Wettbewerb, wie er in der Binnenschiffahrt und im Kraftwagenverkehr möglich ist, auch für die Reichsbahn gelten? oder soll und kann das Tarifsystem der Reichsbahn den beiden anderen Transportmitteln, wenn nicht in den Einzelheiten, so doch dem Grundsatz nach vom Staate aufgedrückt werden?

Kapitel V: Die Schlußfolgerungen

1. Erst die Eisenbahnen haben mit der *Regelmäßigkeit* und *Berechenbarkeit* ihrer Beförderungsleistungen das Innere der Erdteile so erschlossen, daß von Landschaft zu Landschaft über die nachbarlichen Beziehungen hinaus große Mengen lebensnotwendiger Güter in dauerndem Hin und Her gegeneinander ausgetauscht werden und daß die Bevölkerungsmassen sich auf ein regelmäßiges Kaufen fremder Waren und ein ebenso regelmäßiges Verkaufen an die Fremde als

eine alltägliche Erscheinung einrichten können. Hierdurch ist es möglich geworden, die Produktivkräfte aller Art in der einzelnen Landschaft über den örtlichen Verbrauch hinaus zu steigern und umgekehrt diesen Verbrauch von den örtlich gewonnenen Gütern abzulösen. Die ganze Daseinsführung ist an Transportvorgänge angeschlossen worden — mögen diese auf geringeren, nur gerade die Nachbarschaft überschreitenden oder aber auf großen Entfernungen sich abspielen.

Dies war und ist allenthalben und zu jeder Zeit etwas Neues gegenüber aller Vergangenheit, in der sich ein Güteraustauschen zwar an den Meeresküsten und längs der Wasserwege schon entwickelt, aber den Charakter der Luxuserscheinung nicht abgestreift und das Ganze des Wirtschaftslebens so leicht nicht maßgeblich bestimmt hat. Jetzt wird es für die Bevölkerungsmassen von entscheidender Bedeutung, zu welchen Bedingungen die Transporte lebensnotwendiger Güter ausgeführt werden. Und man spürt bald, daß eine unterschiedliche Behandlung der einzelnen Menschen wie auch der einzelnen Landschaften zugleich nach Art und Tempo auch den Gang der wirtschaftlichen Entwicklung — hier fördernd, dort hemmend — durchgreifend beeinflußt. Man sieht, daß solche Produktions- und Handelsbetriebe, die sich mit den Eisenbahnunternehmungen eng verbunden haben, rascher in die Höhe kommen und höhere Gewinne abwerfen als jene anderen, meist kleineren Betriebe, denen ein solcher Zusammenschluß nicht gelungen ist; und man weiß oder vermutet, daß es Frachtenvergünstigungen seien, aus denen sich ein derartiger Vorsprung ableite. Ganze Landschaften fühlen sich benachteiligt nicht nur, wenn sie noch ohne Schienenwege bleiben, während in der Nachbarschaft schon die neue Technik der Beförderung sich auswirkt; ebenso vielmehr, wenn ihnen höhere Frachten abgenommen werden, als allein einem etwaigen Entfernungsunterschied zu den Absatz- oder Bezugsstätten entspräche. Man merkt auch sehr bald, daß der Eisenbahn dank ihrer Technik und ihrer Bodenabhängigkeit eine starke Monopoltendenz innewohnt, und daß diese sich dank den Eigentümlichkeiten des Eisenbahnbetriebes auch durchzusetzen pflegt.

So kommt es allenthalben, sobald nur erst der Ruf nach dem Bau von Schienenwegen abklingen kann, aus der Bevölkerung heraus zu der Forderung an die Staatsgewalten, sich nicht nur allgemein um die Eisenbahnen ihres Landes und deren Betrieb zu kümmern, sondern in Sonderheit für ein erkennbares und gleichmäßig angewendetes Frachtensystem zu sorgen. Sogar in einem Staatswesen, das aller Einmischung staatlicher Gewalten in das Wirtschaftsleben so ablehnend gegenübersteht und vollends die Behörden des Gesamtstaates so entschieden ablehnt wie die Vereinigten Staaten von Amerika, wird jenes Bundesgesetz von 1887 erlassen, das für den über-einzelstaatlichen Eisenbahnverkehr die Veröffentlichung der Frachtentarife befiehlt und jede heimliche Vergünstigung verbietet, ja eine besondere neue Bundesbehörde zur Durchführung des Gesetzes einrichtet. In den Staaten strafferer Staatstradition wird die Verstaatlichung der Bahnen dem gleichen Ziele dienstbar gemacht. Wie so leicht niemand mehr irgendwo in der Welt auf den Gedanken verfällt, mit den Schalterbeamten oder auch hinter den Kulissen über den Fahrpreis einer Reise zu feilschen, so gilt allgemein für den Güterverkehr die Veröffentlichung der Frachtsätze und ihre Innehaltung als eine Selbstverständlichkeit, die trotz gelegentlicher Durchbrechungen zugleich als Notwendigkeit empfunden wird. —

2. Merkwürdig ist dagegen die Zwiespältigkeit, in der sich die *Beurteilung der Monopoltendenzen* bewegt hat. Zunächst sahen darin die Bevölkerung und die Staatsgewalten nichts anderes als die Gefahr, daß sich mit den großen Eisenbahnunternehmungen „Staaten im Staate" bilden und Einkommensverschiedenheiten ungesunden Ausmaßes herausstellen würden. Man versuchte also, die Verkoppelungen mehrerer Gesellschaften zu verhindern und dadurch die einzelne verhältnismäßig klein zu halten, wie auch den Wettbewerb der Wasserstraßen zu beleben.

Diese Stimmung beherrscht auch noch das nordamerikanische Gesetz von 1887, das ausdrücklich jede Einschränkung des Wettbewerbs und deshalb jede Vereinigung verbietet und unter Strafe stellt. Dabei hatte gerade die große Untersuchung, die zu Anfang der 80er Jahre der Staat New York über die Eisenbahnverhältnisse seines Gebietes veranstaltet hat, mit unmißverständlicher Deutlichkeit aufgezeigt, daß die Aufrechterhaltung des Eisenbahnwettbewerbs keineswegs in Gestalt allgemein niedriger Frachten etwa der Gesamtheit, sondern mittels heimlicher Vergünstigungen ausschließlich einigen wenigen, besonders gerissenen Befrachtern zugute kommt; ein John Rockefeller zumal hatte es verstanden, die selbständigen Eisenbahnunternehmungen immer wieder gegeneinander auszuspielen und auf den so erzielten, immer geheimgehaltenen Sonderfrachtsätzen sein Monopol des Erdölhandels und der Erdölraffinierung, die Anfänge der Standard Oil Co. aufzubauen. Einem derartigen Druck sich zu entziehen, haben dann die Eisenbahnen das gesetzliche Verbot in mannigfachen Formen ständig umgangen, und zu Beginn des neuen Jahrhunderts war das Gesamtgebiet des nordamerikanischen Bundes — nach den Feststellungen der Industrial Commission — in eine kleine Anzahl von Eisenbahnsystemen aufgeteilt, die unter formeller Selbständigkeit ihrer einzelnen Glieder tatsächlich gewaltige Einheiten darstellten, die je ihr Teilgebiet monopolistisch beherrschten und selbst an den Berührungspunkten sich gegenseitig kaum noch ins Gehege kamen. Es ist kennzeichnend, daß die letzten großen Kämpfe der sog. Eisenbahnkönige, wie sie sich im Westen abgespielt haben, schon nicht mehr in der Form von Frachtunterbietungen, sondern lieber an den amerikanischen und europäischen Börsen um den Besitz der Aktienmehrheiten ausgefochten worden sind.

Alles dies hat nur die Erfahrungen Europas bestätigt, wie denn auch die Versuche, von den Wasserstraßen her den Wettbewerb wirksam zu machen, weder in England noch in Frankreich einen nennenswerten Erfolg gehabt haben. Und schließlich — nach den schwerwiegenden Erfahrungen des Weltkrieges, während dessen überall die Bahnen je des gesamten Staatsgebietes unter einheitliche Betriebsleitung gestellt werden mußten — hat die Gesetzgebung den nicht zu verändernden Tatsachen sich angepaßt und selbst die Grundsätze für weitumfassende, formelle Vereinigungen der Privatbahnen aufgestellt; so in England, in Frankreich, in den Vereinigten Staaten von Amerika. Man hat eingesehen, daß im Eisenbahnwesen nicht die Wahl zwischen Monopol und Wettbewerb, sondern ausschließlich zwischen staatlichem und privatem Monopol gegeben ist, und daß nur ein geregeltes Monopol das endgültige Durchhalten der „Tariftreue“ gewährleistet.

Die deutschen Einzelstaaten sind — wie in ständig zunehmender Zahl auch andere Staaten, jetzt auch Frankreich — den anderen Weg gegangen; sie haben die Schienenwege ihres Gebietes größtenteils in staatliches Eigentum und staatliche Betriebsführung genommen und gegeneinander, wenngleich nicht auf den Wettbewerb der Wegeleitung und anderer Betriebsmaßnahmen, so doch auf den Tarifkampf verzichtet. Mit der Errichtung der Reichsbahn (1920) ist das Monopol für das ganze Reichsgebiet vollständig geworden. Und niemand zweifelt seit der Durchführung jener Verstaatlichungen daran, daß der Güterdienst genau so wie der Personenverkehr ausnahmslos nach den veröffentlichten Tarifen abgewickelt wird. Sogar dann, wenn es sich um einen Wettbewerb mit der Binnenschiffahrt oder dem Kraftwagen handelt, haben sich die früheren Staatsbahnen und jetzt die Reichsbahn unverrückt an ihre gesetzliche Pflicht gehalten und ihre Ausnahmetarife rechtzeitig veröffentlicht, an diese auch tatsächlich sich gebunden gefühlt. Immer ist damit die Gewähr verbunden, daß kein Tarifsatz verändert wird, ohne daß in der Ständigen Tarifkommission (in den Fällen des Regeltarifs) oder gegenüber den (in den Ausnahmetarifen) geschäftsführenden Reichsbahndirektionen die wirtschaftlich getroffenen Kreise ihre Wünsche und Bedenken zu nachhaltigem Ausdruck zu bringen vermögen.

Das Hochkommen des Kraftwagens, der so ganz anders breit wie die Binnenschiffahrt sich neben die Eisenbahn gestellt hat, bringt nun aber die Gefahr mit sich, daß die Tarifordnung, wenn sie überhaupt beibehalten werden kann, zu einer rein formalen Angelegenheit wird; werden doch aus allen Ländern, die es bereits zu einem dichten Schienennetz gebracht haben, Klagen der Bahnen über den ungeregelten Wettbewerb des neuen Transportmittels und entsprechende Bestrebungen berichtet, in ihrer Frachtengebarung größere Freiheit zu erhalten. Für Deutschland ist jene Gefahr um so größer, als die Fertigstellung des Mittellandkanals und seiner Ergänzungen auch der Binnenschiffahrt den Wirkungsbereich wesentlich ausweiten wird. Und gerade in Deutschland haben die Erfahrungen, die nicht nur die Reichsbahn selbst und der Kraftwagenverkehr, sondern namentlich das Wirtschaftsleben mit den sog. K-Tarifen der Bahn gemacht haben — man hatte sie schon aus Kraftwagentarifen in Kampftarife allgemein umgetauft —, das Unerquickliche und Ungesunde eines Zustandes offengelegt, bei dem die Bahn nur noch formell die Tarifbestimmungen anwenden konnte, tatsächlich jedoch bald hier und bald dort, bald für die eine und bald für die andere Gütergruppe eine Frachtenänderung einführen mußte, wenn anders sie sich nicht aus wichtigen und für ihre Gesamtstellung in der deutschen Volkswirtschaft bedeutsamen Wirtschaftsbeziehungen ausschalten lassen wollte. Eine allgemeine Unruhe war an die Stelle des gewohntsicheren Disponierens getreten. Niemand wußte, mit welchem Frachtenaufwand für längere Zeiten zu rechnen war. Selbst diejenigen Befrachter, die sich vom tariffreien Kraftwagen günstige Bedingungen gesichert hatten, mußten mit der Möglichkeit rechnen, daß das Transportunternehmen an den Frachtunterbietungen sich blutleer lief, und daß damit alle ihre Kostenberechnungen hinfällig wurden. Dem Wettbewerb im Warenumsatz war über Nacht die vordem einheitliche Unterlage der Transportaufwendungen zum Wanken gebracht. Und hätte wiederum die Reichsbahn sich nicht zur Aufstellung der K-Tarife entschlossen, so wären von ihr in steigendem Umfang gerade jene Sendungen höherwertiger Güter abgewandert, die mit ihren verhältnismäßig hohen Frachtsätzen ihr den Ausgleich für die niedrige Tarifierung der derben Massenstoffe bringen müssen. Das ganze System der Wertklassifizierung, nach dem sich die Standorte der Gütergewinnung und des Güterumschlags eingelebt haben, war mithin in Frage gestellt. Mit ihm der Sache nach der Grundsatz der Tariftreue, der doch nur dann einen guten Sinn hat, wenn die veröffentlichten Frachtsätze nicht nur im einzelnen Fall zur Anwendung gelangen, sondern für längere Zeiten eine feste Berechnungsunterlage für die Bahnbenutzer darstellen.

Die Grundfrage, ob ein Nebeneinander der tarifgebundenen Eisenbahn und der ganz freigelassenen Transportmittel auch dann noch dem Gemeininteresse entspricht, wenn es sich in der vollen Breite des Verkehrs geltend macht, — sie muß verneint werden. Daß es noch weniger angeht, nun etwa das ganze Transportwesen wieder auf Wettbewerb umzustellen und den Eisenbahnen ihre besonderen Pflichten abzunehmen, bedarf keiner weiteren Darlegung. Hervorgehoben sei nur, daß — außer den Nachteilen, die sich aus dem Nebeneinander ergeben —, auch noch diejenigen Vorzüge verlorengehen müßten, auf die ein Land wie Deutschland entscheidendes Gewicht legen muß und legt: die gleichmäßige Tarifbehandlung der verschiedenen Teilgebiete und die planmäßige Zusammenfügung aller Teile zu einem wirtschaftlichen Ganzen, das in allererster Linie aus der eigenen Gütergewinnung seinen Bedarf deckt, wo immer er innerhalb der Staatsgrenzen auftritt, und das die noch notwendige Ergänzung vom Ausland her und zum Ausland hin ebenfalls für alle Teilgebiete mit Hilfe einer entsprechenden Transportgebarung auf möglichst sichere und billige Weise zu beschaffen hat. Sollen die Transportmittel von der wirtschaftlichen Leistung her die in ihnen liegende politische Aufgabe erfüllen, so bleibt nur der dritte Weg: die Dreiheit über alle technischen Verschiedenheiten hinweg in ihrem Wirken aufeinander abzustimmen und ineinander einzupassen, so daß sie sich gegenseitig ergänzen und stützen, nicht aber stören und schwächen. Von solchem Ziele her ist zu bestimmen, welcher Grad von Selbständigkeit noch dem einzelnen Transportmittel und seinen Unternehmungen gelassen werden kann, wieweit aus der technischen Dreiheit eine wirtschaftliche Einheit zu machen ist. —

3. Im Rahmen der allgemeinen Aufgabe sind für das Verhältnis *Reichsbahn—Kraftwagenverkehr* zwei Erscheinungen von maßgeblicher Bedeutung. Zum ersten: wirklich stark wird der Kraftwagen nur dort eingesetzt, wo nach der ganzen Wirtschaftslage ein besonders reger Güteraustausch stattfindet, also nicht mit zeitweisem Brachliegen zu rechnen ist; und zweitens: nur die höherwertigen Waren pflegen außerhalb des engen Nahverkehrs, da der Einzelleistung die Massenhaftigkeit abgeht, den Kraftwagen in Anspruch zu nehmen. Jenes bedeutet, daß der räumliche Bereich, dem die Vorteile eines ungehemmten Kraftwagenverkehrs zugute kommen, im Verhältnis zu dem Gesamtumfange des Reiches ziemlich gering ist, und daß es sich gerade um diejenigen Teilgebiete handelt, die schon aus anderen Gründen in starker wirtschaftlicher Entwicklung stehen und demgemäß einer besonderen Förderung von der Transportseite her nicht bedürfen; hier kann andererseits die Eisenbahn am ehesten eine Entlastung vertragen, wenn nur ihr Frachtengefüge unberührt bleibt. Die Betonung aber der höherwertigen Güter ergreift ebenfalls, wie die Ergebnisse der K-Tarife gezeigt haben, bei annähernd gleicher Preisstellung nicht solche Mengen, daß dadurch die Reichsbahn in der Erfüllung ihrer Aufgaben gefährdet wird. Im Nah-

verkehr endlich bedeuten die Kraftwagen als Zubringer und Abträger der Güter für die Bahn mehr eine Ergänzung, als daß sie mit ihrem Eigenverkehr dieser erheblichen Abbruch tun.

So dürfte es in der Tat genügen, wenn dem Wettbewerb der beiden Transportmittel die Hitze des Preiskampfes ferngehalten wird. Es erscheint nicht erforderlich, den Kraftwagenverkehr etwa organisatorisch der Reichsbahn anzugliedern; was übrigens für diese eine schwere Belastung bedeuten würde, da auch im Ferndienst (wie selbstverständlich im Nahverkehr) die vom Kraftwagen bedienten Beziehungen überwiegend regionalen Charakter tragen und nur vereinzelt über die Bezirke hinweg ineinandergreifen. Also nicht Verschmelzung der Betriebsführung, sondern nur Anpassung der Frachten — und auch diese nur im Fernverkehr und für die höherwertigen Güter — dürfte in der Tat die Lösung der Schwierigkeiten bedeuten. Dies bedeutet: auch der Kraftwagenverkehr muß dem Tarifzwang unterworfen werden und seine Tarife so stellen, daß nur die Verschiedenheit der technischen Leistung und nicht ein besonderer Frachtenunterschied ihm die Beförderungsaufträge einbringt.

Auf der Seite des Kraftwagenverkehrs ist jedoch die Durchführung einer solchen Anpassung noch an eine Änderung seiner Organisation geknüpft. Solange in ihm jedes Unternehmen ganz für sich steht, Groß und Klein in buntem Durcheinander, ist an eine geregelte Frachtenstellung nicht zu denken. So lange wird vielmehr jeder einzelne Betrieb versuchen, durch möglichst niedrige Preisforderungen möglichst viel Beförderungsaufträge an sich zu ziehen; zum mindesten so viel, daß der jeweils eingesetzte Wagenpark restlos ausgenutzt werde. Ein gegenseitiges Unterbieten wird dann innerhalb des Kraftwagenverkehrs nicht zu vermeiden sein; und wenn es sich durch das Anbieten von irgendwelchen Nebenleistungen, vielleicht sogar betriebsfremder Art, geltend macht. Dieser Gefährdung der Tariftreue vorzubeugen, ist eine Zusammenfassung der Unternehmungen unerläßlich. Sie braucht — dank dem regionalen Charakter des Kraftwagenverkehrs — nicht so weit zu gehen, daß nun etwa ein allumfassendes Einheitsunternehmen gebildet werde; und sie kann auch — dank wiederum diesem Charakter — ohne Gefährdung der Betriebsleistungen nicht so weit vorgetrieben werden. Wohl aber bedarf es einer kartellartigen Organisation, die andauernd jeden einzelnen Betrieb in seiner Frachtengestellung und seiner ganzen Geschäftsgebarung streng kontrolliert und so vor der Öffentlichkeit die Gewähr für die gleichmäßige Geltung der festgesetzten Frachten, für das Fernhalten auch der durch die Frachten nicht gedeckten Nebenleistungen übernimmt. Und solch ein Verband, wenngleich seiner Haupttätigkeit nach auf die regionale Kontrolle gestellt, muß auch den überbezirklichen Verkehr erfassen; liegen doch naturnotwendig die Grenzen der Bezirke gerade für Transporte niemals ganz fest, wäre also eine Durchbrechung der Frachtenvereinbarungen bei Freilassung der großen Entfernungen nur allzu leicht möglich.

Hier greift das Gemeininteresse entscheidend ein. Dieses geht nicht nur darauf, daß die beiden Transportmittel je in ihrer Leistungskraft erhalten bleiben und sich weiter in friedlichem Neben- und Miteinander entwickeln können. Wichtiger ist, daß die Übersehbarkeit und Gleichmäßigkeit der Kosten, die aus einer Entfernungsüberwindung den Befrachtern erwachsen, im Zusammenarbeiten der Eisenbahn und des Kraftwagens wiederhergestellt werden. Denn weil die befestigte Landstraße noch tiefer als der Schienenweg in die einzelnen Landschaften hineinführt und sich noch dichter über das Gesamtgebiet legt, darum hat der Lastkraftwagen mit seiner freien Frachtenbildung in der vollen Breite des Wirtschaftslebens dem feststehenden Eisenbahntarif die Bedeutung der allgemeingültigen Unterlagen allen Gütertauschens nehmen können. Dies steht im Gegensatz namentlich zum Aufbau der Gütergewinnung. In ihr werden je länger um so mehr dank der maschinellen Technik die Daueranlagen betont; jeder Wandel der Standortselemente pflegt daher wertvolle Produktivkräfte, besonders auch wertvolle Leistungsfähigkeiten empfindlich zu treffen. Solchen Wandel aus der Zufälligkeit privater Frachtvereinbarung wieder herauszuheben, gilt es auch den Kraftwagenverkehr unter einen Tarifzwang zu stellen, wie er aus eben diesen Gründen schon früh den Eisenbahnen auferlegt worden ist.

Bis zu welchem Grade der Übereinstimmung im einzelnen Eisenbahn und Kraftwagenverkehr aneinander anzupassen sind, läßt sich allgemeingültig nicht bestimmen. Der jetzt gültige Eisenbahntarif ist das Ergebnis einer langen Entwicklung und eines vorsichtigen Vorwärtstastens, die unendlich mannigfachen Transportleistungen nach Güterart und Entfernung preismäßig so einzuschätzen, daß ein möglichst großer Verkehr die jeweils bestehenden Anlagen möglichst bis zur Gänze ausnutze und damit zugleich dem Gemeininteresse durch die möglichst zweckmäßige Gestaltung des Güteraustausches diene. Die Gestehungskosten als Maßstab und Unterlage einer Preisfestsetzung versagen hier vollständig; sie lassen sich für die einzelne Leistung nicht mit genügender Genauigkeit errechnen, da allzu viele Aufwendungen gleichzeitig dem Ganzen des Betriebes dienen, und sie hängen vor allem umgekehrt von den geforderten Preisen entscheidend ab, da diese die Größe des Verkehrs und damit den Grad der Ausnutzung für die stehenden Anlagen maßgeblich beeinflussen. Und so muß es auch zwischen Eisenbahn und Kraftwagen beim Tasten verbleiben, wie im einzelnen innerhalb des

Tarifzwanges die Frachten gegeneinander abzupassen sind. Aufgabe einer übergeordneten, neutralen Staatsstelle wird es sein, für das Fortschreiten des Ausgleichs zu sorgen und so beiden Transportmitteln die Möglichkeit weiterer Entfaltung offenzuhalten.

Auf diesen Grundlinien bewegt sich kennzeichnenderweise sowohl die Regelung, die man einstweilen in Deutschland gefunden hat, wie auch der Vorschlag, auf den sich in England der Beirat des Verkehrsministers geeinigt hat. Dort stellt der Reichsbetriebsverband die kartellartige Zusammenfassung aller zum gewerblichen Fernverkehr zugelassenen Lastkraftwagenunternehmungen dar, nach der Seite der Marktorganisation die ständische Gliederung ergänzend; sein Wirken entfaltet sich unmittelbar in den großen Betriebsstellen, die über das ganze Reichsgebiet gelegt worden sind. Hier (in Großbritannien) sollen die zu errichtenden Bezirksverbände die Unterlage des Aufbaues bilden; gemeinsame Angelegenheiten, namentlich die überbezirklichen Frachten, sind aber gemeinsam festzusetzen. In Deutschland wie jenseits des Kanals wird die Kraftwagenkonzession von der Innehaltung der allverbindlichen Tarife abhängig gemacht. Diese Tarife unterliegen hier wie dort der Genehmigung des Verkehrsministers, der auch durch seine staatlichen Beamten die Durchführung kontrolliert; der englische Vorschlag sieht sogar, entgegen englischer Verwaltungstradition, die Einsetzung von besonderen staatlichen Lokalbeamten für diesen Zweck vor. Der einzige wichtige Unterschied zwischen deutscher Regelung und englischem Vorschlag liegt darin, daß einstweilen in Deutschland für die Kraftwagenbetriebe einfach die Reichsbahntarife in Geltung gesetzt sind, während für England die Bezirksverbände solche Tarife unabhängig von den geltenden Eisenbahnsätzen, jedoch im Einvernehmen mit den Bahngesellschaften, aufstellen sollen. Auch für England wird vorgesehen, daß im Notfall die staatlichen Tarifbeamten von sich aus die Tarife festsetzen können; und über dem Ganzen soll (nach Analogie des schon bestehenden Eisenbahntarifgerichts) ein Straßentarifgericht schweben, das über die Klagen der Interessenten wegen Unbilligkeit der Tarifsätze ebenso wie über etwaige Streitigkeiten zwischen den Betriebsverbänden und den Tarifbeamten endgültig zu entscheiden hätte, zusammengesetzt aus einem unparteiischen Vorgesetzten und je einem Vertreter der Kraftwagenunternehmungen und der Befrachtungsinteressenten. So werden auch dort die Eisenbahnen auf Berücksichtigung ihrer Frachtenlage dringen können, wie umgekehrt in Deutschland die Anwendung der Reichsbahntarife nur als vorläufige Notmaßnahme gedacht und somit den Kraftwagenbetrieben die allmähliche Anpassung an ihre Besonderheiten noch vorbehalten ist. Entscheidend neu ist in beiden Ländern der Tarifzwang und die ihm entsprechende Kontrolle der Tariftreue für den Kraftverkehr, der eben damit aus der rein privatwirtschaftlichen Stellung herausgehoben und zu einem Gliede des öffentlich geregelten Verkehrs gemacht wird. —

4. Die Tariftreue der allgemein benutzbaren Transportmittel, der Eisenbahn und des Kraftwagenverkehrs, unangetastet zu erhalten, muß endlich auch das Ziel sein, dem die Behandlung der *Binnenschiffahrt* dienstbar zu machen ist. Greift diese auch nicht so breit in den Gesamtbau des Transportapparates hinein, wie es der Kraftwagen bereits tut, so wird sie doch mit der Herstellung eines geschlossenen Wasserstraßennetzes und mit dessen Ausweitung in ihrer Bedeutung so stark gehoben, in so vielen Beziehungen in Wettbewerb mit den Schienenwegen gestellt, daß ihre Frachtenbildung nicht mehr allein unter regionalen oder gar nur privatwirtschaftlichen Gesichtspunkten zu beurteilen ist. Auch sie muß dem Gesamtsystem eingepaßt werden, soweit es irgend möglich ist.

Die Einschränkung auf das Mögliche gewinnt in der deutschen Binnenschiffahrt einen besonders schweren Ton durch die staatsrechtliche Stellung der deutschen Ströme. Sie stehen bekanntlich auch nach der Beseitigung der internationalen Kontrollen, wie schon vor dem Kriege, den Schiffen fremder Flaggen offen, und diese spielen gerade auf den wichtigsten — dem Rhein, der Elbe und auch der Donau — auch tatsächlich eine recht beträchtliche Rolle. Hiermit sind einer staatlichen Frachtenregelung um so empfindlichere Schranken gesetzt, als der Verkehr der großen Ströme naturgemäß nach Menge und Wichtigkeit den der Kanäle und der kleineren Flüsse erheblich übertrifft. Auf ihn den Tarifzwang auszudehnen, geht nicht an: er würde nur die deutschen gegenüber den fremden Schiffen schwer in ihrer Beweglichkeit hemmen und so in ihrer Wettbewerbsfähigkeit schwächen.

Solcher Sachlage gegenüber wäre es unbillig und unzweckmäßig, einen Tarifzwang auf den anderen Wasserstraßen auszuüben. Für die noch freien Flüsse entstünde die Gefahr, daß sie eine beträchtliche Anziehungskraft auf fremde Schiffe ausüben würden. Auf den Kanälen jedoch steht der Verkehr großenteils in zu engem Zusammenhang mit dem der großen Ströme, als daß nicht deren Frachtenentwicklung maßgeblich auch auf jenen sich geltend machen muß und so einen räumlich beschränkten Tarifzwang bedeutungslos machen würde.

Es bedarf aber auch auf den Wasserstraßen nicht eines derartigen Zwanges, das angesteuerte Ziel eines gleichmäßigen Wirtschaftsverlaufs zu erreichen. Längs der Ströme und Flüsse hat sich das Wirtschaftsleben vollständig auf die Unregelmäßigkeiten der Schiffahrtsfrachten eingestellt; plötzliche Standortsverschiebungen sind daher von der Transportseite her nicht zu erwarten, und für die Reichsbahn ebenso wie für den Kraftwagenverkehr sind die ihnen verbleibenden Beförderungsaufträge von Flußhafen zu Flußhafen nicht bedeutsam genug, eine wesentliche Störung in ihr Tarifgebäude hineinzutragen. Fügt sich aber vorher oder nachher oder gar in beiden Richtungen eine Eisenbahnanschlußfracht noch an, so bekommt die Gesamtfracht bereits dadurch ein festeres Gefüge; ganz abgesehen davon, daß die Bahn in diesen Fällen mit Ausnahmetarifen sich ihren Transportbestand um so leichter zu wahren vermag, je größer die mit ihr zurückzulegenden Anschlußentfernungen oder die Umwege des gebrochenen Transportes sind. Auf den Kanälen endlich pflegen die Frachten schon an sich, dank deren gleichmäßiger Wasserhaltung, nur geringere Schwankungen aufzuweisen, und hier stehen der Reichsverwaltung überall das Recht der Abgabenerhebung, auf dem besonders wichtigen Mittellandkanal außerdem das Schleppmonopol zur Verfügung, eine Annäherung der Frachten an die Eisenbahnsätze zu erreichen, vor allem ein Element der Ruhe und Festigkeit in die Frachtenbewegung zu bringen; wiederum darf daran erinnert werden, daß das Schleppmonopol eigens zu diesem Zwecke in das preußische Wasserstraßengesetz vom 1. April 1905 eingefügt worden ist. Nicht zuletzt bedeutet die kartellartige Zusammenfassung der Schiffer, wie sie in den letzten Jahren unter Regierungsdruck schließlich gelungen ist, ein Zurückdrängen des stärksten Störungselementes: des Wettbewerbes, den sich die Kleinschiffer untereinander bereitet haben, der jede Bewegung der Schiffahrtskonjunktur zu überstarken Preisausschlägen übersteigert hat. —

5. Diese *Tariftreue* ist es, worauf es vom Ganzen des Wirtschaftslebens her gesehen ankommt. Nicht die Gleichstellung aller Frachten für Eisenbahnen, Kraftverkehr und Binnenschiffahrt ist das Entscheidende. Wohl aber muß bei allen drei Transportmitteln in der Preisbildung die Gewähr für dasjenige Maß von Ruhe und Gleichmäßigkeit liegen, das den allgemein verbreiteten und allgemein benutzten Eisenbahnen das Durchhalten ihrer Tarife und ihres Tarifsystems erlaubt — wenn anders es bei deren gesetzlichem Tarifzwang, bei der unterschiedslosen Geltung der veröffentlichten Tarife, bei der Beförderungspflicht verbleiben soll. Hat man früher nach so schweren Verpflichtungen gerufen, weil sonst das Monopol der Eisenbahnunternehmungen für das Wirtschaftsleben eine Gefahr erschien, so ist heute umgekehrt der Ruf nach der monopolmäßigen Frachtengestaltung für alle binnenländischen Beförderungsmittel darin begründet, daß sonst von den Eisenbahnen jene Verpflichtungen nicht eingehalten werden können und das Wirtschaftsleben dann in die Gefahr dauernder Störungen, völliger Unübersehbarkeit, schwankenden Aufbaus gerät.

Hat die Forderung also früher gelautet: staatlicher Tarifzwang über die Eisenbahnen, weil deren Monopol unvermeidlich — so heißt es jetzt: Monopol im Gesamt des Landtransportwesens, weil die Tariftreue der Eisenbahnen für das Wirtschaftsleben unentbehrlich.

II.

Monopoltendenz und Frachtengestaltung im Eisenbahnwesen

Kapitel I: Die volkswirtschaftliche Bedeutung der Frachtengestaltung.

1. Obwohl Kraftwagen und Flugzeug weithin die Aufgabe einer ersten Erschließung weltabgelegener Erdgebiete an sich gezogen haben, ist doch noch immer die Eisenbahn — die nur in ihr gegebene Dreieinigkeit des allen Lasten gewachsenen Weges, des mechanischen und deshalb ebenfalls auf alle Lasten einzurichtenden Motors und nicht zuletzt der straff fahrplanmäßigen Betriebsgestaltung — dasjenige Verkehrsmittel, das in die örtlich oder allenfalls landschaftlich ausgerundete Lebensweise solcher Gebiete die wirtschaftliche Verflechtung mit der Fremde hineinträgt und zum endgültigen Durchbruch bringt. Sie erst hebt die Außenbeziehungen aus einer nebensächlichen Begleit- und Luxuserscheinung, an der nur eine sehr dünne Oberschicht sich beteiligen darf, ein für allemal heraus und macht sie zu einem Wesensbestandteil der tagtäglichen Daseinsführung. Mit der Massenhaftigkeit und namentlich der Regelmäßigkeit ihrer Leistungen gewöhnt sie die Masse des Volkes daran, einen zunehmenden Teil ihres Lebensbedarfs mit Fremdwaren zu befriedigen und sogar die früher ihr unerreichbaren Güter der Ferne bald als unentbehrlich zu empfinden. Und sie zwingt hiermit alle Schichten der Bevölkerung, die eigene Arbeit auf die Gewinnung verkaufsfähiger und in die Fremde hinausgehender Waren einzustellen. Es ist die neue Technik des Transportes schlechthin, die das Neue der Wirtschafts- und Daseinsführung ermöglicht und trägt.

Je mehr jedoch die Schienenwege zu einem Netz sich verdichten und die technischen Leistungen als Selbstverständlichkeiten hingenommen werden, um so stärker pflegt sich die allgemeine Aufmerksamkeit den Fragen der *Preisbemessung* und *Preisgestaltung* zuzuwenden. So haben die deutschen Einzelstaaten in den grundlegenden Gesetzen der dreißiger und vierziger Jahre des vorigen Jahrhunderts sich zwar (im Anschluß an Straßenbau-Vorschriften) einen gewissen Einfluß auf die Preispolitik der privaten Eisenbahngesellschaften vorbehalten, wie es auch England und Frankreich schon in jener Zeit getan haben; sie haben jedoch tatsächlich, ebenso wie die großen Weststaaten, reichlich ein

Menschenalter von diesen Befugnissen kaum einmal einen Gebrauch gemacht. Wohl aber fängt man in den sechziger Jahren in der deutschen Öffentlichkeit an, sich um die Frachtenbemessung der Eisenbahnen zu kümmern: es kommt, dem Durcheinander der Frachten entgegenarbeiten zu können, zu der Vorschrift der Reichsverfassung von 1871, wonach die Bahnen des Reichsgebietes „wie“ (nicht: „als“) eine Einheit verwaltet werden sollen, und unter den Gründen, mit denen Bismarck im neuen Reich erst die Errichtung des Reichseisenbahnamtes (1873) und dann die Übernahme aller Bahnen durch das Reich (1876), schließlich die preußische Bahnverstaatlichung (1877) gefordert hat, rückt der Hinweis auf die Unübersichtlichkeit und Unstimmigkeit der Fahrpreis- und Frachtenpolitik geradezu an die erste Stelle. Dem Drängen der staatlichen Verwaltungen ist es dann auch im Jahre 1877 bekanntlich gelungen, zunächst wenigstens eine formale Einheit, ein einheitliches Tarifschema für alle deutschen Staats- und Privatbahnen durchzusetzen. In den achtziger Jahren, abgeschlossen etwa in dem Jahre 1890, ist diesem vorbereitenden Schritt die materielle Gleichschaltung wenigstens für die Regeltarife gefolgt; in fast derselben Zeit, in der auch England (1888) und die Vereinigten Staaten von Amerika (1887) die ersten Maßnahmen zu einer einigermaßen wirksamen Staatskontrolle der privatbahnlichen Tarifgebarung trafen, und mit der Wirkung, daß nun die deutsche Öffentlichkeit ihr ganzes Interesse den — noch frei gebliebenen — Ausnahmetarifen zugewendet hat. Es ist bezeichnend, daß in weiten Kreisen sehr deutlich eine schwere Enttäuschung durchbricht, als der wieder aufgenommene Gedanke eines völlig einheitlichen Vorgehens der verschiedenen Staatsbahnen im Jahre 1909 lediglich in der Errichtung einer Güterwagen-Gemeinschaft, einer rein betriebstechnischen Teilzusammenfassung also, sich auswirkt. So bedeutsam vom Standpunkt der Eisenbahnen und ihrer Kostengestaltung her diese Errungenschaft war —, die Allgemeinheit sah darin kaum etwas mehr als eine interne Betriebserleichterung, die vielleicht auch zu einer Frachtenermäßigung führen könnte, die Vereinheitlichung der ganzen Tarifpolitik aber nicht brachte. Sogar in die Würdigung des Reichsbahnplanes, wie er dann endlich 1920 Gestalt gewonnen hat, spielt — allerdings weit hinter die allgemein-politische Betrachtung zurückgerückt — die Tariffrage hinein, während die technischen Wirkungen in der öffentlichen Erörterung kaum berührt werden.

In eben diese Richtung gehört es, daß ebenso in England wie in den Vereinigten Staaten von Amerika bei der Neugestaltung der Eisenbahnorganisation, die nach dem Weltkriege vorgenommen werden mußte, den staatlichen Aufsichtsbehörden ein sehr weitgehendes Mitbestimmungsrecht gerade in der Tariffrage beigelegt worden ist; auch die in England durchgeführte, in den Vereinigten Staaten angestrebte Bildung großer Einheitsgesellschaften soll stark betont der Gefahr erheblicher Frachterhöhungen entgegenwirken. Erst die Entwicklung des Kraftwagen- und Flugzeugverkehrs hat neuerdings auch für die Eisenbahnen wieder die technischen Probleme stärker in den Vordergrund gebracht. Aber auch jetzt bleiben sie immer beschattet von der wirtschaftlichen Sorge, wie sich eine neue Technik in den Transportpreisen für die Benutzer auswirken werde.

In der Tat bringt die wirtschaftliche Verflechtung mit der übrigen Welt, in die Deutschland durch seine Rohstoffarmut wohl dauernd gestellt sein wird, unmittelbar für den Güterverkehr und mittelbar auch für die Personenbeförderung die unausweichliche Folgerung mit sich, daß die Transportleistungen aller Verkehrsmittel mit geringen Ausnahmen am Maßstab der dafür geforderten Preise beurteilt werden. Dies gilt sogar für die Schnelligkeit der Raumüberwindung; denn solcher Güter, deren Transportfähigkeit wegen ihrer Leichtverderblichkeit schlechthin vom Tempo und damit von der Technik allein abhängt, gibt es nicht viele, und überall sonst ist es ein nüchternes Rechenexempel, ob etwa ein erhöhter Schnelligkeitspreis gegenüber dem Zinsverlust und dem stärkeren Marktrisiko einer längeren Transportdauer noch dem Befrachter einen Vorteil läßt. Es ist bezeichnend, daß die Deutsche Reichsbahn, die doch sonst ihre Preise im Personenverkehr nach der Geschwindigkeit abstuft, die neuerlich eingeführten Höchstleistungen trotz der großen Aufwendungen, die eigens dafür haben gemacht werden müssen, nicht zu erhöhten Sätzen und nicht einmal zu den schon bestehenden Höchstsätzen der FFD-Züge, sondern nur als FD-Züge anbietet. Genau so liegt es bei der Regelmäßigkeit und Berechenbarkeit der Transporte: von ihr hängt zwar maßgeblich die Höhe der Vorratshaltung ab, die der einzelne Empfänger der Fremdwaren zur Deckung seines Absatzes für erforderlich hält, und damit im ganzen die Sicherung der glatten Bedarfsbefriedigung; gerade für die notwendigsten Güter aber, wie Getreide oder Kohle und andere Massenstoffe mehr, wird die erheblich geringere Berechenbarkeit der Binnenschiffahrt zumeist der Eisenbahn (wie im Seeverkehr dem Liniendampfer die Trampschiffahrt) vorgezogen, solange die niedrigere Fracht die Kosten einer größeren Vorratshaltung aufwiegt.

Das deutlichste Beispiel, wie stark die Frage der Transportkosten gegenüber allen technischen Möglichkeiten das Übergewicht hat, tritt uns in der Benutzung des Suezkanals entgegen. Trotz der wesentlich größeren Weglänge und trotz der ebenfalls stark erhöhten Seegefahr werden die Massenstoffe des Ostens in viel größeren Mengen, als durch den Kanal, um das Kap der Guten Hoffnung herum nach Europa verfrachtet, und sogar die Liniendampfer, die ihr Fahrplan auch auf dem Westwege durch den Kanal hindurchführt, können in die Fracht jener Massenstoffe nur die Zeitverkürzung und die geringere Versicherungsprämie, nicht aber die Kanalabgaben hineinrechnen. So wichtig es also ist, daß die Eisenbahnen sich jetzt mit ihren technischen Leistungen dem Kraftwagen und dem Flugzeug anzupassen unternehmen, die letzte Entscheidung in der Wahl des Transportmittels und des Weges wird doch dem Befrachter zumeist von der Höhe der im ganzen aufzuwendenden Kosten diktiert.

Nicht anders, wenn die Eisenbahn allein für die Vermittlung des Fernverkehrs zur Verfügung steht. Nur für die ausgeprägten Luxusgüter, deren Käufer nicht nach dem Preise zu fragen pflegen, spielen die Transportkosten regelmäßig keine maßgebliche Rolle; jene Güter sind im wirtschaftlichen Sinne von unbegrenzter Transportierfähigkeit. Bei allen anderen Waren, mit besonders harter Betonung bei den schweren Massengütern, ist dagegen der Absatz- und Bezugsbereich durchaus entscheidend von den Kosten abhängig, welche die Raumüberwindung verursacht. Nicht also schon das Vorhandensein der Eisenbahnen und ihre technische Leistung, sondern erst ihr wirtschaftliches Gebaren und ihre Preisgestaltung bestimmen den Gebrauch, der von ihnen gemacht werden kann. Nicht zuletzt die gerade ihnen nachgerühmte Aufgabe, durch die Schaffung neuer Beförderungsmöglichkeiten den bisher verborgen gebliebenen Verkehrsbedürfnissen zum Leben zu verhelfen, ist im wesentlichen eine Frachtenfrage. —

2. Eine Frachtenfrage zu gutem und mitausschlaggebendem Teil ist namentlich der Wettbewerb; und zwar der *Wettbewerb der verschiedenen Landschaften* nicht minder, als der *der einzelnen Befrachter.* Bei dicht gewordenem Schienennetz geht die Wirkung sogar so weit, daß sich das ganze Wirtschaftsleben großer Erdgebiete bis in kleinste Einzelheiten hinein auf die Gütertarife der Bahnen eingestellt hat, wie zufällig und systemlos immer diese entstanden sein mögen — die schwerste Hemmung gegenüber allen Änderungen irgend eines einzelnen Tarifsatzes und erst recht gegenüber einer gründlichen, etwa auf ein bestimmtes System lossteuernden Neugestaltung des Gesamttarifs. In der Wettbewerbsbedeutung liegt der Grund, warum in allen Kulturstaaten von den Eisenbahnen die Veröffentlichung ihrer Tarife und die genaue Innehaltung der veröffentlichten Sätze gefordert wird und überhaupt die Staatsverwaltungen sich nachhaltig um die Tarifgebarung kümmern;

sogar in England und in den Vereinigten Staaten von Amerika zu einer Zeit, in der sonst die Staatsorgane grundsätzlich aus der Einzelregelung des Wirtschaftslebens herausgehalten worden sind, und auch jetzt in einer Form (als Tarifgerichte), die jeden politischen Einfluß fernhalten soll und auf diese Weise besonders deutlich die Notwendigkeit einer ganz gleichmäßigen Tarifregelung aufzeigt. Ein so gewaltiges Gebilde wie der nordamerikanische Petroleumtrust (die *Standard Oil*-Gruppe) ist ursprünglich auf den Tarifbevorzugungen aufgebaut worden, die John Rockefeller von den verschiedenen Eisenbahnen gegenüber den anderen Ölraffinerien durchzusetzen wußte, und auch beim Stahltrust, der *United States Steel Corporation*, spielt der Zusammenhang mit wichtigen Eisenbahnlinien eine sehr wesentliche Rolle. Ohne die leiseste Übertreibung läßt sich sagen, daß es in den Kulturstaaten der Erde keinen einzigen Haushalt und keinen einzigen Wirtschaftsbetrieb gibt, der nicht tagtäglich in den elementarsten Lebens- und Arbeitsbedingungen von den Eisenbahn-Gütertarifen maßgeblich beeinflußt wird und demgemäß von ungleicher und unübersichtlicher Behandlung aufs empfindlichste betroffen würde.

Vom Wettbewerb her sind auch die internationalen Regelungen zu verstehen, die sich mit der Frachtengestaltung befassen. Es ist bezeichnend, daß die allgemeinen Übereinkommen, zu denen je eine große Anzahl von Staaten sich zusammengefunden haben, wie namentlich die beiden grundlegenden Kollektivverträge über den internationalen Güter- und den internationalen Personenverkehr, es nur mit der betriebstechnischen Abwicklung der Grenzüberschreitung zu tun haben und diese in ihren störenden Einflüssen auf das unvermeidliche Mindestmaß abzuschwächen suchen. Ebenso erstrecken sich die Sonderabkommen, die für die Bedienung einer bestimmten Verkehrsrichtung von zwei oder auch mehr Eisenbahnverwaltungen abgeschlossen werden, wohl ausnahmslos nur auf die Formen der Abfertigung (Frachtbriefgestaltung und Umkartierung, Berechnung und Zahlung der Fracht, u. dgl. m.). Beide Vertragsgruppen mögen dank solcher Vereinfachungen dann auch die durchgehenden Transporte etwas verbilligen. Ihr Ziel ist aber die Übersichtlichkeit und Berechenbarkeit der Verkehrslenkung und der Kosten, nicht unmittelbar eine über die Grenzen greifende, überstaatliche Festlegung der Frachtenhöhe. Diese ist vielmehr den sogen. Handelsverträgen vorbehalten und findet sich nachgerade überall, wo zwei Staaten sich über das Ganze ihrer gegenseitigen Wirtschaftsbeziehungen vertraglich einigen und so gegeneinander binden.

Im Gegensatz jedoch zu den Zöllen, die wenigstens in den Handelstarifverträgen auf einer absoluten Höhe festgelegt zu werden pflegen, und im Gegensatz auch zu der zollmäßigen Meistbegünstigung, die lediglich die einem dritten Staat etwa eingeräumten Sonderbedingungen der Einfuhr oder Ausfuhr auch dem Partner der Meistbegünstigungsklausel zuzugestehen zwingt, halten sich die Eisenbahntarif-Vereinbarungen in einem wesentlich allgemeineren Rahmen. Sie legen niemals die Tarifsätze selbst irgendwie fest, lassen also jedem Staat uneingeschränkt die sogen. Tarifhoheit; sie bedingen jedoch für jeden Vertragsteil, daß die von ihm kommenden und die zu ihm gehenden Güter auf den berührten Strecken des anderen Staates zu denselben Frachtsätzen wie die Güter dieses Staates befördert werden. Das Versailler Friedensdiktat zeigt seine Deutschland-Gehässigkeit nicht zuletzt darin, daß es für fünf Jahre nicht nur die Tarife der jeweils berührten Eisenbahnstrecken Deutschlands, sondern die überhaupt irgendwo in Deutschland geltenden Mindestsätze des betreffenden Gutes für die Beförderung von Gütern der Feindstaaten fordert; was bekanntlich die deutschen Bahnen zur Aufhebung aller Ausnahmetarife für diese Zeit gezwungen hat. Und doch hat auch das Friedensdiktat sich gescheut, in der Behandlung der Eisenbahntarife so weit zu gehen, wie es in die deutsche Zollgestaltung eingegriffen hat; es sind nicht, wie die Zollsätze, so auch die Frachtsätze der Vorkriegszeit als Höchstsätze für die ersten Jahre der Nachkriegszeit festgelegt worden — ein deutliches Zeichen, daß es zwar nicht nötig erschien, die Bezugs- und Absatzbedingungen innerhalb Deutschlands für das Ausland auf eine feste, einige Jahre hindurch unverrückbare Transportkosten-Grundlage zu stellen —, daß wohl aber der Wettbewerb der Feindstaatengüter vor jeder Bevorzugung deutscher Güter in Deutschland geschützt werden sollte.

Wie stark die Zoll- und die Frachtengestaltung ineinandergreifen können, wie kräftig aber auch die einmal eingespielten Wettbewerbsverhältnisse und die daraus erwachsenen Stimmungen der Bevölkerung sich von Landschaft zu Landschaft gegen jede Änderung der gegebenen Tariflage wehren —, das ist wohl auf deutschem Boden am klarsten in jenen Vorgängen zutage getreten, die im Jahre 1891 zur Einführung eines allgemeinen Getreidestaffeltarifs bei der preußischen Staatsbahn und im Jahre 1894 zu dessen Wiederaufhebung geführt haben. In jenem Jahre 1891 handelte es sich darum, die Versorgungs- und Preisschwierigkeiten, die aus einer Weltmißernte für die deutschen Zuschußgebiete der Mitte und des Westens sich ergeben mußten, ohne Änderung der gerade in internationalen Verhandlungen stehenden Getreidezollsätze des Reichs dadurch wenigstens abzuschwächen, daß die Überschußgebiete des deutschen Ostens durch eine starke und deshalb auf die größeren Entfernungen eingestellte Frachtermäßigung der preußischen Bahnen gleichsam näher an die Mitte und den Westen herangerückt wurden. Diese Absicht ist auch in erheblichem Grade erfüllt worden; es hat sogar der Süden (Bayern) aus dieser preußischen Tarifmaßnahme den Vorteil gezogen, daß von seinem reichen Haferüberschuß beträchtliche Mengen den ungewohnten Weg ins nördlichste Preußen, nach Holstein, nehmen konnten und so den süddeutschen Markt entlasteten. Als jedoch im Jahre 1893 durch das plötzliche Anschwellen der argentinischen Weizenausfuhr und überhaupt durch eine gute Welternte die Versorgung Europas und so auch Deutschlands vom Ausland her wieder erleichtert wurde und die deutschen Preise erheblich zurückgingen, da wurde das ostdeutsche Getreide und der Staffeltarif der preußischen Bahnen dafür verantwortlich gemacht. Aller Nachweis, daß weder der Westen noch der Süden jetzt noch vom Osten her mit einigermaßen beträchtlichen Mengen versorgt wurden und daß auch in Mitteldeutschland die Preise sich deutlich nach den Einfuhrpreisen (zuzüglich Zoll) richteten, daß also die Frachtermäßigung lediglich dem Osten in der Verringerung des Preisabschlags gegenüber der Mitte zugute käme, half nichts gegenüber jenen Klagen; man forderte immer stürmischer die Aufhebung der Eisenbahn-Staffeltarife. Schließlich machte Bayern im Bundesrat seine Zustimmung zu dem deutsch-russischen Handelsvertrage, der im Winter 1893/94 zur Verhandlung stand, geradezu von dieser Aufhebung abhängig; und der preußischen Staatsbahnverwaltung blieb nichts anderes übrig, als dem Druck der Reichsleitung nachzugeben und entgegen ihrer sachlichen Überzeugung den Tarif wieder aufzuheben — ein Entschluß, der ihr um so schwerer fallen mußte, als die preußischen Bahnen auch finanziell einen nicht unbedeutenden Vorteil gerade aus der Staffelung des Tarifs gehabt hatten und man schon damals dieses Prinzip gern zur Grundlage des ganzen Frachtenaufbaus gemacht hätte. Und nun erfolgte der wohl bedeutsamste Schritt: der ostdeutschen Landwirtschaft wurde, als Entschädigung für den verloren gehenden mitteldeutschen Markt, vom Reich durch Einführung des Einfuhrscheinsystems eine Ausfuhrprämie gewährt, die den ganzen Zollbetrag ausmachte und auch so gut wie vollständig in den Verkaufspreisen der Landwirtschaft zur Auswirkung gelangt ist. Während also der Staffeltarif der Bahn endlich einmal mit aller Schärfe im Getreideverkehr die wirtschaftliche Zusammengehörigkeit der deutschen Landschaften betont und so die politische Raumverbundenheit nach der wirtschaftlichen Seite hin ergänzt hatte, mußte jetzt für den Osten mit der Ausfuhr, für den Westen und die Mitte mit der Einfuhr wieder die Beziehung zum Weltmarkt in den Vordergrund gerückt werden. —

3. Eben dieser landschaftlich bestimmte Gegensatz hat auch die allgemeine Einführung einer *Staffelung der Kilometersätze,* obwohl sie von der preußischen Staatsbahnverwaltung — entsprechend der langgestreckten Gestalt des preußischen Staatsgebiets — seit geraumer Zeit angestrebt worden ist, immer wieder verhindert. Dies ist um so bemerkenswerter, als schon seit den siebziger Jahren des vorigen Jahrhunderts dank dem für ganz Deutschland geltenden Normaltarif von 1877 die Güter selbst in eine Anzahl von Wertklassen eingeteilt waren und hiernach verschieden (in horizontaler Staffelung) tarifiert wurden, und als es doch schon 1890 gelungen war, wenigstens für die Normaltarifklassen die gleichen Frachtsätze auf allen deutschen Bahnen einzuführen. Auch in den fremden Staaten, die je in sich große Landgebiete mit großen Landentfernungen darstellen, haben die Eisenbahnen von je her für die weiten Strecken geringere Kilometersätze als für die kürzeren Wege berechnet, um überhaupt die Güter auf so große Entfernungen wirtschaftlich transportfähig zu machen. In Deutschland aber konnte dieses System der vertikalen Staffelung nur hier und da bei einem Ausnahmetarif angewendet werden, wenn keine Sonderinteressen einer Landschaft im Wege standen. Der durchaus vorherrschenden Regel nach stemmte sich die geschichtliche Entwicklung entgegen; denn das deutsche Eisenbahnnetz ist bekanntlich nach und nach aus zumeist recht kleinen Einzelunternehmungen entstanden, und nach deren immer nur für kurze Strecken geltenden Frachtsätzen hatten sich der überörtliche Güteraustausch, mit ihm die Standorte der Gütergewinnung und des Güterverbrauchs eingestellt. Erst die Umwälzung aller wirtschaftlichen Gegebenheiten, wie sie durch den Weltkrieg und die aus ihm erwachsene Geldentwertung herbeigeführt worden ist, hat auch in Deutschland für die allgemeine Staffelung der Kilometersätze (1920) das Tor geöffnet. Es bedurfte einer Neugestaltung der ganzen Wirtschaft, um auch eine grundsätzliche Neugestaltung des Eisenbahntarifsystems möglich zu machen — der wohl deutlichste Beweis für den ganz engen Zusammenhang, in dem überhaupt die Eisenbahnfrachten und das Wirtschaftsleben jedes Landes zu einander stehen.

Kapitel II: Die Monopoltendenz bei den Eisenbahnen.

1. Wettbewerb oder Vereinigung — diese Grundfrage aller kapitalistisch-weltmarktmäßigen Preisbestimmung hat über den Eisenbahnen von jenem Augenblick an gestanden, in dem sie teils gegen Kanäle, teils gegen einander in ihren Leistungen sich erproben konnten; d. h. von allem Anfang an. Schon im Jahre 1844, als ein englisches Gesetz durch das Verbot der Vereinigung den Wettbewerb als regelnden Grund-

satz für die Schienenwege festlegen wollte, war die Frage tatsächlich im entgegengesetzten Sinn, für die Vereinigung also, längst entschieden, und ebenso haben später in allen Ländern, ebenfalls allen Gesetzen zum Trotz, die Wettbewerbskämpfe stets mit der Vereinigung der kämpfenden Parteien geendet. Es geht also nicht an, das Wesen der kapitalistisch-weltmarktmäßigen Wirtschaftsweise, wie es so häufig geschieht, im unbeschränkten Wettbewerb zu erblicken; haben die Eisenbahnen doch diese Wirtschaftsweise nicht nur in alle Welt hineingetragen, sondern sind sie doch in ihrer eigenen Entwicklung durchaus vom Kapitalelement getragen und bestimmt worden, und zeigen sie uns doch die Voraussetzungen und Ergebnisse gerade des kapitalistischen Unternehmungsaufbaus so deutlich, wie kein anderer Wirtschaftszweig es irgendwie sonst in der Welt vermag.

So ist es bedeutsam, daß die Eisenbahnen in sämtlichen Ländern, die es bereits zu wirklichen Netzen der Schienenwege gebracht haben, je *das Größte an Kapitalkonzentrationen* darstellen, was es überhaupt gibt. In England z. B. erhob sich um die Mitte des vorigen Jahrhunderts die damals kapitalstärkste Bahngesellschaft, die London-Nordwest-Bahn, schon zu einem Bilanzstand von fast 40 Millionen Pfund Sterling, und am Ende der Vor-Weltkriegszeit waren es gar 200 Millionen Pfund Sterling oder rund 4 Milliarden Mark geworden, die in der damals größten Gesellschaft, der Midland-Bahn, zusammengefaßt waren. In Frankreich standen sich für dieselben Zeiten 900 Millionen und 5 Milliarden Franken bei der Paris-Lyon-Mittelmeer-Bahn gegenüber; zuletzt also waren es ebenfalls rund 4 Milliarden Mark geworden. Für die Vereinigten Staaten von Amerika die entsprechenden Ziffern zu geben, verbietet leider das weit ausgedehnte Verschachtelungssystem, das niemals ganz zu durchschauen war und auch heute noch die wirkliche Macht der Großen in dichte Schleier hüllt, und ebenso die gerade bei den Konzern-Dachgesellschaften herrschende Übung, einen erheblichen Teil des bilanzmäßigen Kapitals (fast immer das Ganze der gewöhnlichen Aktien) als reinen Stimmrechtsträger ohne materielle Gegenleistung (mit dem *Goodwill* als bilanzmäßigem Gegenposten) den Gründern in die Hand zu geben; immerhin läßt ein Streckenbesitz von etwa 50 000 km, wie man den der Pennsylvania-Bahn schätzt, auf eine Kapitalkraft schließen, die alle Ziffern der sonst größten Unternehmungen, wie etwa der Bell-Telephon-Gesellschaft oder des Stahltrusts, weit hinter sich zurückläßt. Es blieb also in der international geltenden Linie, wenn bei der Deutschen Reichsbahn, die allerdings nur der Form nach (dank der Reparationsgesetzgebung) ein kapitalistisches Unternehmen dargestellt hat, tatsächlich jedoch immer als eine Verkehrsanstalt des Reiches zu gelten hatte, der Wert des dem Reich verbliebenen Eigentums am Bahnkörper und an den Betriebsmitteln der Übergabezeit in den unveräußerlichen Stammaktien des Reichs mit 13 Milliarden und der Wert der neu hinzugekommenen, durch die Ausgabe von Vorzugsaktien (1,1 Milliarden) und Verbindlichkeiten (2 Milliarden) sowie durch Rückstellungen (1 Milliarde) finanzierten Anlagen mit etwa 4 Milliarden, im ganzen also (nach Abzug der ursprünglich den Reparationsgläubigern ausgehändigten 11 Milliarden-Obligation) ein Kapital von rund 17 Milliarden Reichsmark bilanzmäßig ausgewiesen wurde; schon mit ihren fast 60 000 km Streckenlänge und ihren reichlich 700 000 Beamten und Arbeitern stellte sie das größte Unternehmen dar, das es auf der Erde gibt. —

2. Dieser Zug zur Unternehmungsgröße ist mit einem Ziel regionaler Art verbunden; mit dem Ziel nämlich, *ganze Räume* wirtschaftlichen und politischen Zusammenhangs zu einer *Eisenbahneinheit* zusammenzufassen und so den Netzcharakter auch im Unternehmungsaufbau sich auswirken zu lassen. Hiervon hat schon unser Friedrich List als von einer unabwendbaren und zugleich höchst zweckdienlichen Notwendigkeit gesprochen; und das französische Gesetz von 1842 hat auch bereits die Aufteilung Frankreichs unter die damals konzessionierten Gesellschaften genau in solch regionaler Weise vollzogen, wie die Bezeichnungen (Nord-, Ost-, West-, Süd-, Paris-Mittelmeerbahn) deutlich machen. In den anderen Ländern haben die Privatbahnen von sich aus denselben Weg einzuschlagen versucht und größtenteils ebenfalls das Ziel erreicht. Dies gilt namentlich von England. Hier hat das Gesetz von 1921 zwar noch etwa 120 Eisenbahngesellschaften als formelle Selbständigkeiten vorgefunden und nun zu vier Ganzgroßen regional zusammengefügt; tatsächlich hatte jedoch in den Vorläufern dieser großen Vier bereits seit Jahrzehnten ein festes Gerippe regionaler Abgrenzung den ganzen Eisenbahnkörper getragen.

Für die Vereinigten Staaten von Amerika gilt ähnliches. Auch hier bestätigt das Bundesgesetz von 1920 im wesentlichen nur eine schon längst von den Bahnen selbst eingeschlagene Organisationsrichtung; und wenn es trotzdem bisher nicht durchgeführt werden konnte, so liegt dies nicht am grundsätzlichen Widerspruch der Bahnen gegen das Ziel, sondern am Streit um Einzelheiten und am Widerstreben, sich den Aufbau vom Staat und von einer Staatsbehörde vorschreiben zu lassen. Den Grundlinien nach hat schon die *Industrial Commission* von 1900 die Aufteilung des ganzen riesigen Gebiets unter einige wenige „Systeme" feststellen müssen. Dies ist für die Wucht, mit der man dem Ziele entgegengearbeitet hat, um so bezeichnender, als bei der Abgrenzung der Eisenbahnherrschaften die einzelnen Bundesstaaten offenbar gar keine Rolle gespielt haben. Nicht einmal die Verfassungstatsache, daß die Bundes-Verkehrsgesetze und demgemäß auch die Zuständigkeit des Bundes-Verkehrsamts *(Interstate Commerce Commission)* sich ausschließlich auf den zwischenstaatlichen Verkehr erstrecken, die innerhalb des einzelnen Bundesstaates verbleibenden Transporte also der besonderen Regelung je dieses Bundesstaates überlassen sind, — nicht einmal die hieraus gekommene Buntscheckigkeit der nordamerikanischen Eisenbahngesetzgebung und Eisenbahnkontrolle hat einen Wall gegen die Räumezusammenfassung der großen Eisenbahnkonzerne gebildet, geschweige daß das Bundesgesetz von 1887 seinem Verbot der wettbewerbfeindlichen Vereinigungen jemals irgendwelche Geltung hätte geben können.

In den Staatsbahnländern macht sich vollends das Bestreben geltend, jeweils das Ganze des Eisenbahnbesitzes zu einheitlicher Verwaltung zusammenzufassen und so den Netzcharakter nicht nur in den einzelnen Landesteilen, sondern für das Gesamtgebiet herauszuarbeiten. Dies ist für kleinere und in sich abgerundete Staaten, wie etwa die Schweiz oder Belgien oder Ungarn, nicht irgendwie auffallend; man wird annehmen dürfen, daß die hier bestehenden Privatbahnen auch ohne Verstaatlichung sich allmählich zu Verkehrseinheiten vereinigt haben würden, da der gegenseitigen Berührungen in Reibung und Ergänzung allmählich zu viele geworden wären, die Selbständigkeit jeder Gesellschaft aufrechtzuerhalten. Bemerkenswert ist jedoch, daß sogar das langgestreckte Italien und das räumlich zerspaltene Länderkonglomerat Österreich trotz der nur geringen Raumzusammenhänge der Einzelnetze schließlich doch das Ganze verstaatlicht und so vereinheitlicht haben. Vom Staatsraum her bestimmt, sind heute die größten Gebiete einheitlicher Eisenbahnverwaltung Rußland und die Südafrikanische Union, in denen beiden bezeichnenderweise die Schienenwege nicht den Teilstaaten überlassen, sondern ohne jedes Schwanken vom Gesamtstaat übernommen worden sind; 20 Millionen qkm dort, rund 3 Millionen qkm hier bilden ein geschlossenes Eisenbahngebiet.

Auch in Deutschland ist es zu räumlich bestimmten Gebilden bekanntlich gekommen, als die einzelnen Bundesstaaten daran gingen, die Bahnen je ihres Gebietes in eigene Verwaltung zu nehmen, und nun auch sich zu Trägern des weiteren Bauens machten. Es ist jedoch für den ganzen Aufbau des Deutschen Reiches kennzeichnend, daß die Grenzen der einzelnen Bahnsysteme fast durchweg — nur die Kleinstaaten Mitteldeutschlands bildeten eine Ausnahme — mit den Grenzen der einzelnen Bundesstaaten zusammenfielen; und da diese durchaus nicht aus den natürlichen und wirtschaftlichen Raumbeziehungen erwachsen waren, so zeigten auch die Bahnsysteme keine wirkliche Naturverbundenheit und auch keine wirtschaftliche Bedingtheit, zumeist nicht einmal eine ausgesprochene Abgerundetheit. Hätten allein die organisatorischen Gesichtspunkte der besten Eisenbahngestaltung den Aufbau der verschiedenen Netze bestimmen dürfen, so wäre es schwerlich zur Errichtung eines besonderen Staatsbahnbesitzes für Mecklenburg oder Oldenburg mitten im preußischen Netz gekommen, und selbst Sachsen hat schwer darunter gelitten, daß es mit seinem Eisenbahnnetz nur einen Keil in das preußische System hineinstieß. War es aber wirtschaftlich und technisch etwa sinnvoller, daß die Bahnen der bayerischen Pfalz als ein Teil des bayerischen Staatsbahnbesitzes verwaltet wurden, ohne doch mit dem Hauptbestand dieses Besitzes ein wirkliches Netz bilden zu können? Auch Baden und namentlich Württemberg haben dank dem Zusammenfallen ihrer Staats- und Bahngrenzen nur wenig Freude am eigenen Bahnbesitz gehabt. Das Eigentümlichste aber und zugleich das die sonstigen Mißbildungen ausgleichende Element lag in der Gestaltung des preußischen Bahneinflusses; denn über den eigenen Besitz hinaus, der schon durch die langgestreckte Form des preußischen Staates nicht gerade als ideal vom Eisenbahnstandpunkt angesehen werden kann, erstreckte sich Preußens Einfluß — dank der Personalunion in der obersten Spitze beider Verwaltungen — maßgeblich auf die elsaßlothringischen Reichsbahnen und später (seit 1896) auf das Eisenbahnnetz im Großherzogtum Hessen, griff also in großem Haken um die Bahnsysteme der süddeutschen Bundesstaaten herum bis nach Basel hinauf: von den rund 60 000 km deutscher Vollbahnen standen rund 40 000 am Ende der Vorkriegszeit unter preußisch-staatlicher Leitung. Hiermit war nicht nur eine Eisenbahneinheit geschaffen, die allein auf reichsdeutschem Boden den allgemein gültigen Voraussetzungen eines technisch und wirtschaftlich ausgeglichenen Betriebes als wirkliches Großwerk entsprach; sondern dieser schwere Körper legte sich in allen Verkehrs- und Tariffragen auf die von ihm eingeschlossenen oder auch nur umfaßten, sehr viel schwächeren Bahnsysteme mit so gewaltigem natürlichem Gewicht, daß von wirklich selbständiger Stellung, von freien Entschließungen der anderen deutschen Eisenbahnverwaltungen nur in recht eingeschränktem Maße zu sprechen war. Dann stellt aber die Vereinigung aller einzelstaatlichen Staatsbahnen zur Deutschen Reichsbahn wirtschaftlich nichts anderes dar als die räumliche Abrundung des preußischen Netzes; als jene regionale Vervollständigung also, die wiederum durchaus in der international geltenden Linie sich hält. —

3. Wenn nun aber diese beiden Tendenzen der Unternehmungsvergrößerung und der Raummonopolisierung über die ganze Erde hin und über die Verschiedenheiten der Staatsgestaltung und des Volkstums

hinweg die Eisenbahnentwicklung kennzeichnen und ausnahmslos gelten, dann müssen es *gewaltige Kräfte* sein, die in so gleicher Weise sich durchsetzen; und es müssen gerade im Eisenbahnbetrieb in schärfster Betonung die Unterlagen gegeben sein, auf denen diese Kräfte sich zu entfalten und aller Gegenströmungen Herr zu werden vermögen. Gewiß lassen auch andere Wirtschaftszweige — wie etwa die Linienschiffahrt des Meeres und das Kabelwesen, der Bergbau und die eisenschaffende Industrie, die Elektrizitätsgewinnung und gewisse Teile der chemischen Industrie, das Bankentum und das Versicherungsgewerbe — das Wirken derselben Tendenzen deutlich erkennen, und als irgendwie vorhanden müssen wir sie für jeden Wirtschaftszweig annehmen. Aber nirgend sonst beherrschen sie die Entwicklung mit gleich ausschließlicher Macht, und nirgend sonst ist das Ziel so vollkommen erreicht. An den Eisenbahnen also läßt sich mit einiger Sicherheit ablesen, was im neuzeitlichen Wirtschaftsleben zur Vereinigung der Wettbewerber und damit zur Marktbeherrschung drängt, und was diesem Drängen schließlich zum Erfolg verhilft.

Unter dem Einfluß der anfänglich herrschenden, namentlich von den Technikern des Verkehrs allgemein vertretenen Meinung, daß an dem neuen Transportmittel das wesentlich Neue in der höheren Geschwindigkeit liege und demgemäß von ihm nur die Personenbeförderung zwischen benachbarten Städten einen starken Aufschwung erhalten werde, sind die ersten Eisenbahnen bekanntlich sämtlich als kurze Strecken gebaut worden, die dann auch je für sich den Gegenstand einer besonderen Unternehmung gebildet haben. Schon solches Vorhaben erforderte aber das Zusammenbringen so erheblicher Geldmittel, daß sogar die Kapitalsummen der englischen Kanalgesellschaften stark in den Schatten gestellt wurden, und daß auch aus diesem Grunde die Pioniere der neuen Zeit sich scheuen mußten, weiter ausschauende Pläne sofort ins Werk zu setzen. Es darf an den Kampf erinnert werden, den die Finanzleute Leipzigs mit Friedrich List um die Frage geführt haben, ob die Leipzig-Dresdener Bahn als Ausgangsstück eines deutschen Eisenbahnsystems oder aber nur als ein für sich stehendes Unternehmen den sächsischen Kapitalistenkreisen schmackhaft gemacht werden solle — ein Kampf, dessen Ausgang den nüchtern rechnenden Finanzleuten und nicht dem prophetisch-stürmischen List bekanntlich recht gegeben hat. Sogar dann, wenn zwei Linien in einer und derselben Stadt hätten aneinanderstoßen können (wie z. B. Magdeburg—Leipzig und Leipzig—Dresden oder Liverpool—Manchester und Manchester—Birmingham), pflegte man in jenen Anfangszeiten die Selbständigkeit jedes der beiden Unternehmen so stark zu betonen, daß man sich nicht einmal zur Errichtung eines gemeinsamen Bahnhofs entschließen konnte. Nicht nur die Öffentlichkeit und die breiteren Kapitalistenkreise, auch die wirklichen Unternehmernaturen mußten erst an die Millionenziffern der neuen Gesellschaften sich gewöhnen und mit so großen Betrieben umzugehen lernen, ehe sie ihre Gestaltungskraft an noch größere Aufgaben zu setzen wagten. Im kapitalreichen England und Frankreich nicht anders, wie im kapitalschwachen Deutschland und Nordamerika.

Bald jedoch sollte sich L i s t s Vorausschau als richtig erweisen. Sie hatte erkannt, daß weniger die Schnelligkeit als vielmehr die Massenhaftigkeit der Beförderungsleistungen und demgemäß der Güterverkehr für die Verbindung von Schiene und Dampfkraft das ausschlaggebende Element werden würde; und sie hatte daraus die Folgerung gezogen, daß das neue Transportmittel von vornherein auf die Überwindung großer Entfernungen eingestellt und deshalb für jedes Land die Errichtung eines ganzen *Netzes* geplant werden müßte, das alle wichtigeren Städte in einheitlichem Betriebe miteinander verbinden sollte. In der Tat ist es in England schon von den dreißiger Jahren des vorigen Jahrhundert an, auf dem europäischen Festland und in Nordamerika ein Jahrzehnt später zu den ersten Vereinigungen bisher selbständiger, räumlich aber aneinanderstoßender Bahnen gekommen mit dem Ziele, über größere Entfernungen hin die Güter- und mit ihnen auch die Personenbeförderung zu technisch und verwaltungsmäßig einheitlicher Leistung zusammenzufassen. Als Beispiele seien genannt: die Große Westbahn Englands, deren Konzession *(private law)* aus dem Jahre 1836 stammt, und die an ihre Ursprungslinie London—Bristol bald die Fortsetzung Bristol—Exeter knüpfte; die London-Nordwest-Bahn, die aus der Vereinigung der Liverpool-Manchester-, der Manchester-Birmingham- und der London-Birmingham-Bahn im Jahre 1846 entstanden ist; auf deutschem Boden die Berlin-Potsdam-Magdeburger Bahn, die im Jahre 1845 die Berlin-Potsdamer und die Potsdam-Magdeburger Bahn zu einem Unternehmen zusammengeschlossen hat; aus Nordamerika die *New York Central Railway*, welche die Linien New York—Albany und Albany—Buffalo zusammengefaßt hat, und die *Pennsylvania*-Bahn, die aus ihrer Stammlinie Harrisburg—Pittsburg durch Erwerb und Pachtung der anstoßenden Linien schon früh eine durchgehende Verbindung Philadelphias mit St. Louis und Chicago hergestellt hat. Die Gründung des Verbandes preußischer Eisenbahndirektionen (1846) und seine Erweiterung zum Verein Deutscher Eisenbahnverwaltungen (1847) lassen ebenfalls erkennen, wie dringend schon die wenigstens technische Vereinheitlichung des Eisenbahnbetriebes geworden war.

Eben diese Tatsache jedoch, daß die technische Einheit auch im Wege der freien, nur auf bestimmte Leistungen gerichteten Verbandsbildung zu erreichen war, zwingt zu dem Schluß, daß schon bei jenen Vereinigungen der Frühzeit auch noch andere als bau- und betriebstechnische Gründe entscheidend mitgesprochen haben. Man kann die Anstoßverkopplungen wohl mit den „vertikalen" Kombinationen der Industrie vergleichen; d. h. mit jenen Betriebszusammenfügungen, die sich auf eine Reihe von Gewinnungs- und Verarbeitungsstadien erstrecken, um erst mit einem fertigen Fabrikat und nicht schon mit dem Rohstoff oder Halbfabrikat an den Markt heranzutreten, und um (in umgekehrter Richtung gesehen) die Vorstufenprodukte des Verkaufsobjekts aus eigener Arbeit und nicht marktmäßig aus einem Einkauf zu gewinnen —, die also das Ziel der „Marktunabhängigkeit" verfolgen. Und wie hier neben der Aufgabe, das technische Ineinanderspielen der verschiedenen Betriebe endgültig zu sichern, regelmäßig der Gedanke steht, die festen und in unabänderliche Form gebrachten Anlagen zu ganz regelmäßiger, von den Zufälligkeiten des Ein- und Verkaufs unabhängiger Ausnutzung zu bringen, so spielt auch in jene Anstoßvereinigungen sehr maßgeblich das Interesse hinein, die Eisenbahnanlagen, die das Gepräge der Unabänderlichkeit in schärfster Betonung zeigen, dauernd in möglichst vollständiger Beschäftigung zu halten. Das stehende Kapital schreit nun einmal durch alle Konjunkturgänge hindurch nach Verzinsung und in hohem Grade auch nach Abschreibung; es kann nicht, wie das umlaufende Kapital, bei schlechter Wirtschaftslage aus dem Betrieb herausgezogen und irgendwie anders verwendet werden, und es steht doch schon bei der kleinsten Eisenbahn im Gesamtkapitalaufbau durchaus im Vordergrund, muß hier wesentlich größer als die für Lohnzahlungen und Betriebsstoffkäufe bereitgehaltenen Geldmittel sein.

Nicht aus der absoluten Größe, sondern aus dem Verhältnis der beiden Kapitalteile ergibt sich jene Unbeweglichkeit, mit der alle Unternehmungen betonten stehenden Kapitals dem Konjunkturenwechsel gegenüberstehen; vollends die Eisenbahnen, die für Unterbau und Oberbau ebenso wie für ihren Lokomotiv- und Wagenpark den bei weitem größten Teil ihres Gesamtkapitals ein für allemal festzulegen haben. Es darf auf die eigentümliche Weise hingewiesen werden, mit der sich in Frankreich der Staat und die privaten Eisenbahngesellschaften in die Last der Kapitalaufbringung seit dem Gesetz von 1842 geteilt haben: dem Staate die Beschaffung des Unterbaus als desjenigen Aufwandes, der die größten Ansprüche stellt und zugleich dank völliger Unabänderlichkeit das größte Risiko mit sich bringt; den Gesellschaften der kleinere Rest, der zwar im Oberbau und in den Fahrzeugen ebenfalls so gut wie unabänderlich steckt, in dem jedoch die Umlaufsmittel mit ihrer Anpassungsfähigkeit einen gewissen Ausgleich bedeuten, und für den doch noch (nach einem Gesetz von 1855) der Staat eine Dividendengarantie übernommen hat. Schärfer kann wohl das Risiko nicht beleuchtet werden, das schon bei kleiner Streckenlänge (1842!) auf einer Eisenbahn lastet. Wo es vom Privatkapital allein zu tragen ist, muß also durch sorgfältigste Pflege des Verkehr ihm entgegengearbeitet werden. Und hierfür kann man Änderungen des Fahrplans oder der Preise nicht brauchen, die man nicht selbst bestimmt. Da hilft nur die unternehmungsmäßige Zusammenfassung aller der Linien, die das Verkehrsbedürfnis selbst als eine Einheit begreift und benutzt.

Verkehrspflege war es auch, was die ursprünglich allein gebauten Hauptbahnen veranlaßt hat, sich Zubringerlinien teils selbst zu beschaffen, teils in mannigfachen Rechtsformen anzugliedern. Und hier tritt die Rücksicht auf gleichmäßige und vollständige Ausnutzung des in den Stammstrecken angelegten Kapitals mit voller Deutlichkeit hervor; denn oft genug sind solche Abzweigungen gebaut und erworben worden, obwohl auf eine Rentabilität der so neuinvestierten Geldmittel nicht gerechnet werden konnte, weil man sich aber eine bessere Beschäftigung der Stammbahn damit zu sichern glaubte. Nicht zuletzt die englischen Großsysteme sind auf diese Weise zu dem Umfang emporgewachsen, der ihr Kapital schon in den fünfziger Jahren des vorigen Jahrhunderts je auf mehrere Zehnermillionen Pfund Sterling, mehrere hundert Millionen Mark also, hinaufgetrieben hat. Auch im ärmeren Deutschland aber verästeln sich, zumal in seinen westlichen Gebieten, einige Gesellschaften bereits in die Breite, wie dies auch die wichtigeren Bahnen im nordöstlichen Viertel der Vereinigten Staaten von Amerika tun.

In England haben offenbar schon damals nicht nur die Leiter der großen Bahnunternehmungen, vielmehr auch die Kapitalistenkreise die frühere Furcht vor der „Riesenzahl“ überwunden. In Deutschland ist man noch ängstlicher; konnte doch noch in der Gründerzeit der siebziger Jahre ein Strousberg von seiner Bank mit der ausdrücklichen Begründung fallen gelassen werden, daß die von ihm gegründeten Bahn- und Industrieunternehmungen seine eigene Kapitalkraft um ein Vielfaches überstiegen hätten und deshalb nicht mehr als gesund zu betrachten wären — als ob nicht die Bedeutung der Aktiengesellschaftsform gerade darin bestünde, die kapitallose Unternehmerenergie mit den erforderlichen Geldmitteln zu versehen und von eigener Kapitalkraft unabhängig zu machen. Um so bezeichnender, daß es trotzdem um 1880 schon Bahnsysteme gab wie etwa die Rheinische und die Köln-Mindener Bahn mit je fast 500 und die Bergisch-Märkische Bahn mit mehr als 600 Millionen Mark Aktien- und Obligationenkapital. —

4. Beides aber, die Längserstreckung und die Breitenentfaltung, trägt den Keim zu etwas Neuem in sich; zu einer Kraft, die alsbald den allerstärksten Druck auf Zusammenschluß ausübt und nicht mehr Groß mit Klein, sondern gerade Ganzgroß mit Ganzgroß vereinigen will. Schon die Herstellung langer Einheitslinien bringt es mit sich, daß wenigstens die wichtigsten Städte, die mit dem Gewicht eines schweren Körpers den Verkehr an sich ziehen, regelmäßig durch mehrere Unternehmungen miteinander verbunden werden; es entwickelt sich also für sie unter den Eisenbahnen der „Wettbewerb in den Knotenpunkten". Je mehr dann auch das Zwischengelände von beiden Seiten her durch Zubringerstrecken aufgeschlossen wird und diese einander naherücken oder gar in dieselben Orte eindringen, um so mehr wird der Wettbewerb zur allgemeinen, die Betriebs- und Preisgestaltung bestimmenden Erscheinung. Und es kommt zu *Wettbewerbskämpfen,* die nicht nur mit den technischen Mitteln der Schnelligkeit und Bequemlichkeit, sondern schärfstens auch mit Preisunterbietungen ausgeführt zu werden pflegen.

Bei Unternehmungen, in deren Aufbau das stehende Kapital das Gesamtbild entscheidend bestimmt, — vollends also bei den Eisenbahnen haben nun aber solche Preiskämpfe das Mißliche an sich, daß es so leicht nicht eindeutige Sieger schließlich gibt. Im Konkurse eines solchen Unternehmens nämlich steht bekanntlich der Betrieb nicht still, solange die Einnahmen noch die laufenden Ausgaben decken; das Leistungsangebot wird also selbst in solch äußerstem Fall des formalen Zusammenbruchs nicht gemindert. Und ist erst die „Kapitalreorganisation", d. h. die bilanzmäßige Anpassung des zins- und dividendenberechtigten Kapitals an die Reineinnahme-Möglichkeiten vollzogen, so führt der (formal unterlegene) Betrieb den Kampf mit einer Selbstkostenrechnung weiter, aus der die Verzinsung des ursprünglichen Anlagekapitals mehr oder minder ausgemerzt ist, und der gegenüber gerade der bisher stärkere, aber noch mit den hohen Anlagekosten belastete Gegner unterliegt, bis auch er den Weg der Kapitalbereinigung geht. Namentlich in den Vereinigten Staaten von Amerika, wo sich solche Kämpfe in den siebziger Jahren des vorigen Jahrhunderts mit äußerster Schärfe und letzter Folgerichtigkeit abgespielt haben, ist es für die heute bestehenden Bahngesellschaften fast zur Selbstverständlichkeit geworden, daß sie in jener Zeit durch ein oder auch mehrere *receiverships* hindurchgegangen sind, privatwirtschaftlich also ebenso wie ihre damaligen Gegner eine Zeitlang am Boden gelegen haben, und daß diese Gegner doch nicht aus dem Frachtenmarkt herausgedrängt worden sind.

Unter solchen Umständen verliert der Preiskampf seinen Sinn, und man tut besser, den Wettbewerb durch Vereinbarungen und schließlich Vereinigungen aus der Welt zu schaffen. Auch dies hat noch oft genug schwere Kämpfe ausgelöst; ist doch dann noch zu entscheiden, welche der konkurrierenden Unternehmungen das neue Gebilde führen soll — richtiger: welche die maßgebliche Unternehmerpersönlichkeit zu stellen hat. Aber dieser Ehrgeiz hat sich an den Börsen ausgetobt, wo es um den Erwerb von Aktienmehrheiten gegangen ist. Auf die Kapital- und Kreditkraft der sich messenden Menschen kam es an; die Betriebe selbst blieben außer Spiel. Zumeist haben auch diese Kämpfe mit einem gegenseitigen Vertragen geendet, da sich vom Kapital her die Banken einzumischen vermochten. Oft ist es — wie wir es aus Deutschland für schwerindustrielle Verbands- und Konzernbildungen auch kennen — unter Bankeneinfluß ohne Kampf zur Vereinigung gekommen. Ein Pierpont Morgan z. B. ist dadurch zu seiner großen Bedeutung gelangt, daß er in den achtziger Jahren beim Aufbau des Vanderbilt'schen Eisenbahnkonzerns, der *New York Central and Hudson River Railway,* maßgeblich geholfen hat; in dem großen Kampf, den um die Jahrhundertwende die Eisenbahnmagnaten Hill und Harriman um die Beherrschung des ganzen westlichen Eisenbahnnetzes geführt haben, ist er geradezu der regelnde Schiedsrichter gewesen. Auch in England aber, wo die Banken traditionsgemäß auf inländische Unternehmungen kaum je einen maßgeblichen Einfluß ausüben und wo es — wohl mit infolgedessen — bis zum Gesetz von 1921 zu einer regionalen Aufteilung des Gesamtgebietes nur in eingeschränktem Maße gekommen ist, sind Tarifkämpfe der Bahnen schon seit Jahrzehnten nicht mehr vorgekommen, hat man also die Preisvereinbarung der Großen zu der gleichen Wirksamkeit emporgehoben. Das Wort des jüngeren Stephenson, das schon in den vierziger Jahren aus den Eisenbahn-Kanal-Kämpfen heraus geprägt worden ist, hat sich allenthalben für die Eisenbahnen bewahrheitet: *competition is combination.* In diesem Wirtschaftszweig hat der Wettbewerb in der Tat noch immer zur Vereinigung geführt. —

5. Wie kommt es aber, daß bei den Eisenbahnen innerhalb ihres technischen Bereichs *die Vergrößerungs- und Monopoltendenz* sich bis zum letzten hat *durchsetzen* können? Diese Frage heischt noch Antwort angesichts der Tatsache, daß in fast allen Wirtschaftszweigen mit der Entwicklung der maschinellen Technik das stehende Kapital mehr und mehr in den Vordergrund gerückt ist und dennoch in keinem einzigen dieser anderen Zweige bis zu einem vollkommenen Monopol durchgedrungen ist.

Sogar die eisenschaffende Industrie Deutschlands, die mit ihrem Stahlwerksverband den deutschen Markt der schweren Stahlerzeugnisse restlos beherrscht, sieht sich mit dem Roheisen sogar auf deutschem Boden dem englischen Wettbewerb und mit allen ihren Fabrikaten auf den ausländischen Märkten — trotz der Internationalen Rohstahl-Exportgemeinschaft — der Gesamtheit internationalen Wettbewerbs ausgesetzt; zu einer Preisfestlegung, dem Zeichen der Monopolmacht, hat es die IREG noch niemals gebracht. Auch der nordamerikanische Stahltrust, die *United States Steel Corporation*, und die Gesamtheit der *Standard Oil*-Gesellschaften, der *Rockefeller*sche Petroleumtrust, haben im Laufe der Jahre neue, von ihnen unabhängige Werke erstehen lassen müssen, deren Entwicklung sie auch durch kartellartige Vereinbarungen nicht haben hemmen können. Das Deutsche Kalisyndikat, das immerhin bis zum Weltkrieg (seit 1910 allerdings durch staatlichen Zwang zusammengehalten) den ganzen Weltmarkt monopolisiert hat und nach der Abtretung der elsässischen Gruben mit dem französischen Syndikat zusammen das Monopol hat festhalten können, ist letzthin in zunehmendem Maße durch die Kaligewinnung mehrerer neuer Länder in seinem Absatz beengt worden; von einem Weltmonopol ist nicht mehr zu reden. Das Rheinisch-Westfälische Kohlensyndikat und der Rheinische Braunkohlenbrikett-Verkaufsverein, die festest gefügten Zusammenschlüsse aus dem Bergbau der ganzen Welt, stehen je in ihrem unmittelbaren Gewinnungsbezirk miteinander in nachhaltigem Absatzkampf; und für jenes gilt ein sehr großer Teil Deutschlands sogar formell als „bestrittenes“ Gebiet — trotz des Reichs-Kohlenwirtschaftsgesetzes von 1919 und des dadurch geschaffenen Reichskohlenverbandes.

In der Linienschiffahrt der Ozeane, in der es allenthalben Größtunternehmungen und daneben regionale Verbände gibt, ist man selbst in der Befahrung des Nordatlantik noch niemals über lose und immer wieder durchbrochene Einschränkungen des Wettbewerbs hinausgekommen, die außerdem auch die Rücktransporte von Massengütern (wie Getreide und Baumwolle) immer haben freilassen müssen. Vollends haben die sonst bestehenden „Konferenzen“ sich nirgends zu monopolmäßiger Preismacht oder auch nur zu dauerndem Bestande emporheben können.

Und so geht es — mit ganz wenigen, auf Fabrikationsgeheimnisse und Patente sich stützenden Ausnahmen — die ganze Reihe der nationalen und internationalen Kartelle und Konzerne hindurch. Vom Erfolg her läßt sich der viel gebrauchte Ausdruck Monopolkapitalismus als Kennzeichen neuzeitlicher Wirtschaftsweise weder für die einzelnen Zweige noch gar für das Ganze des Wirtschaftslebens rechtfertigen. Man möchte wohl, und man will auch; aber man kann nicht. —

6. Unter den allgemeineren Gründen, die es abseits der Eisenbahnen zu wirklich straffen, marktbeherrschenden Gebilden nicht kommen lassen, ist an erster Stelle die sogen. *Außenseitergefahr* zu nennen. Sie wird in aller Regel schon durch eine stetige, über längere Zeiträume Gleichmäßigkeit verbreitende Preisgestaltung heraufbeschworen; glaubt doch dann jeder Unternehmer und Kapitalist, das Risiko eines neuen Betriebes genau übersehen, Produktionskosten und Preise miteinander für die absehbare Zukunft vergleichen zu können. Und die Gefahr wird unweigerlich Ereignis, wenn die tatsächliche Marktstellung eines Verbandes stark genug erscheint, beträchtliche Preissteigerungen und damit Gewinnerhöhungen durchzusetzen; das allzeit neu sich bildende Kapital strömt dann vollends denjenigen Unternehmern zu, die von solchen Preisen für neue Werke profitieren wollen. Sogar im Bergbau pflegt man dann nach neuen Vorkommen zu suchen, und sie auch zu finden; wie das Rheinisch-Westfälische Kohlensyndikat und das Deutsche Kalisyndikat als Folge von Preisüberspannungen es hart zu spüren bekommen haben. Nicht einmal das Bodenrecht verleiht hier ein Monopol; nutzt doch der Bergbau die Erdrinde dreidimensional aus, so daß immer wieder Erweiterungen möglich werden und damit Durchbrechungen eines zeitweilig etwa bestehenden Scheinmonopols. Das Reichs-Berggesetz von 1905, die sogen. lex Gamp, hat ganz richtig das Schürfungs- und Mutungsrecht und nicht nur die Ausbeutungsbefugnis eingeschränkt, um dem Staat die alleinige Macht über neues Bergwerkseigentum in die Hand zu geben. Und wenn schon in einem seit Jahrhunderten auf Steinkohle bearbeiteten Gebiet, wie Rheinland-Westfalen, noch in jüngster Zeit (um die Jahrhundertwende) ganz überraschend nach Osten, Norden und Westen hin neue, abbauwürdige Vorkommen in erträglicher Teufe dank neuen Bohrmethoden gefunden worden sind —, wer will vom unerschlossenen Innern der fremden Erdteile sich schon ein Zukunftsbild machen? Die Kupferminen des innersten Kongostaates sprechen doch eine allzu deutliche Sprache.

Noch leichter ist es in der Seeschiffahrt, in einen etwa bestehenden Ring der Liniengesellschaften einzubrechen. Auch sie ist nicht etwa völlig vom Bodeneigentum losgelöst; die Landungsplätze der Häfen pflegen nicht gleichmäßig günstig zu liegen, und gerade unsere deutschen Reedereien wissen ein Lied davon zu singen, daß ihnen die Liquidationen des Weltkrieges und der Nachkriegszeit fast überall im Ausland ihre alten, meist besonders gut gelegenen Liegeplätze und Speicheranlagen entrissen haben. Aber entscheidend ist doch die Freiheit der Meeresstraßen und die Tatsache, daß in allen Ozeanteilen regelmäßig Trampschiffe, Dampfer und Segler der freien Fahrt, nur allzu bereit sind, aus hohen Frachten der Linienschiffahrt für sich Beschäftigung zu entnehmen. Hierauf beruht es, daß alle Vereinbarungen sich ausschließlich auf die Beförderung von Kajütspassagieren und von hochwertigen Gütern beziehen, worin die Linie einen technischen Vorsprung vor der Trampschiffahrt hat; für die Transporte der Massengüter, bei denen alles auf die Preisfrage sich zuspitzt, stehen überall in der Welt Linien- und freie Schiffahrt in ungehemmtem Wettbewerb.

In den Fertigungsindustrien endlich hat die moderne Technik mit ihrer Wissenschaftlichkeit unter den früher weiter verbreiteten, weil allein auf empirischer Kenntnis und Erbtum beruhenden Monopolen gründlich aufgeräumt. Natürlich gibt es auch heute noch Fabrikationsgeheimnisse und technische Fertigkeiten, die wenigstens eine Zeitlang ein Monopol der Herstellung zu tragen vermögen; und es ist auch nicht lediglich die chemische Industrie, die sich eines solchen Vorzugs erfreut. Aber die Grundlagen aller Technik sind doch längst in den Bereich des wissenschaftlich Lehrbaren und deshalb des Allgemein-Erlernbaren hineingehoben und so zu einem Allgemeingut geworden, von dem aus jedermann auch in die feineren Verarbeitungsgebiete sich hineinleben kann. Es ist eine ähnliche Entwicklung vor sich gegangen wie im Überseehandel, in dem es auch kaum noch eine individuelle Sonderkenntnis von Land und Leuten gibt und deshalb die Monopolisten, die „königlichen Kaufleute“ der früheren Zeit, fast ganz dem Wettbewerbssystem haben weichen müssen.

Wie anders bei den Eisenbahnen. Auch hier läßt sich gewiß daran denken, daß über oder unter der Erde neue Linien errichtet werden, welche die bestehenden Netze nicht unmittelbar zu kreuzen brauchen und daher von dem reinen Oberflächeneigentum nicht behindert werden; Londons Untergrundbahnen laufen ja stellenweise in mehreren Stockwerken untereinander hin, und auch Berlins Untergrundbahn ist in ihrer Linienführung durch die altbestehenden Oberflächenbahnen nicht gestört worden. Es ist aber doch mehr als eine Frage der Bodenrechtsgestaltung, ob es solche Möglichkeiten offen läßt oder nicht. Der Unterschied der Herstellungskosten wirkt außerhalb der großen Städte notwendig so gewaltig, daß sich der Vorsprung der Oberflächenbahn wohl nirgends bis zu einer entscheidenden Einwirkung auf deren Preisgebarung ausgleichen läßt. Und dann ist, sobald erst der Netzcharakter der Bahnen herausgearbeitet worden ist, jeder neue Schienenweg mit seiner Entstehung und vollends mit seinem Betrieb an den guten Willen der schon vorhandenen Unternehmungen unlöslich gebunden; es sei denn, daß es sich lediglich um ganz kurze, in eine offene Masche des Netzes fallende Planungen handelt.

An dieser technischen Lage ändert auch weder ein Enteignungsrecht, noch eine Konzessionsvorschrift, wonach Kreuzungen oder gar Mitbenutzung gestattet werden müssen, etwas irgend Wesentliches. Es gibt allzuviel Mittel, im tatsächlichen Betriebe die etwa gewährte, meist abgerungene Befugnis hinfällig zu machen. Wer will denn den bösen Willen nachweisen, wenn gerade an den Kreuzungsstellen häufiger Fahrplanstörungen eintreten? oder wenn es überhaupt nicht gelingt, die Fahrpläne der beiden Bahnen so aufeinander abzustimmen, daß auch der neue Betrieb sich voll entfalten kann? In den Vereinigten Staaten von Amerika hat es jedenfalls keinen Unterschied bedeutet, daß einige der Einzelstaaten über Enteignungsgesetze verfügen und andere nicht. Und auch in England haben die Bahnen es von Anfang an verstanden, die Enteignungsbestimmungen nur jeweils zu ihrem Nutzen und nicht gegen sich walten zu lassen. Noch heute kennt man im erweiterten Ruhrgebiet recht wohl die Linien, die früher einmal der Rheinischen, der Bergisch-Märkischen und der Köln-Mindener Bahn gehört haben; auch dies ein Zeichen, daß es zwar ein dichtes Nebeneinander, aber nicht ein Ineinander dieser Betriebe gegeben hat. Vom Oberflächeneigentum her kann das Aufkommen neuer Konkurrenten von jedem Netze wirksam bekämpft und verhindert werden. Mit der Außenseitergefahr braucht die große Bahnunternehmung nicht mehr zu rechnen. —

7. Eine zweite Hemmungskraft, die sich in allen anderen Wirtschaftszweigen dem Heranbilden der alles zusammenfassenden Unternehmung entgegenwirft und auch nur unter bestimmten Bedingungen durch Kartelle umgangen werden kann, findet im Eisenbahnwesen ebenfalls keinen Betätigungsraum — die Spannung nämlich zwischen dem sachlichen Leitungsanspruch und der *persönlichen Leitungsfähigkeit.* Sie liegt darin, daß auf der einen Seite jedes Unternehmen an seiner Spitze eine Stelle unerläßlich haben muß, von der die letztentscheidenden Entschlüsse ausgehen und die hierzu jederzeit eines Überblicks über das Ganze des Unternehmens bedarf, wie es mit der Produktion aller seiner Teile und mit den Produktionskosten im Verhältnis zu der Aufnahmefähigkeit des Marktes und zu den Marktpreisen steht, und daß auf der anderen Seite die führenden Männer sich diese Übersicht doch nur in gewissen Grenzen zu beschaffen vermögen.

Der Rahmen wird hierdurch um so enger gezogen, je spezialisierter die Leistungen gehalten sind, und je mehr deshalb auf sehr zersplitterten Absatz geachtet werden muß. Die stets sehr anspruchsvollen Abnehmer solcher Waren lassen sich mit ihren individuellen Wünschen nur befriedigen, wenn die Leitung des liefernden Werks in dauernder Fühlung mit den Fertigungsstellen steht; hochgelernte Vorbereitungs- und Ausführungsarbeit ist in ihrer vollen Leistungsfähigkeit, zumal wenn sie sich der feinst durchkonstruierten und dann sehr empfindlichen Feinmaschine bedient oder sonst schwierige Aufgaben zu bewältigen hat, nur durch die Anerkennung zu erhalten, die ihr von den obersten Stellen zuteil wird, und nicht schon durch Art und Höhe des Lohnes, der in solchen Fällen eben deshalb auch nicht nach Akkord berechnet zu werden pflegt. Auch von der Eigenart der Einkaufs- und Verkaufsmärkte kommt eine einengende Wirkung in der Größenentwicklung der Unternehmungen hinein; schwanken dort die Mengen und Preise unaufhörlich in beträchtlichen Zuckungen, so steigt die Verantwortung, den rechten Augenblick der Menge und dem Preise nach für den Einkauf der Verarbeitungsstoffe und für den Verkauf der fertigen Waren zu treffen, und sie kann bald nicht mehr auf untergeordnete Organe gelegt, muß von den leitenden Männern selbst übernommen werden. Sogar bei so ausgeprägt derber Massenproduktion, wie sie etwa den Zweigen der sogenannten Schwerindustrie eigentümlich ist, hat die Erfahrung gelehrt, daß die Bäume der Organisation nicht in den Himmel wachsen können; die Aufgabe, die verschiedenen Betriebe eines Großwerkes mit ihren Leistungen aufeinander abzustellen und dann im ganzen den Marktverhältnissen anzupassen, ist schließlich doch nicht mehr zu lösen, wenn die einzelnen Teile nicht mehr klar und deutlich vor der Entschlußkraft der obersten Gesamtleitung stehen.

Allerdings hat die hier gezogene Grenze im Laufe der Zeiten vielfach eine Ausweitung erfahren Man hat im Innenbetrieb gelernt, durch eine feinere Ausbildung der sogenannten Werks- und Betriebsstatistik die Übersehbarkeit des Ganzen beträchtlich zu erhöhen, den jeweiligen Stand der Leistungen und ihrer Kosten in wenige Ziffern zusammenzudrängen. Und man hat nach außen hin durch die Errichtung straffer Verkaufskartelle wenigstens einen Teil der sonst schwierigsten Leitungsaufgabe, den Verkauf zu rentablen und nicht mehr ewig schwankenden Preisen, den Organen der Produktionswerke abgenommen und sie für eine stärkere Betonung der internen Organisationsaufgaben frei gemacht. Beides setzt jedoch voraus, daß es sich um derbe, in Ziffern genügend deutlich auszudrückende Leistungen handelt, um wirkliche Massenleistungen also; die noch irgend speziell bestimmte Arbeit, auch wenn sie mit Hilfe einer Maschine bewerkstelligt wird, entzieht sich nach innen der statistischen Erfassung und nach außen jener Gleichsetzung mit den Leistungen anderer Unternehmungen, die für eine Kartellbildung unerläßlich ist.

Wie begrenzt trotz dieser Neuerungen der Rahmen für Betriebs- und Unternehmungsvergrößerungen in aller Regel geblieben ist, zeigen deutlich durch ihren Fehlschlag die oft genug unternommenen Versuche, durch Zusammenfassung aller Unternehmungen und Betriebe eines ganzen Wirtschaftszweiges ein volles Monopol zu erringen, das Ziel der Marktbeherrschung also wirklich zu erreichen. So hat man zwar in Praxis und Wissenschaft vielfach den Begriff des Trusts ganz unmittelbar auf das Monopol abgestellt; aber gerade die beiden Großkonzerne Nordamerikas, die drüben und hüben regelmäßig als Trust bezeichnet werden und dem Ausdruck zu allgemeinem Gebrauch verholfen haben, — der Petroleumtrust Rockefellers und der Stahltrust Carnegies —, sie sind niemals auch nur in den Vereinigten Staaten zur Erreichung des Monopolzieles gelangt, haben vielmehr beide je länger um so mehr (wie schon erwähnt) andere Werke neben sich zu voller selbständiger Entfaltung gelangen lassen müssen — nicht etwa dank der nordamerikanischen Gesetzgebung, die man stets zu umgehen verstanden hat, sondern dank der Schwerfälligkeit des riesengroß gewordenen Verwaltungsapparates, der mit dem eigenen Werk vollauf beschäftigt war und den Neulingen deshalb die Lebensluft lassen mußte. Auch in Deutschland hat bei der Errichtung des Stahlvereins (der Vereinigten Stahlwerke A.-G.) der Gedanke, die großen Thomaswerke, wie schon kartellmäßig im Stahlwerksverband, so nunmehr unternehmungsmäßig in einem geschlossenen Konzern zusammenzufassen, unzweifelhaft Pate gestanden; aber auch hier hat er nicht nur dank dem Widerstand der alten und neuen Familienwerke (wie Gutehoffnungshütte, Krupp, Hoesch, Klöckner) sich nicht verwirklichen lassen, sondern hat nach einigen Jahren schwierigen Arbeitens das Gefüge ganz wesentlich auflockern und den Teilbetrieben zu gutem Teil ihre Selbständigkeit wiedergeben müssen. Und was ist von der größten Gründung eines Hugo Stinnes, dem Elektro-Montan-Trust Siemens-Rheinelbe-Schuckert-Union, schließlich übrig geblieben? — die Auflösung in seine alten Bestandteile, weil die zusammengeworfenen Betriebe schlechter miteinander arbeiteten, als es die selbständigen Werke getan hatten. Man braucht also weder auf den sogenannten Stinnes'schen Privatkonzern, der diesen Namen dank dem Fehlen der sachlichen Zusammenhänge gar nicht verdient und nur als ein Instrument des Besitzrisiko-Ausgleichs zu gelten hat, noch auf den Nordwolle-Konzern hinzuweisen, der einen Organisationsgedanken der Montan-Stahl-Industrie auf einen gänzlich anders gearteten und hierfür durchaus ungeeigneten Gewerbezweig übertragen wollte. Aus den Zweigen der derben Massenproduktion, die an sich für Groß-Zusammenschlüsse die Unterlagen darbieten, sind die Vorgänge zahlreich genug, die das Begrenzte solcher Entwicklungen deutlich machen.

Um jedoch das Besondere der Eisenbahngestaltung in aller Schärfe zu kennzeichnen, sei noch auf die Seeschiffahrt eingegangen. In ihr haben vor dem Weltkriege zwei Auffassungen hart miteinander gerungen. Die eine hielt daran fest, daß den mannigfachen Schwierigkeiten und Schwankungen des Weltfrachtenmarktes nur diejenige Unternehmung gewachsen wäre, die ihre Tätigkeit streng auf ein bestimmtes Ozeangebiet beschränke, dies nun aber auch bis in die letzte Falte hinein übersähe und dadurch den leitenden Männern die Möglichkeit rascher Anpassung an die wechselnden Lagen belasse. Die andere Meinung ging dahin, daß gerade die Erfassung mannigfacher und vom Konjunkturengang verschieden getroffener Ozeanwege ein starkes Moment des Risikoausgleichs in sich trüge; die Verschiedenheit der Grundbedingungen wäre nicht so stark, daß nicht die oberste Leitung des „Welt“-Unternehmens sich darin zurechfinden und so dennoch die dem Ganzen ersprießlichen Entschlüsse jeweils mit der erforderlichen Schnelligkeit fassen könnte. Jenes Prinzip der regionalen Sonderung war in England herrschend, sogar die größten Reedereien gingen über ihren ursprünglichen Tätigkeitsbereich nur wenig hinaus; es wurde aber auch in Hamburg von gewichtigen und keineswegs schlechtweg am Alten hängenden Kreisen vertreten und bei den meisten Seeschiffahrts-Gesellschaften auch festgehalten (Hamburg-Südamerika-, Deutsch-Australische, Deutsch-Ostafrika-, Levante-Linie usw.). Zu wirklich die Welt umspannenden Betrieben waren nur die Hamburg-Amerika-Linie (HAPAG) und der Norddeutsche Lloyd geworden; eben deshalb namentlich jene in Hamburg selbst mit starken Zweifeln betrachtet. Aber niemals wäre der Gedanke gefaßt oder gar Wirklichkeit geworden, diese beiden Kolosse auch noch mit der Betriebsführung der Spezialunternehmungen zu belasten, geschweige denn das Ganze der deutschen Ozeanschiffahrt zu einer betrieblichen Einheit zusammenzuschweißen; man wußte, warum man sich jenen gegenüber und untereinander mit kartellartigen Beschränkungen des Wettbewerbs stets begnügte, und hat deshalb auch dem nordamerikanischen Gedanken eines Nordatlantik-Trusts (1901) nachhaltigen und erfolgreichen Widerstand geleistet. Erst die wirtschaftliche Zerfahrenheit der Nachkriegszeit, ein rein ziffernmäßig-abstraktes und von den psychologischen Untergründen alles Wirtschaftens sich loslösendes Denken hat von außen her in die deutsche Seeschiffahrt den Plan hineingetragen, durch eine alles erfassende Vereinigung besser als durch schärfste Betonung der regionalen Besonderheiten nunmehr der gewaltig angeschwollenen Schwierigkeiten Herr werden zu wollen. Es war Schicksal, daß die hanseatischen Seeschiffahrtskreise in ihrer Kapitalkraft allzusehr geschwächt waren, als daß sie noch ihren Widerspruch in die entscheidende Tat hätten umsetzen können; und so hat das Verhängnis seinen Lauf genommen. Der Mißerfolg ist nicht ausgeblieben. Und reuig hat man wieder getrennt, was als Ganzes sich als schlechthin unhandlich, als unübersehbar erwiesen hat. Wirtschaftsführung ist hier deutlich als mehr denn ein Rechenexempel erwiesen worden. Mögen das stehende Kapital und die konstanten Kosten, wie Karl Marx es mit Recht wahrhaben will, auf unbegrenzte Vergrößerung und schließlich auf allumfassenden Zusammenschluß mit aller ihrer gewaltigen Kraft hindrängen — vom Menschen, der die Zusammenschlüsse in Gang halten soll, wird dem Drängen eine schließlich stärkere Hemmungskraft entgegengestemmt, und erst das Gegeneinander aller Kraftlinien bestimmt — was Karl Marx zu prüfen unterlassen hat —, wieweit sich jenes Drängen in der Wirklichkeit durchsetzen kann. —

8. Um so auffallender ist es, daß bei den *Eisenbahnen die Grenze soviel weiter gesteckt* erscheint. Und doch nicht ein Widerspruch.

Die Entscheidung, in welchem Umfange dem Publikum auf der einmal hergestellten Schienenstraße die Transportleistungen angeboten werden sollen, wie also der Fahrplan für den Personen- und den Güterverkehr im voraus zu gestalten ist, wird allerdings durch die Erwägung belastet, daß niemals auf Vorrat und spätere Verwertung produziert werden kann; eine nicht ausgenutzte, nach Maßgabe des Fahrplans jedoch durchgeführte Transportleistung ist endgültig vertan. Und diese Last wirkt sich um so schwerer aus, je länger durch die staatlichen Sonder-Eisenbahngesetze die Fristen gezogen sind, in denen der veröffentlichte Fahrplan auf alle Fälle durchgehalten werden muß. Sie läßt sich auch keineswegs immer durch besonders vorsichtiges Anbieten der Leistung verringern; denn die tatsächliche Benutzung der Bahn ist namentlich bei neu eröffneten Strecken regelmäßig von der Häufigkeit abhängig, mit der sie die Benutzungsmöglichkeiten darbietet, und so muß das Risiko gelaufen werden, durch einen verhältnismäßig dicht gehaltenen Fahrplan einen Anreiz zu Fahrten und zur Güteraufgabe, zur Abwendung von den älteren Transportmitteln auszuüben. Nur bei gründlicher Lokalkenntnis läßt sich die Erfolgsaussicht mit einiger Sicherheit abschätzen — dies mit ein Grund, warum in den Anfangszeiten allenthalben die Eisenbahnen in örtlich begrenztem Rahmen gegründet worden sind.

Je mehr jedoch neue Strecken nur zur Ergänzung und Abrundung eines schon bestehenden Netzes erbaut werden, um so mehr tritt das lokale Risiko in den Hintergrund. Auch die Ortskenntnis wird in den größeren Zusammenhang der überregionalen Beziehungen eingespannt und einer

Prüfung durch jene Erfahrungen unterzogen, welche man an anderen Stellen mit dem Schienenweg als einem Schöpfer von Verkehrsbedürfnissen schon gemacht hat. Die Entscheidung, wie schon über den Bau der neuen Linie, so auch über die Fahrplangestaltung verlagert sich gerade dank der weiteren Übersicht an eine höhere Stelle; und zwar um so höher hinauf, je mehr die Verkehrsbeziehungen sich räumlich ausweiten und auch auf sehr große Entfernungen den Charakter der Regelmäßigkeit und Selbstverständlichkeit annehmen, bis schließlich der Umfang der Eisenbahnunternehmung mit dem Raum des tatsächlich einheitlichen Verkehrsgebietes sich deckt.

Die *Fahrplanmäßigkeit* des Betriebes, die sich aus den technischen Unterlagen als unerläßlich ergibt, ist es nicht zuletzt, was die Übersehbarkeit der Unternehmung weit über jene Grenzen hinaushebt, die für die anderen Wirtschaftszweige gelten. Bei den Eisenbahnen kann es sich immer nur den einmal eingefahrenen Fahrplänen des Personen- und Güterverkehrs gegenüber um vereinzelte Einfügungen und Abänderungen handeln; mag hier und da einmal aus rein örtlichen Gründen ein Extrazug gefahren oder ein fahrplanmäßiger Zug verstärkt werden müssen, oder mag auch der Fahrplan selbst für eine neue Betriebszeit verbessert werden. Jenes kann ohne Bedenken, weil die Einzelheit in den feststehenden Fahrplan hineinpassen muß, den örtlichen Organen zur Entscheidung überlassen und daher mit der erforderlichen Raschheit ausgeführt werden. Dieses aber läßt sich — wiederum, weil stets vom gegebenen Fahrplan ausgegangen werden muß — recht wohl von einer Zentralstelle aus für sehr weite Gebiete beurteilen und bewirken. Und immer bietet der Fahrplan bis in die obersten Organe der Unternehmungsleitung hinein ein sicheres Mittel, die Betriebsführung bis zu den untersten und unmittelbar ausführenden Stellen herunter auf ihre Exaktheit und Sachgemäßheit, auf ihre Qualität also gleichsam, dauernd zu kontrollieren.

Die *Transportleistungen* lassen sich außerdem in bestimmten Einheiten ausdrücken und damit *statistisch* erfassen, zeitlich und räumlich miteinander vergleichen. Hierbei mögen gewisse Feinheiten, wie etwa die Fahr- und Reisegeschwindigkeit der verschiedenen Züge und Zugarten, unberücksichtigt bleiben müssen. Für eine Übersicht, was jeweils im Gesamtnetz und in seinen einzelnen Teilen tatsächlich geleistet und wie der Apparat ausgenutzt worden ist, reichen die Aufzeichnungen aus, die sich an die Menge und die Entfernung halten, und die man unschwer aus den sonst schon anfallenden Unterlagen (Fahrkarten, Frachtbriefen, Zugdienstzettel u. dergl.) gewinnen kann. Es braucht nur darauf hingewiesen zu werden, daß es bei der Reichsbahn-Gesellschaft gelungen war, die einzelnen Direktionsbezirke statistisch so selbständig nebeneinanderzustellen, daß für jeden eine besondere Leistungs- und Ertragsbilanz berechnet wurde; eben das, was die Zentralverwaltung eines großen Unternehmens in kurzen Zwischenräumen erfahren muß, um danach ihre Gesamthaltung auszurichten —, was aber auch vom Standpunkt der einzelnen Betriebe aus die Zusammenfassung als einen Fortschritt gegenüber der Vereinzelung erscheinen läßt. Eine Aufstellung der geldmäßigen Erträge allein würde für diese Zwecke nicht ausreichen; in ihr kämen die Unterschiede der örtlichen und regionalen Verhältnisse nicht zum statistischen Ausdruck, man erführe nichts über die Vergleichsfähigkeit der Ziffern. Die Hinzufügung der Leistungszahlen als des Vergleichsmaßstabes aber setzt eine so weitgehende Gleichheit der Leistungseinheiten voraus, einen so stark betonten Massencharakter aller Leistungen, wie er sich nur bei der Eisenbahn — als der geschlossenen Einheit von Weg, Fahrzeit und Betrieb —, nicht aber bei anderen Wirtschaftszweigen findet. —

9. Nicht zuletzt hebt die durchweg geltende *Tarifmäßigkeit* der Preisbildung die Eisenbahnen in die sie kennzeichnende, vom Monopol geforderte Unternehmungsgröße hinein. Auch diese Tarifmäßigkeit ist eine notwendige Folge des ganzen technisch-betrieblichen Aufbaus und nicht erst des wirtschaftlichen Monopols. Sie wird jedoch durch das Monopol, wenn es erst erreicht ist und festgehalten werden kann, ganz wesentlich befestigt und zum einschränkungslos herrschenden System erhoben; was dann wieder die Lenkbarkeit auf eine stark erweiterte Größe des Gesamtbetriebes ausdehnt.

Auch in anderen Wirtschaftszweigen, deren Unternehmungen betont auf stehendes Kapital sich stützen und deshalb mit einem hohen Anteil konstanter Kosten zu rechnen haben, finden sich mehr oder minder weitgehend die Ansätze zu tarifmäßiger, d. h. auf längere Zeit im voraus festgelegter und die verschiedenen Güter oder Leistungen gegeneinander abstufender autoritärer Preisbemessung; es sei nur an die Tarife erinnert, welche die Linien-Seeschiffahrt für ihren Personenverkehr und für die Beförderung hochwertiger Stückgüter aufzustellen pflegt, wie auch an die Preislisten straffer Syndikate und die von den Fabrikanten vorgeschriebenen, wenigstens teilweise Tarifcharakter zeigenden Preise der Markenartikel. Der Regel nach kommen jedoch diese Tarife nicht über die Bedeutung von Richtlinien hinaus, nach denen im Einzelfall der Preis dennoch individuell je nach den Besonderheiten der angeforderten und zugesagten Leistung auszuhandeln ist. Und erst recht erfassen in aller Regel die nach Tarif erfolgenden Verkäufe innerhalb einer Großunternehmung nur einen Teil der Gesamterzeugung, während ein anderer Teil ganz und gar in das Spiel des Wettbewerbs hineingestellt bleibt und demgemäß mit seinen Preisen die Beachtung der Leitung in vollem Umfang erfordert.

Die Verhältnisse der Seeschiffahrt sind für diese Lage kennzeichnend. Wie schon bemerkt, hat in ihr der fahrplanmäßige Linienbetrieb einen ausschlaggebenden Vorsprung vor der freien Schiffahrt nur für die Beförderung von Personen und hochwertigen Gütern. Sobald es sich um Rohstoffe oder sonstige Massenwaren handelt, wie fast durchweg in der Richtung von den überseeischen Neuländern nach Europa oder Nordamerika, wie zu gutem Teil aber auch von Nordamerika nach Europa und selbst von Europa nach Gesamtübersee (englische Kohle, deutsches Kali), dann macht sich der preismäßige Wettbewerb der freifahrenden Dampfer und selbst der Segler mit so maßgeblicher Wucht geltend, daß sogar die Kartelle der Linien-Unternehmungen in diesen Richtungen nicht einmal zur Festlegung von Mindestfrachten kommen können, sich vielmehr auf die Vereinbarung von Treurabattsätzen regelmäßig beschränken müssen. Oft genug ist sogar der Liniendampfer dadurch im Nachteil, daß er seinen Fahrplan einhalten muß und deshalb mit jedem Frachtsatz vorlieb nimmt, der ihm das Einnehmen von Ballast erspart. Nicht einmal die tarifmäßig aufgestellten Preise für Personen und hochwertige Güter lassen sich immer innehalten; in Zeiten schlechter Beschäftigung des Schiffsparks machen sich auch die Linien trotz aller Kartellbindungen untereinander das Leben sauer, indem sie etwa zu den gebundenen, aber nur für die schlechtesten Plätze geltenden Fahrpreisen bessere Kabinenplätze oder für die Beförderung größerer Gütermengen besondere Rabatte gewähren. Niemals also ist die Leitung der Unternehmung sicher, daß nicht ein Preiseinbruch alle ihre Vorausberechnungen über den Haufen wirft und sie zu ganz neuen Entschlüssen für die Betriebsgestaltung zwingt. Sie muß dann aber beweglich bleiben und kann dies nur, wenn das Ganze der Unternehmung innerhalb gewisser Grenzen verbleibt: schon für Hamburg und Bremen liegen trotz enger Nachbarschaft die Grundlagen des Schiffahrtsdienstes allzu verschieden, als daß für beide Häfen in hart bewegten Zeiten dieselben Preisbildungsmaßnahmen angebracht sein könnten und eine einheitliche Leitung alle hier und dort tätigen Linienbetriebe zusammenzufassen vermöchte.

In der Montanindustrie liegt es trotz der ausgeprägten Straffheit ihrer Verkaufsverbände nicht wesentlich anders. Das Rheinisch-Westfälische Kohlensyndikat z. B. kann zwar im „unbestrittenen“ Gebiet seine Preislisten für längere Zeiten durchhalten; etwa die Hälfte seines Gesamtabsatzes hat es jedoch im „bestrittenen“ Gebiet zu suchen, und hier muß es sich jeweils mit seinen Preisforderungen dem ewigen Schwanken der Marktlage, dem Wettbewerb anderer Steinkohlengebiete und selbst der Braunkohle anpassen. In einem beständigen Wechsel der sogen. Umlage, d. h. des den Syndikatsmitgliedern von den festliegenden Verrechnungspreisen gemachten Abzugs, kommt dies Schwanken zur Wirkung. Die Mitglieder bekommen also niemals über mehr als einen Monat hinaus Verkaufserlöse, mit denen sie fest rechnen dürfen —, eine Störung der Leitungsaufgabe, die sich in einem ewigen Kampf nicht nur um die Grundsätze der Umlageberechnung, sondern mehr noch um das ganze Gefüge des Syndikats auswirkt und immer wieder den Gedanken hochbringt, die Pflege des bestrittenen Gebiets dem Syndikat abzunehmen oder gar das ganze Syndikat auffliegen zu lassen. Die bei weitem meisten Zechen sind außerdem mit anderen Betrieben, etwa der Nebenproduktgewinnung und namentlich der Stahlwirtschaft, verbunden; und wenn sie auch mit deren Ergebnissen vielfach wiederum in besonderen Syndikaten oder wenigstens loseren Kartellen stehen —, einen beträchtlichen Teil ihrer Gesamterzeugung pflegen sie doch auch frei zu verkaufen. Bei anderen Syndikaten, wie namentlich denen der Stahlindustrie, bildet der sogen. Werkshandel — die eigene Verkaufsorganisation der einzelnen Mitglieder — ununterbrochen ein schweres Hindernis für die Arbeit der Syndikatsorgane und damit für die Erreichung der Syndikatsziele; und dennoch hat noch kein Mitglied auf dieses Mittel einer eigenen Marktfühlung verzichtet. Offenbar dürfen sich die obersten Leitungsstellen in keinem Fall völlig von der Marktbeobachtung freimachen, was ebenfalls der Ausdehnung der Unternehmungen stets eine Grenze setzt. Es ist bezeichnend, daß der große Konzern der deutschen chemischen Industrie, die I. G. Farbenindustrie A.-G., obwohl er zur Unterstützung seiner Leitung einen beträchtlich großen Apparat der Marktbeobachtung unterhält, sich doch in das Gebiet der ausgeprägten Kleinchemikalien und damit in deren schwer zu übersehenden, statistisch nicht recht zu erfassenden Markt nicht hineinwagt; genau, wie sich die Großwerke der Bergwerks- und Schwereisenindustrie noch immer von den unendlich mannigfaltigen Bereichen der Kleineisenindustrie ferngehalten haben.

Dem Wesen nach anders steht die Eisenbahn im Markt ihrer Leistungen. Zunächst wiederum deshalb, weil sie niemals „auf Vorrat“ arbeiten kann; ihre Preisforderungen stehen also niemals unter dem Druck, Aufgesammeltes absetzen zu wollen, müssen aber um so mehr danach ausgerichtet werden, die Nachfrage nach Transportgelegenheiten in Einklang mit dem Angebot der Eisenbahn zu halten. Wichtiger ist, daß jede Beförderungsleistung, da es sich um Raumüberwindung handelt, schlechthin raumgebunden erscheint und demgemäß in ihrer Einzeleigenart weder nach außen getragen noch von außen her bekämpft werden kann: ein Transport von A nach B läßt sich nicht anders als im Raume A—B bewerkstelligen. Mag sich dann auch, wie schon erwähnt, hier und da ein „Wettbewerb in den Knotenpunkten" geltend machen — aus der engen Bindung an den Raum ergibt sich die Monopolisierung schon bei kleinen Unternehmungen, wenn sie nur „ihren" Raum netzartig mit ihren Schienenwegen überziehen. Hiermit wird die Preisbildung mindestens für erhebliche Teile der Leistungen aus dem Wettbewerb herausgehoben, und man kann daran denken, das Unternehmen entsprechend der gesteigerten Übersichtlichkeit des Marktes zu vergrößern. Die Monopoltendenz trägt also hier in sich selbst das Mittel, auch die auf Betriebserweiterung drängenden Kräfte zur Geltung kommen zu lassen; wie dann umgekehrt aus der Möglichkeit, die einzelnen Unternehmungen bis zur letzten Grenze betrieblich-technischer Zweckmäßigkeit zu vergrößern, auch die Monopoltendenz immer wieder neue Nahrung zieht.

Auf dem Monopol ruht vor allem die *Tariftreue,* die zwar früh schon von den Eisenbahngesetzen der Erde gefordert, jedoch nach allen Erfahrungen erst nach Erreichung der monopolistischen Preisruhe tatsächlich gewahrt zu werden pflegt. Nicht die Tarifmäßigkeit der Preisbildung an sich ist es, die an diese Bedingung geknüpft ist; von allem Anfang an haben vielmehr überall die Bahnverwaltungen ihre Preisforderungen sowohl für den Personen- wie auch für den Güterverkehr irgendwie in ein Schema gebracht, schon um der unendlichen Mannigfaltigkeit der Transportleistungen einigermaßen Herr zu werden. Aber ebenso sicher ist, daß diese Tarife in den ersten Zeiten — ähnlich wie bei der Linienschiffahrt der Ozeane — nicht mehr waren als Richtlinien, die selbst in ruhigen Zeiten im Einzelfall trotz aller Gesetzesbestimmungen oft genug durchbrochen wurden und in den Preiskämpfen jener Tage jede Bedeutung verloren. Auch die Staatsbahnen haben es, zumal im Kampf mit Schienenwegen anderer Länder, nicht verschmäht, durch heimliche Frachtvergünstigungen einen Verkehr an sich zu ziehen und zu binden, der sonst wohl dem Wettbewerber zugefallen wäre. In den siebziger Jahren noch war dieses Mittel so gebräuchlich, daß sich bei den europäischen Bahnen ein besonderer Ausdruck, die Refaktie, dafür eingebürgert hat. Und solange sind denn auch die Eisenbahnunternehmungen allenthalben in der althergebrachten regionalen Begrenzung und, verglichen mit der späteren Zeit, klein geblieben; ein paar tausend Kilometer war das höchste, was in Europa und Nordamerika sich schon zu einem Unternehmen zusammengefaßt findet, und die bei weitem meisten Gesellschaften standen noch bei einigen hundert.

Jene „Großen“ waren aber schon nicht mehr auf Kampf eingestellt. Wie sie ihre Fahrpläne nicht rasch genug jeweils für solch besonderen Zweck umstellen konnten, weil jede Änderung der einzelnen Strecken sich auf das ganze Netz irgendwie auswirken mußte und demgemäß die oberste Leitung auf den Plan rief, so konnte noch weniger die kampfmäßige Preisfestsetzung den örtlichen Betriebsstellen überlassen werden; und wie sollte von oben her über so große Netze mit der notwendigen Beweglichkeit und Wendigkeit ein Preiskampf geführt werden, der doch zugleich das Verzinsungsinteresse der gewaltigen Kapitalmassen zu berücksichtigen hatte? Man steuerte lieber auf die Vereinigung hin und fand es — mit Recht — ganz ungeheuerlich, daß z. B. das nordamerikanische Bundesverkehrsgesetz von 1887 *(Interstate Commerce Law)* nicht nur die heimlichen Frachtvergünstigungen, sondern zugleich auch das einzig wirksame Gegenmittel, die Zusammenschlüsse der Eisenbahnunternehmungen, verbieten wollte. Es ist ja auch kein Geheimnis, daß sich dieses — einer vorkapitalistischen Gefühlswelt entsprechende — Vereinigungsverbot nicht hat durchführen lassen, während über Durchbrechungen des anderen Verbots kaum noch geklagt wird. Die führenden Gesellschaften waren bereits zu groß geworden, als daß sie nicht vom eigenen Interesse her zur Betonung der Tariftreue hätten kommen müssen.

Starre Tariftreue bedeutet jedoch nicht absolute Starrheit der Tarifgestaltung; Schwerbeweglichkeit ist nicht notwendig Unbeweglichkeit. Es braucht nur wieder auf die bekannte Tatsache hingewiesen zu werden, daß vor dem Weltkriege mehr als 60 % der gesamten Güterbewegung sich auf den preußisch-hessischen Bahnen nach Ausnahmetarifen abgewickelt haben, und daß die Reichsbahn, obwohl sie erst im Jahre 1925 wieder Herr ihrer Preispolitik geworden ist, bei einer gleichen Betonung der Ausnahmetarife (1937 — 71 % der Tonnenkilometer) schon wieder angelangt ist. Auch die Ausnahmetarife sind aber in Wirklichkeit echte Tarife. Das heißt: sie sind zwar irgend welchen Sonderbedingungen sachlich-örtlicher oder sachlich-zeitlicher Natur angepaßt, gelten jedoch in ihrer veröffentlichten Form für jedermann, der diese Bedingungen erfüllt, und sie sind vom Rahmen der allgemeinen Tarife her in ihrem Aufbau und in ihren Sätzen bestimmt. Ihre Aufgabe — von den zeitlich begrenzten Notstandstarifen abgesehen — ist nicht dahin gegeben, daß sie momentanen Schwankungen der Gütermärkte in vielfachem Auf und Ab angepaßt werden sollen. Auch sie sind als Dauererscheinungen gedacht, die es mit den Standorts-

und nicht mit den wechselnden Marktverhältnissen zu tun haben. Ihre Festsetzung läßt sich daher auch bei sehr weit ausgedehntem Eisenbahnnetze an einer Stelle, eben bei der obersten Leitung, zentralisieren. Umgekehrt ausgedrückt: die Notwendigkeit, im Rahmen der Gesamttarifgestaltung mannigfachen Sonderbeziehungen Rechnung zu tragen, bildet bei herrschender Tariftreue kein Hindernis für eine einheitliche Lösung der so wichtigen Frachten- und Fahrpreisfrage. Sogar in die wirkungssicherste Form, in das weit ausgreifende und doch in sich geschlossene Einheitsunternehmen, läßt sich das Monopol bei den Eisenbahnen bringen. —

10. Diesem eigenartigen Verhältnis der sachlichen Kräfte gegenüber, das die sonst so wichtigen Hemmungen gegen das Monopolstreben nicht aufkommen läßt, versagt auch die vielfach letztlich entscheidende Macht der Begrenzung: der *Selbständigkeitsdrang* solcher Unternehmerpersönlichkeiten, die in den Aufbau eines Unternehmens ihre Lebensarbeit hineingesteckt haben und deshalb, wie immer vom Kapital her die Eigentumsverhältnisse gestaltet sein mögen, dieses Unternehmen als „ihr" Werk zu betrachten pflegen, denen dann aber auch die Unterlage ihrer weiteren Arbeit sogar für große und sichere Gewinnaussichten nicht feil ist.

In den Ländern alter Kultur, in denen gerade auch das Wirtschaftsleben seine entscheidenden Impulse nicht aus rein wirtschaftlichen Beweggründen zu erhalten pflegt und namentlich der aus wirtschaftlicher Betätigung erzielte Gewinn von den erfolgreichsten Unternehmern nur als Maßstab ihres Erfolges und als Unterlage neuer Betätigungsmöglichkeiten, nicht aber als letzter Zweck und als Unterlage gehobener Lebenshaltung betrachtet wird — in diesen Ländern tritt immer wieder die „knorrige Unternehmernatur" mit ihrer Eigenwilligkeit den sachlich-marktmäßig gegebenen Bestrebungen der Marktbeherrschung, wenn sie nur durch Zusammenschluß durchsetzbar erscheinen, als unüberwindliches Hemmnis entgegen. Jene faßt zu einheitlicher Wirkung zusammen, was an sachlichen Elementen sich nur irgend den Kombinationen entgegenwerfen läßt; und sie gibt ihren ablehnenden Willen als ein besonderes Gewicht noch in die Waagschale hinein, dieser endgültig das Übergewicht über die Kraft sogar des stehenden Kapitals und seines Widerspruchs zur Marktverfassung zu verleihen. Dies gilt nicht etwa nur für jene Wirtschaftszweige, in deren Betrieben die Maschinenkräfte von hochgelernten Arbeitern mehr geleitet als bedient werden und deshalb das umlaufende Kapital stärker betont ist, bei denen auch regelmäßig die Zahl der zusammenzufassenden Unternehmer groß ist; also nicht nur für die mannigfachen Zweige der feineren Verarbeitung, die in der

Tat allen Kartell- und vollends allen Konzernverbindungen sehr spröde gegenüberstehen und doch den Kern der deutschen Industrie ausmachen. Es gilt gerade auch für die verschiedenen Richtungen der derben Massenproduktion, obwohl diese ausgeprägt kapitalintensiv aufgebaut sind und in ihrer Organisation die Wucht des stehenden Kapitals sehr deutlich erkennen lassen; aber eben nur bis zu jener Grenze, die schließlich vom Persönlichkeitsfaktor, vom Allgemein-Menschlichen, gezogen wird.

Wie könnte man ohne diese z. B. den eigenartigen Aufbau der deutschen Schwereisenindustrie erklären? Auf der einen Seite der gewaltige, milliardenschwere Konzern der Vereinigten Stahlwerke A.-G., in dem die Konzerne Stinnes, Thyssen und Gelsenkirchen aufgegangen sind; jeder schon in sich selbst von der Kohle und dem Eisenerz bis zum derben Massenfertigfabrikat den ganzen Gewinnungs- und Fertigungsprozeß vereinigend, weitgehend marktunabhängig und durch die Marktmacht der Syndikate maßgeblich geschützt. Und auf der anderen Seite die selbständig gebliebenen Werke: Gutehoffnungshütte, Hoesch, Klöckner, Krupp; auch sie in ihrem technischen und organisatorischen Aufbau nicht wesentlich von jenen Konzernen verschieden und in den wichtigsten, straffsten Syndikaten (wie dem Ruhrkohlensyndikat, dem Roheisen- und dem Stahlwerksverband u. a. m.) eng mit ihnen verbunden, dennoch die letzte Bindung — die Aufgabe auch der inneren Selbständigkeit verweigernd. Dieser Unterschied des Verhaltens läßt sich nicht darauf allein zurückführen, daß etwa die einzelnen Konzerne in sehr verschiedenem Grade von der Abtrennung ihres lothringisch-luxemburgischen Erzgruben- und Hüttenbesitzes je in ihrem Gesamtgefüge gestört worden sind; dieser Grund reicht kaum aus, die schon vorangegangene Kombination Stinnes-Gelsenkirchen restlos zu erklären. Es müssen Auffassungsverschiedenheiten und Temperamentsunterschiede bei den leitenden Männern, Hemmungen aus der Familien- und Werkstradition, anders gerichteter Ehrgeiz die letzte Entscheidung gebracht haben. Und wenn es in der chemischen Industrie — im Anschluß an gemeinsame Kriegsarbeit — gelungen ist, gerade die größten Unternehmungen zu dem anderen Milliardentrust Deutschlands zu vereinigen, so zeigt die Ziffer von ursprünglich 80 Aufsichtsrats- und 100 Vorstandsmitgliedern, daß auch hier der Betätigungs- und Gestaltungsdrang starker Unternehmerpersönlichkeiten sehr nachdrücklich hat berücksichtigt werden müssen und über sachliche Zweckmäßigkeiten Sieger geblieben ist. Die tiefgreifenden Unterschiede endlich, die auch nach dem Weltkriege noch im Aufbau der gleichen Wirtschaftszweige zwischen Deutschland und etwa England bestehen, sind großenteils nicht zu verstehen, wenn nicht die Eigenart des englischen Menschen zur Begründung herangezogen wird.

Um so auffallender ist die Gleichmäßigkeit, mit der sich die Organisation des Eisenbahnwesens in den verschiedenen Ländern auf die Errichtung größter Monopolunternehmungen hin hat entwickeln können. Gewiß kennen wir aus fast allen Erdgebieten die Namen bedeutsamer Eisenbahngründer und „Eisenbahnkönige"; und es besteht kein Zweifel, daß die schweren Tarifkämpfe der Anfangszeiten großenteils dem Aufeinanderprallen des Herrschaftsehrgeizes dieser Männer zuzuschreiben sind. Ein dauerndes, unüberwindliches Hindernis für die sachlich gegebenen Organisationstendenzen ist dieser Gegensatz der Menschen jedoch nirgends gewesen. Das kann nur aus der überaus starken Betonung, welche dank den technischen Ansprüchen sogar bei den kleinsten Eisenbahnstrecken die Kapitalseite der Unternehmung finden muß, und aus der Tatsache abgeleitet werden, daß hier von allem Anfang an die Rechtsform der Aktiengesellschaft allein die Möglichkeit entsprechend starken Kapitalaufbringens in sich birgt; und zwar die Rechtsform ursprünglichen Inhalts, der Art daß wirklich die breiten Kapitalistenkreise für den Aktienerwerb gewonnen werden, und daß nicht bei einzelnen Personen, nicht einmal bei kleinen Gruppen eine wirkliche Kapitalmehrheit sich konzentrieren läßt. Erst hiermit treten die sachlichen Zielgesichtspunkte ganz und gar in den Vordergrund, läßt sich das Gewinnstreben des Rentners als schlechthin entscheidende Arbeitsgrundlage auch des Unternehmers begreifen. Sogar die starken, eigenwilligen Unternehmungsleiter werden hier notwendig zu „Beamten des Kapitals", in Wirklichkeit und nicht nur der Rechtsform nach zu Angestellten. An dieser wichtigsten Stelle verblaßt der sonst geltende Unterschied zwischen privatem und staatlichem Betriebe.

Bei den Eisenbahnen — keineswegs allgemein — darf also die Aktiengesellschaft, die sonst den Gestaltungsdrang ihrer Leiter mehr zu steigern als zu schwächen pflegt, als ein vollgiltiger Ausdruck entscheidender Kapitalkräfte angesprochen werden; hier läßt sich mit Fug von *„Entpersönlichung"* reden. Und daß dem stehenden Kapital, den konstanten Kosten überhaupt, die Tendenz zur Betriebs- und Unternehmungsvergrößerung und darüber hinaus zur Monopolisierung des Marktes innewohnt, wird wohl von niemandem bestritten. Einseitig in ihrer Richtung, weil die in anderen Wirtschaftszweigen tätigen Hemmungsmächte nicht wirksam werden, hat sich die Eisenbahnentwicklung in aller Welt vollzogen. —

11. So hängt denn von den *anderen Verkehrsmitteln* ab, ob und inwieweit den Schienenwegen noch Wettbewerb bereitet wird: vom Vergleich der technisch-betrieblichen, an den Ansprüchen des einzelnen Transportbedürfnisses gemessenen Leistungsfähigkeit und der Selbstkosten, von

der verschiedenartigen Preisgestaltung, vom Verhalten des Staates gegenüber jenen und diesen. Letztlich maßgebend von der tatsächlichen Ausbreitung und von der Erweiterungsfähigkeit der verschiedenen Transportmittel.

In ihrem Verhältnis zum Raume lag nun aber bekanntlich für die Eisenbahn ein Vorsprung, der ihr das Übergewicht im allgemeinen gab und den Wettbewerb der anderen Beförderungsmittel in recht engen Grenzen hielt — mochten jene, wie die Binnenschiffahrtswege, an das natürliche Maß des Wasservorkommens gebunden sein und mit ihrer künstlichen Ausweitung an den Geländeschwierigkeiten sich stoßen, oder mochten sie, wie die gewöhnliche Straße und der Draht, ihre Ausdehnungsmöglichkeiten mit geringer Tragfähigkeit entgelten, oder mochten sie endlich, wie die Luftschiffahrt, dank den Ansprüchen der Landungsstellen in ihrer Ausdehnung behindert und zugleich in ihrer Tragkraft beschränkt sein. Erst die Verbindung der befestigten Straße mit dem Kraftwagen bringt eine derartige Schmälerung dieses Vorsprungs mit sich, daß von einer wirksamen und allgemeinen Durchbrechung des Eisenbahnmonopols zu reden ist. Denn wenngleich der Kraftwagen als Massenbeförderungsmittel hinter der Eisenbahn zurückbleibt —, für eine Fülle von Transportbedürfnissen reicht seine Tragkraft aus, und in der Straße hat er die Unterlage, die noch besser als der Schienenweg sich allem Gelände anpaßt und daher noch mehr Ausbreitungsfähigkeit besitzt, die in alle Orte hineinführt und keines Bahnhofs, keiner Landungsstelle bedarf. So sicher also innerhalb der Eisenbahnen, diese für sich allein betrachtet, das Monopol den Gesamtaufbau kennzeichnet, so wenig liegt bei ihnen jetzt noch aus inneren Gründen heraus, d. h. solange nicht der Staat es verleiht, ein Transportmonopol.

Aus dieser neuartigen, jungen Erscheinung erhebt sich zu verstärktem Gewicht die alte Frage, was für die Allgemeinheit, für das Volksganze die Monopolisierung der Eisenbahnen und ein anschließendes Transportmonopol bedeuten. Diese Frage ist gewiß nicht allein und auch nicht letztlich entscheidend von der volkswirtschaftlichen Seite her zu beantworten; sie hat vielmehr sehr wesentlich auch kulturellen und vollends militärischen Inhalt. Dem Volkswirtschafts-Wissenschafter steht es jedoch nur zu, jene eine Seite zu behandeln. Und in ihr nimmt, so bedeutsam die rein technischen Leistungen der Schnelligkeit und mehr noch der Regelmäßigkeit (wie eingangs dargelegt) gerade auch in das Wirtschaftsleben regelnd eingreifen, doch noch immer die Preisgestaltung so betont den vordersten Platz ein, daß eine betont wirtschaftliche Betrachtung wohl allein mit ihr sich beschäftigen mag.

Kapitel III. Die Ziele der Eisenbahn-Frachtengestaltung.

1. Die wirtschaftlichen Aufgaben eines öffentlich gebundenen Monopolbetriebes haben in der bekannten Formulierung des Reichsbahngesetzes vom 30. August 1924 ihren zwar nicht gerade genauen und rechtlich verfolgbaren, eben deshalb aber sachlich zutreffenden Ausdruck erhalten: es soll „unter Wahrung der Interessen der deutschen Volkswirtschaft nach kaufmännischen Grundsätzen“ verwaltet werden. Die Frage ist nur, inwieweit sich diese beiden Ziele miteinander vertragen, und was sie daher in der Wirklichkeit bedeuten können.

Schon vor der scheinbar einfacheren Aufgabe — vor der Forderung, *kaufmännische Grundsätze* obwalten zu lassen —, erhebt sich bei der Reichsbahn, wie bei jeder Eisenbahnunternehmung, eine Fülle von Schwierigkeiten. Man ist sich gewiß darüber einig, daß es sich herbei nicht etwa nur um die Innehaltung kaufmännischer Buchführung und sonstiger Geschäftsformen handelt, daß vielmehr auch das materielle Ziel der vollen Selbstkostendeckung mit jener Forderung gemeint ist. Was jedoch in die Selbstkosten einzurechnen ist, und wie die aus den mannigfachen Leistungen erwachsenden Einnahmen den Ausgaben gegenüberzustellen sind, steht keineswegs mit gleicher Sicherheit fest.

In der *Berechnung der Kostengesamtheit* kommen die Zweifel von der Kapitalseite her: von der Frage, in welcher Höhe das in der Eisenbahnunternehmung arbeitende oder aber das bilanzmäßig ausgewiesene Kapital als Unterlage eines Verzinsungs- und Tilgungsanspruchs anzuerkennen ist. Kaufmännischen Gepflogenheiten entspräche es, diese beiden Größen des Arbeits- und des Bilanzkapitals als gleichbedeutend zu nehmen. Das ist jedoch für diejenigen Unternehmungen, in deren Aufbau die festen Anlagen (das stehende Kapital) eine überragende Bedeutung haben, und vollends für Eisenbahnen nicht unbedenklich. Auch in diesem Zusammenhang muß darauf hingewiesen werden, daß weder ein Konkurs noch eine privatrechtliche „Kapitalreorganisation“ den Betrieb selbst maßgeblich zu berühren brauchen; die festen Anlagen bleiben, was sie waren, und ebenso ändern sich nicht die Kosten, die ihre Erstellung ursprünglich verursacht hat. Der ganze rechtlich-privatwirtschaftliche Vorgang bedeutet lediglich, daß ein mehr oder minder großer Teil jener Kosten von den beteiligten Kapitalisten endgültig übernommen werden muß und nicht mehr in Gestalt entsprechend hoher Preise den Käufern der hergestellten Waren oder gelieferten Leistungen aufzuhalsen ist. Anders ausgedrückt — und so ist es hier wichtig —, den erzielbaren Preisen werden durch die Verminderung des Bilanzkapitals die privatwirtschaftlich zu berechnenden Kosten angepaßt; Arbeitskapital und Bilanzkapital werden gegeneinander isoliert. Das Ganze ein Vorgang, der sich bei den nordamerikanischen Eisenbahnen in der Vergangenheit (wie schon erwähnt) mit einer gewissen Regelmäßigkeit abgespielt hat, der aber auch bei den deutschen Kleinbahnen nicht unbekannt ist. Er macht es unmöglich, die jeweils geltenden Tarife als einen Ausdruck der wirklichen Selbstkosten anzusprechen.

Ein anderes Mittel, die Kapitalkosten in der privatwirtschaftlichen Berechnung den erzielbaren Preisen anzupassen und nicht umgekehrt zu verfahren, ist in jenen Unterstützungen gegeben, die fast überall in der Welt — seit dem *Light Railways Law* von 1896 sogar in England — die Staatsverwaltungen den privaten Eisenbahngesellschaften (in großem Umfang sogar als verlorene Zuschüsse) zwecks Errichtung von Schienenwegen gewährt haben. Das ist in mannigfachen Formen bekanntlich geschehen; es sei aber, um einem weitverbreiteten Irrtum entgegenzutreten, besonders darauf hingewiesen, daß auch die Vereinigten Staaten von Amerika ein derartiges Eingreifen der Bundesgewalt und der Einzelstaaten in die Eisenbahnentwicklung sehr wohl kennen — die gewaltigen Landschenkungen, die außer dem Bahnkörper Siedlungsgelände in sich schlossen, sind nach Absicht und Wirkung nicht anders wie reine Geldschenkungen zu beurteilen. Sogar die Staatsbahnen haben vielfach solche Zuschüsse in Anspruch genommen, sei es daß von vornherein aus anderen fiskalischen Quellen ein erwartetes Defizit gedeckt werden soll, sei es daß Gemeinden oder gar einzelne Interessenten für neue Strecken zur Landbeschaffung herangezogen werden. Gerade dieser letzte Vorgang, der bei den preußischen Nebenbahnen zum Grundsatz erhoben war, zeigt besonders deutlich, daß es sich um eine Kostenanpassung handelt; denn für die Nebenbahnen, als einen Teil des einheitlichen Vollbahnnetzes, gelten — im Unterschied zu den Kleinbahnen — die allgemeinen Personen- und Gütertarife, die in der Regel niedriger als die erwarteten Sonderselbstkosten einer Nebenbahn stehen, und die Angleichung vollzieht sich, indem ein Teil des Kapitalbedarfs als verlorener Zuschuß von den örtlichen Interessenten gedeckt wird, aus der Kostenrechnung der Staatsbahn also ausscheidet. Wo dieses Mittel nicht auszureichen droht, wo also neben verminderten Bau- und Betriebskosten noch die Möglichkeit eines Preisausgleichs offengehalten werden muß, da schiebt sich die selbständige Nebenbahn oder gar die Kleinbahn, für welche beide der allgemeine Tarif nicht gilt, gleichsam von außen her an das Vollbahnnetz des Staates heran. Die Frage der Kapitalkosten ist also wichtig genug, eine Durchbrechung des Staatsbahnsystems in den Kauf zunehmen.

In all diesen Fällen bereitet die Unterschiedlichkeit des in dem Unternehmen arbeitenden und des rechnungsmäßig ausgewiesenen Kapitals gerade für die Anwendung kaufmännischer, d. h. privatwirtschaftlicher Grundsätze keine Schwierigkeiten: als Kostenelement, das bei der Preisfestsetzung zu berücksichtigen ist, kommt nur das kleinere Bilanzkapital, nicht das größere Arbeitskapital in Betracht. Anders jedoch bei entgegengesetztem Verhältnis der beiden Größen. Und auch dies ist keineswegs selten.

Aus der Eisenbahnentwicklung ist in den Vereinigten Staaten von Amerika das Wort entsprungen: *watering the stock.* Nicht, weil die Kapitalverwässerung sich etwa auf diesen Wirtschaftszweig beschränkt hätte; sie gehört zu den großen Konzernbildungen der Industrie in genau der gleichen Weise. Wohl aber hat dieses Verfahren sich dort am frühesten und am stärksten entfaltet, weil die großen Landschenkungen des Staates den Eisenbahngründern besondere, im Ausmaß gar nicht abzuschätzende Zukunftsaussichten eröffneten: dem *goodwill* waren scheinbar keine Grenzen gesetzt. Und so wurden in verschiedenen Formen (meist wohl des Stimmrechts wegen als gewöhnliche Aktien, zum Teil aber auch als festverzinsliche Obligationen) Kapitalanteile ausgegeben, denen keinerlei Leistungen der Empfänger entsprachen. Bald lernte man ferner die Möglichkeit nutzen, im Verschachtelungssystem mit Hilfe solcher Anteile nicht nur ohne Festlegung eigener Mittel gewaltige Eisenbahnnetze in einer Hand zusammenzufassen, sondern sogar den Gründern auch noch fremde Kapitalien zuzuführen; zur Durchführung des *controlling interest* genügt ja, von der letzten Gesellschaft etwas mehr als die Hälfte des stimmberechtigten Kapitals zu behalten, und es bringt schon Millionenbeträge, wenn der Rest zu ganz niedrigen Preisen abgestoßen werden kann: haben die Gründer für ihre Aktien nichts eingezahlt, so bedeutet schon ein Börsenkurs von wenigen Prozenten des Nennwerts eine Steigerung von 0 auf X und nicht eine Senkung von 100 auf X — was in Europa oft übersehen worden ist, weil man hier derartige Gründeranteile formell anders zu behandeln pflegt. In Amerika erscheinen diese Aktienbeträge in den Bilanzen als vollwertige Kapitalsummen; zum Arbeitskapital haben sie jedoch nichts beigetragen. Sollen auch sie bei der Festsetzung der Tarife berücksichtigt werden, wenn es um die Deckung der Selbstkosten geht? Das Bundesverkehrsamt hat sich stets alle Mühe gegeben, dieses „Wasser" aus der Kapitalrechnung erst herauszupumpen, ehe es die Genehmigung für Tariferhöhungen erteilt hat; es stößt aber in diesem Bemühen ebenso regelmäßig auf den Widerstand der Eisenbahngesellschaften, deren „kaufmännische Grundsätze" die volle Berücksichtigung des Bilanzkapitals fordern. —

2. Ganz eigenartig ist der Kapitalaufbau bekanntlich bei der Deutschen Reichsbahn-Gesellschaft gewesen; und zwar so eigenartig, daß er zu der Frage der Kostendeckung überhaupt nichts besagt. Den Ausgangspunkt hat für die Berechnungen des Dawes-Gutachtens (1924) der Betriebsreinertrag der Vorkriegszeit gebildet, wie er sich für die Gesamtheit der deutschen Staatsbahnen nach Abzug der im Weltkrieg eingeführten Reichs-Transportsteuer ergab; er ist auf 660 Millionen Reichsmark als Jahressumme abgerundet worden, was bei 5prozentiger Verzinsung und 1 % Tilgung kapitalisiert den Obligationsbetrag von 11 Milliarden ausmacht. Und jene Jahressumme sollte auf alle Fälle in die Kostenrechnung der Reichsbahn eingestellt werden, damit die deutschen Tarife nicht etwa dank der Geldentwertung ohne jede Berücksichtigung der früheren Kapitalaufwendungen gebildet werden könnten. Durch den Young-Plan (1929) ist nun zwar diese Belastung der Reichbahn beseitigt worden; an ihre Stelle ist die Verpflichtung gerückt, an das Reich einen festen Betrag von jährlich 70 Millionen zu entrichten. Aus der Jahresbilanz ist jedoch, solange für die Reichsbahn die Gesellschaftsform beibehalten wurde, bis zum Jahre 1936 also, die ursprünglich als Obligation aufgeführte Summe von 11 Milliarden nicht verschwunden; sie wurde unter der Bezeichnung „Rückstellung für Abschreibung auf das Betriebsrecht am übernommenen Reichseisenbahnvermögen" (neben der „Rückstellung für Abschreibung auf das Betriebsrecht am Anlagezuwachs", die in der Gewinn- und Verlustrechnung für 1934 mit 14,19 Millionen Reichsmark erscheint) weitergeführt und stand am 31. Dezember 1934 mit vollen 11 Milliarden zu Buche. Schwerlich wird man darin ein wirkliches Kostenelement zu achten haben[1].

Der Grund aber, warum diese Summe nicht einfach gestrichen worden ist, nimmt auch den anderen Kapitalziffern jede reale Bedeutung. Man wollte vermeiden, den bilanzmäßigen Gesamtwert der Reichsbahn plötzlich auf wenig mehr als die Hälfte des ursprünglichen Ansatzes herabsetzen zu müssen und dadurch die Abschreibungspolitik in Unordnung zu bringen; was wegen des Rückfalls an das Reich wichtig war. Dieser Gesamtwert hat aber auch nichts mit den ursprünglichen Anlagekosten der in der Reichsbahn aufgegangenen Staatsbahnen zu schaffen; er ist vielmehr zunächst aus der Summierung der Elf-Milliarden-Obligation, der 13 Milliarden sogenannter „Stammaktien" und der halben Milliarde Vorzugsaktien errechnet worden, die gemäß dem

[1] Die eigenartigen Bilanzverhältnisse der Reichsbahn sind dargestellt und erläutert in Röbe, Die Investierungspolitik der Reichsbahn (Vortrag, auf der dritten Studienkonferenz der Reichsbahn-Gesellschaft gehalten); Berlin; 1933.

Dawes-Gutachten an das Reich zur Deckung allgemeiner Finanzbedürfnisse, also ohne Gegenleistung, auszuhändigen waren, und er ist dann gemäß der allmählichen Ausgabe weiterer Vorzugsaktien und gemäß der Übernahme festverzinslicher Kapitalverpflichtungen, also unter realen Gegenleistungen, unter Berücksichtigung der Abschreibungen in die Höhe gesetzt (am 31. Dezember 1934 auf rd. 28 Milliarden). Nur jene Vorzugsaktien, von denen am genannten Stichtage 1,08 Milliarden ausgegeben waren, und die festverzinslichen Kapitalverpflichtungen (rund 3 Milliarden Reichsmark) — nicht dagegen natürlich die Jahresleistung von 70 Millionen, welche die Reichsbahn an das Reich abzuführen hatte — stehen in wirklichem Zusammenhang mit den Anlagen der Reichsbahn und müssen daher als Kostenelemente gelten, ohne aber etwa als das Ganze der Anlagekosten gelten zu können. Alle übrigen Kapitalangaben der Bilanz sind Berechnungsergebnisse aus gänzlich anderen Quellen und haben zu dem Arbeitskapital keine Beziehung; man käme ja auf rund 500 000 RM für jedes Kilometer Strecke, was als Durchschnittsbetrag zweifellos viel zu hoch ist.

Ebenso versagen die Ziffern jener Kaufpreise, die das Reich im Frühjahr 1920 mit den früheren Besitzern der einzelstaatlichen Staatsbahnen vereinbart hat; sie stehen schon unter dem Einfluß einer starken Geldentwertung und haben entsprechend ihrer labilen Formulierung zu mannigfachen Streitereien Anlaß gegeben. Sogar aus der Vorkriegszeit lassen sich genaue Angaben nicht gewinnen; haben sich doch in Preußen ständig das Arbeits- und Finanzministerium darum gestritten, ob das Anlagekapital des preußischen Staatsbahnnetzes näher bei 10 (so das Ministerium der öffentlichen Arbeiten) oder näher bei 20 Milliarden (so das Finanzministerium) läge.

Der letzte Geschäftsbericht der Reichsbahn (für 1937) geht deshalb einen ganz neuen Weg. Mit dem Aufgeben der Gesellschaftsform (Gesetz vom 10. Februar 1937) haben jene künstlichen Bilanzierungen, die an die frühere Elfmilliarden-Obligation anschlossen, naturgemäß verschwinden können. Die neue Bilanz ist ebenso wie die Gewinn- und Verlustrechnung bereits nach den Grundsätzen aufgestellt worden, die in dem Entwurf eines neuen Reichsbahngesetzes vorgesehen sind, Gesetzeskraft jedoch noch nicht erlangt haben. Danach sind an das Reich bis zu einem Betriebsertrage von 4 Milliarden Reichsmark 3 % dieses Ertrages, mindestens aber ein fester Jahresbetrag von 100 (nicht mehr nur 70) Millionen Reichsmark zu entrichten und außerdem 9 % von derjenigen Summe, um die etwa die 4 Milliarden überschritten werden; das hat für 1937 einen Gesamtbetrag von 157,82 Millionen Reichsmark ergeben, wovon 120 Millionen (3 % von 4 Milliarden) als Unkosten des Betriebes und 37,82 Millionen (9 % von 420 Millionen) als Sonderzuweisung an das Reich in der Verrechnung des Betriebsgewinns verbucht worden sind — beides Beträge, die mit der Größe des Reichsbahnkapitals nichts zu tun haben und deshalb nicht etwa als dessen Verzinsung anzusprechen sind. Für die Kapitalberechnung wird jetzt vielmehr zwischen dem Neuwert, der in peinlicher Einzelberechnung auf 29,3 Milliarden Reichsmark angesetzt ist, und dem Zeitwert unterschieden, der in „pauschaler Ermittlung“ um 10,290 Milliarden niedriger als jener geschätzt wird. Nur dieser Zeitwert (rd. 19 Milliarden) ist den Abschreibungs- und Erneuerungsbeträgen zugrunde gelegt; er könnte also als diejenige Kapitalsumme gelten, die als Anlagekosten für die Selbstkostenrechnung in betracht käme. Dies erscheint um so mehr als zulässig, als sich danach je Kilometer Bahnstrecke ein Durchschnitt von 360 000 RM ergibt; ein durchaus möglicher Betrag. Jedenfalls bleibt, wenn überhaupt vom Kapital der Reichsbahn her irgendein Betrag in die Kostenrechnung eingestellt werden soll, um daran die kaufmännische Angemessenheit der Personen- und Gütertarife zu beurteilen oder gar die Tarife danach neu zu bilden, nichts anderes als eine „pauschale Ermittlung“ oder Schätzung übrig. Und selbst hiermit wäre kaum etwas Wesentliches gewonnen gegenüber den sonstigen Schwierigkeiten, die sich jeder auf spezielle Kostendeckung abgestellten Tarifpolitik entgegenstemmen. —

3. Unter dem Gesichtspunkt der nach den Selbstkosten auszurichtenden Preisfestsetzungen gewinnt bei den Eisenbahnen ein eigentümliches Gesicht die Frage, wie die sogenannten *Generalunkosten* — d. h. die nicht unmittelbar aus den einzelnen Leistungen entspringenden Kosten — sich auf diese einzelnen Leistungen verteilen lassen. Die gemischten Werke der Industrie, bei denen ebenfalls eine größere Anzahl und oft genug eine bunte Verschiedenartigkeit der Verkaufsobjekte kostenmäßig zu bewerten ist, helfen sich über diese Schwierigkeit in aller Regel in recht einfacher und selbst primitiver Weise hinweg: sie schlagen zu den errechenbaren Kosten gewisse Prozentsätze hinzu, lassen jedoch diese Zuschläge sogar innerhalb eines und desselben Werkes je nach der Absatzfähigkeit der verschiedenen Waren in weiten Abständen schwanken und denken nicht daran, etwa peinlich genaue Aufrechnungen über den Generalunkostenanteil des einzelnen Fabrikationsvorganges anzustellen. Erweist sich die so errechnete Preisforderung nach den Marktverhältnissen bei dem einen oder anderen Artikel als zu hoch, so hat man in dem Zuschlag die Möglichkeit eines Nachlassens, ohne doch an die Grenze der wirklich berechneten Sonderselbstkosten zu rühren. Ist der Markt dagegen aufnahmefähiger, als man zunächst angenommen hat, so wird der Zuschlagsprozentsatz erhöht.

Von einer rechnerischen Beziehung zu den Generalunkosten ist in keinem Fall die Rede; von diesen her gesehen, ist es reine Willkür, eben ein Marktgefühl, wie sie verteilt werden. Gewinn und Verlust des Gesamtwerkes hängen davon ab, ob und in welchem Grade die Gesamtheit der Zuschläge bei den wirklich verkauften Objekten groß genug ist, die Gesamtheit aller Generalunkosten und auch noch die Sonderkosten der nicht verkauften Mengen zu decken oder nicht.

Je mehr aber die Sonderkosten mit der Betonung des stehenden Kapitals hinter die Generalunkosten zurücktreten, wie es schon bei den eigentlichen Massenindustrien der Fall ist, um so stärker macht sich naturgemäß jene Willkür in der Preisforderung geltend. Es braucht nur an die zahlreichen und immer gescheiterten Versuche erinnert zu werden, eine exakte Selbstkostenberechnung für Kohle aufzustellen; dies ist dank der Unsicherheit des Abschreibungsquotienten und dank dem Hineinragen der Koks- und Nebenproduktengewinnung nicht einmal für die reinen Zechen, geschweige denn für die gemischten Hüttenzechen des einen Ruhrbezirks gelungen. Wie sollte man gar bei den Eisenbahnen, bei denen die fest berechenbaren Sonderkosten der einzelnen Transportleistung nur einen minimalen Anteil der Gesamtkosten ausmachen, von jenen Sonderkosten her durch Zuschläge zu einer Preisfestsetzung gelangen, welche die Gewähr einer Gesamtkostendeckung in sich tragen könnte? Hier muß in der Tat, wenn man überhaupt eine Rechnungsbeziehung zwischen den Tarifen und den Selbstkosten herstellen will, der Versuch aufs ganze gehen; und dann läßt sich vollends nicht auskommen, ohne daß willkürlich gegriffene Leistungseinheiten für die Reduktion der Gesamtkosten angenommen werden. Der notwendigerweise starre Fahrplan zwingt doch nun einmal jede Eisenbahn zu bestimmten Transportleistungen; gleichgültig, ob dann die wirklich gefahrenen Züge voll ausgenutzt werden können oder nicht, und wie sich die tasächlich beförderte Last auf die höheren und die niedrigeren Tarifklassen verteilen wird, — sogar die spätere Ausnutzung einer einmal dargebotenen Leistung ist ausgeschlossen. Mögen also die Selbstkostenberechnungen, die man hinterher nach Maßgabe der schon getätigten Transporte aufgestellt hat, für die Beurteilung der Verkehrs- und Betriebsleistungen, wie namentlich auch für den Vergleich verschiedener Bezirke und Zeiten ihren Wert haben; als Unterlage einer — in die Zukunft arbeitenden — Tarifgestaltung bieten sie nicht mehr als einen recht vagen, sehr „ungefähr“ nur geltenden Anhalt, können sie nicht wesentlich das Risiko der Preisfestsetzungen vermindern. —

4. Zu dieser Vorsicht gegenüber allen Selbstkostenberechnungen als Preisunterlagen mahnt noch eine dritte Überlegung: die *Abhängigkeit,*

in der — stärker als umgekehrt — die *Gestehungskosten* der Leistungen *von ihren Preisen* stehen.

Wieder ist darauf hinzuweisen, daß im Gesamtrahmen der Ausgaben bei den Eisenbahnen die konstanten Kosten weitaus im Vordergrund stehen — Beträge also, die in ihrer Höhe unabhängig von der Intensität des Betriebes sind und demgemäß auf die einzelne Leistung sich bei stärkerer Beanspruchung der Anlagen oder Züge mit geringeren, bei geringerer Beanspruchung mit höheren Summen umlegen. Der Grad der Beanspruchung hängt aber maßgeblich von der Höhe der Preise ab, welche die Eisenbahn für ihre Beförderungsleistung einhebt; genauer: von der Geschicklichkeit, mit der die Preise den überhaupt gegebenen Transportbedürfnissen angepaßt und auch zum Herauslocken neuer Bedürfnisse verwandt werden. Dies bedeutet keineswegs ein Abstellen auf denkbar niedrige Frachten oder Fahrpreise; es gibt in reicher Fülle Transportbedürfnisse, die von der Höhe der Transportpreise so gut wie unabhängig sind, und andere, die wenigstens eine verhältnismäßig starke Belastung vertragen — Bedürfnisse, für deren Deckung und Weckung der Fahrplan im Personen- oder Güterbetriebe wichtiger als jede Preisfestsetzung ist. Aber ebenso unzweifelhaft ist in zahlreichen Fällen für die wirtschaftliche Transportfähigkeit eines Gutes und für die Ausführbarkeit einer Personenfahrt der zu zahlende Preis von ausschlaggebender Bedeutung. Und werden diese Unterschiede in der Tarifgestaltung richtig erfaßt, dann hebt sich die Menge der auszuführenden Transporte weit über das Maß hinaus, das bei mangelnder Berücksichtigung zu erwarten ist. Ja, bis zur vollen Ausnutzung des einmal bereitgestellten Apparates müssen dann auch die Selbstkosten je Leistungseinheit sinken.

Aber eben nur bis zur vollen Ausnutzung des schon bereitstehenden Apparates! Wird dank einer Tarifermäßigung etwa die Beanspruchung so gesteigert, daß neue Anlagen errichtet, vielleicht auch nur neue Züge eingelegt werden müssen, dann kann sich das Verhältnis wieder umdrehen: von diesen neuen Ausgabequellen her gehen die Selbstkosten je Leistungseinheit so lange in die Höhe, wie nicht auch die Neuanlagen voll ausgenutzt werden. Und wieder steht die Eisenbahnleitung vor der Aufgabe, ihre Tarife so aufzubauen, daß ein möglichst günstiger Ausnutzungsgrad erreicht wird; d. h. sie übt von ihrer Tarifpolitik her einen maßgeblichen Einfluß auf die Höhe ihrer Selbstkosten aus.

In diesem Verhältnis liegt bekanntlich die privatwirtschaftliche Rechtfertigung der meisten Ausnahmetarife. Bei einem weit gespannten Netz von Schienenwegen wird sich dank der unendlichen Verschiedenheit der örtlichen Beziehungen die Selbstkostenwirkung einer allgemeinen Tarifermäßigung häufig nicht annähernd abschätzen lassen, und gegenüber der gewaltigen Masse der konstanten Kosten erscheint dann das Risiko eines Fehlschlages als zu schwer. Hält man sich dagegen an bestimmte Örtlichkeiten und übersehbare Verkehrsmöglichkeiten, so ist das Urteil schon sicherer und das Risiko in jedem Fall geringer. Es entsteht sogar die Möglichkeit — wenn etwa der geplante Ausnahmetarif die bisher gegebenen Verhältnisse unverändert läßt —, mit seinen Sätzen bis dicht an die reinen Betriebskosten des erwarteten Neuverkehrs herunterzugehen und so (anders wie sonst) die Preise nach den Selbstkosten auszurichten.

Als ein Beispiel, daß auch sonst im Wirtschaftsleben gerade autoritativ festgesetzte Preise weder nach den Sonderselbstkosten einer bestimmten Leistung noch etwa nach den Durchschnittskosten aller Leistungen ausgerichtet werden können, sei die eigenartige, den Eisenbahnen jedoch recht ähnliche Gestaltung der Theaterpreise angeführt. Auch hier sind die konstanten Kosten der Gesamtunternehmung und die der einzelnen Vorstellung weit vor den (kaum vorhandenen) variablen, vom einzelnen Besucher verursachten Kosten betont, und auch hier kann nicht „auf Vorrat“ geleistet werden, ist eine schlecht besuchte Vorstellung endgültig vertan. Deshalb sind aber auch alle Versuche gescheitert, mit „Einheitspreisen“ — d. h. dem Durchschnitt der Kosten angepaßten Preisen — zur Deckung der Gesamtkosten zu gelangen; die schlechteren Plätze werden, weil für die minderbemittelten Schichten der Bevölkerung zu teuer, allzu wenig besetzt, und aus den besseren Plätzen, wo man es nach der Zahlkraft und Zahlwilligkeit der Besucher tun könnte, wird zu wenig herausgeholt. Man kann aber auch nicht die Preise nach den Selbstkosten abstufen; denn dann müßte man die obersten Ränge, deren Gewicht schon die Stärke der Fundamente und der Mauern bestimmt, mit den höchsten Preisen belasten und würde wiederum am Besuch zu spüren bekommen, daß der zahlkräftige Teil der Bevölkerung unter solchen Bedingungen nicht zahlwillig zu sein pflegt. Es bleibt also auch hier nichts anderes übrig, als durch eine Preistarifierung, welche die Zahlfähigkeit und Zahlwilligkeit zur entscheidenden Unterlage nimmt, auf eine Deckung der Gesamtkosten hinzuarbeiten — genau, wie es die Eisenbahnen mit dem Ganzen ihrer Tarifsysteme tun müssen.

Alles in allem bedeutet dieses Preis-Kosten-Verhältnis nichts anderes, als daß die Eisenbahn wie jeder sonstige Lieferant von Massenleistungen unter das „Gesetz der Massenproduktion“ gestellt ist. Auch im Monopol muß ihre Leitung, gerade wenn sie auf Deckung ihrer Gesamtkosten hinarbeitet, gefühlsmäßig die Möglichkeiten des Marktes zu erfassen suchen; d. h. sie kann sich nur von den zu bestimmter Zeit gegebenen Frachtverhältnissen — sei es der Eisenbahn selbst, sei es des ihr vorangehenden Transportmittels — allmählich an das System herantasten, das ihr im ganzen ihre Selbstkosten deckt und zugleich einen möglichst großen Verkehr herbeiführt. Es ist also weder Zufall nach Ungeschicklichkeit, wenn die heutigen Eisenbahnfrachten in der langen Linie ihrer Entwicklung schließlich auf die Kanal- und Straßenfrachten einer längst vergangenen Zeit zurückführen. Und es war auch richtig, daß die Reichsbahn trotz Weltkrieg und Inflation den Neubau ihres Gesamttarifs, wie in der Güterklassifikation, so auch in den Frachtsätzen in engem Anschluß an die Vorkriegstarife aufgeführt hat, nicht zu etwas völlig Neuem gekommen ist. Nur, wenn sie auch in Zukunft es bei diesem vorsichtigen Tasten beläßt, bleibt sie mit der Vielgestaltigkeit des Tarifs, wie im Ziele, so in den Mitteln „kaufmännischer Grundsätze“. —

5. Nun erhebt sich die zweite Frage: Läßt sich eine Verfolgung kaufmännischer Grundsätze mit der *Wahrung der allgemein-volkswirtschaftlichen Interessen* vereinigen, wie es doch das Gesetz ausdrücklich von der Deutschen Reichsbahn-Gesellschaft verlangt hat, wie es aber auch den Kontrollbefugnissen der Staatsorgane in den übrigen Ländern zugrunde liegt? Hier ist zwar eine große Schwierigkeit auf der Seite der volkswirtschaftlichen Interessen gegeben: eine einwandfreie Feststellung dessen, was diese Interessen ausmacht und was sie demgemäß im einzelnen zu fordern haben, ist sogar bei autoritärer Staatsführung, vollends bei anderem Gesetzgebungs- und Verwaltungssystem so leicht nicht möglich. Von den Eisenbahnen aus dagegen läßt sich auch diese Frage durchaus bejahen. Die unendliche Vielgestaltigkeit der Transportleistungen, die das Aufstellen der Tarife so umständlich und schwierig macht, erweist sich hier als ein entscheidender Vorteil.

Schon in den *Normaltarifen* macht sich dies aufs nachhaltigste geltend. Geht man nämlich davon aus, daß in jedem Staate selbst dann, wenn er für gewisse Wirtschaftsbedürfnisse die Verbindung mit dem Ausland nicht entbehren kann, doch ein möglichst lebhafter Binnenverkehr — die weitestgehende gegenseitige Ergänzung der Landschaften in ihrer Güterherstellung und ihrem Güterverbrauch, wie auch die Förderung des gegenseitigen Kennenlernens für die Bewohner der verschiedenen Teilgebiete — anzustreben sei, so haben die Bahnen in der verschieden möglichen Behandlung der Entfernungen das Mittel, sich unter Wahrung ihrer Selbstkostendeckung auch dieser Aufgabe anzupassen. Handelt es sich um Staaten von verhältnismäßig geringem Umfang und einigermaßen abgerundeter Gestalt (wie es etwa Bayern und Sachsen gewesen sind), so werden einfache Kilometertarife beiden Anforderungen in der Regel genügen können; die Entfernungsunterschiede sind nicht groß genug, eine besondere Berücksichtigung zwecks Belebung des Binnenverkehrs zu erheischen, und dem entspricht es, daß auch die Transportmengen schwerlich durch eine Verbilligung der längeren Wege eine zur Selbstkostensenkung führende Steigerung erfahren werden — die absolute Höhe der einheitlichen Kilometersätze, nicht ihre Staffelung ist hier entscheidend. Anders jedoch in Staaten großen Umfangs oder langgestreckter Gestalt, wie es Preußen etwa war und das Deutsche Reich es ist, wie es aber auch für Großbritannien und Italien, das russische Gesamtbereich und die anderen Großraumstaaten der Erde gilt. Hier wird eine Staffelung der Kilometersätze angebracht sein, die den Gesamtpreis für die großen Entfernungen fühlbar niedriger macht, als er bei Anwendung der für die kurzen Wege geltenden Sätze sein würde. Und die Staffelung wieder läßt sich den besonderen Verhältnissen jedes Landes anpassen, bis schließlich die größten Entfernungen mit Zonentarifen niedrigster Sätze bedient werden.

So vergleiche man etwa Preußen, für das die Staatsbahnverwaltung schon immer den Güterverkehr wenigstens nach gestaffelten Kilometersätzen mäßigen Absteigens hat behandeln wollen, und das Deutsche Reich, für das ein Staffeltarifsystem vorsichtiger Ermäßigungen im Jahre 1920 eingeführt worden ist, mit den russischen Bahnen, die für die größten Entfernungen im Personenverkehr schließlich Zonen von je 1000 Werst Länge und einem Rubel Zonenfahrpreis gebildet hatten. Es ist ein Nachteil für die Vereinigten Staaten von Amerika, daß dort selbst die größten Bahnsysteme von beiden Seiten her nur an die Mississippi-Chicago-Linie heranreichen, daß es eine durchgehende Einheitsbahn vom Atlantischen zum Stillen Ozean einstweilen nur in Kanada und nicht auf Unionsboden gibt; es fehlt hier daher an der Unterlage, die in den einzelnen Netzen schon geltenden Staffelungen durchzurechnen oder gar zu weiterer Steilheit, etwa zu Zonentarifen aufzuwölben. In Großbritannien dagegen trägt die Neugestaltung des Eisenbahnbesitzes, welche das Gesetz von 1921 gebracht hat, dem Bedürfnis der Längenerstreckung in genau der gleichen Weise Rechnung, wie schon vor dem Kriege die großen Bahngesellschaften ihre Ausdehnung von der Küste des Kanals und von London aus bis in die Gegend der schottischen Welthäfen betrieben hatten; und schon die Konkurrenz der Küstenschiffahrt hat diese Privatbahnen gezwungen, die großen Entfernungen wenigstens im Güterverkehr verhältnismäßig billig zu bedienen.

Erkennt man also die Pflege des Binnenverkehrs als ein allgemeinvolkswirtschaftliches Interesse an, dann zeigt sich in der tarifmäßigen

Behandlung der Entfernungen für die Eisenbahn ein Mittel, sich jener Pflege dienstbar zu machen. Und wie sie dann diese Behandlung im einzelnen ausgestaltet, läßt sich von dem kaufmännischen Grundsatz der Selbstkostendeckung her bestimmen. Nicht etwa, weil die unmittelbaren Betriebsausgaben je Kilometer mit steigender Entfernung fallen, sondern weil und insoweit durch die Verbilligung der langen Wege im Personen- und im Güterverkehr Transporte wirtschaftlich für die Bahnbenutzer möglich werden, die sonst nicht in Betracht kämen, und weil dadurch die stehenden Anlagen für die Eisenbahnen zu besserer Ausnutzung gelangen. —

6. Ein weiteres Mittel, beide Aufgaben zugleich zu erfüllen, ist in der „horizontalen" Staffelung gegeben: in der *Güterwertklassifikation*.

Als System der Gütertarifierung findet sie sich nachgerade wohl bei allen Eisenbahnen der Erde. Vergleicht man jedoch auch nur die Tarife der führenden Kulturstaaten miteinander, so tritt die Verschiedenartigkeit des Aufbaus als ein Ausdruck der allgemeinen Wirtschaftsgegebenheiten deutlich hervor. So werden zwar überall diejenigen Industrierohstoffe, die als Massenwaren in besonders hohem Grade transportkostenempfindlich sind, zu niedrigsten Sätzen schon deshalb eintarifiert, weil man sie in möglichst großen Mengen transportfähig machen und auf die Schienenwege ziehen will; aber es zeigen sich doch von Land zu Land Unterschiede, die nur aus den Verschiedenheiten der Rohstoffgewinnung selbst und namentlich der Verarbeitungsindustrien zu erklären sind, — als ein Zeichen, daß man gewollt oder auch unbewußt sich von den Industrieverhältnissen abhängig fühlt und durch eine entsprechende Anpassung der Rohstoffbezugskosten die Verarbeitung fördern muß. Erst recht fügen sich die Tarife, welche den landwirtschaftlichen Produkten gewidmet sind, zumeist den Produktionsverhältnissen an: sie sind in einem Gebiet wie den Vereinigten Staaten von Amerika, das aus der Mitte heraus auf gewaltige Entfernungen regelmäßig große Massen an die Küsten schafft, im Verhältnis zu den sonst dort geltenden Sätzen von auffallender Niedrigkeit, während die deutschen Bahnen, die hauptsächlich für die Einfuhr von Getreide beansprucht werden, sie verhältnismäßig hoch angesetzt haben und den binnenwirtschaftlichen Austausch zwischen Überschuß- und Zuschußlandschaften lieber durch Ausnahmetarife (wie den alten Ostbahn-Getreidetarif) zu fördern bestrebt sind.

Halbfabrikate und Fertigfabrikate werden ebenfalls zu verschiedenen Sätzen eingestuft; aber nirgends in schlechthin schematischer Weise. Und gäbe es schon eine Untersuchung über die Bestimmungsgründe und über die Wirkungen dieser mannigfach wechselnden Tarifierungen, so würde aller Wahrscheinlichkeit nach der Zusammenhang mit dem ganzen Industrie-Aufbau des betreffenden Landes deutlich hervortreten. Ein so auffallende Abweichung von den sonst geltenden Regeln, wie die Gleichtarifierung des Rohstoffes Getreide und des Halbfabrikates Mehl auf den deutschen Bahnen, ist z. B. von jeher mit der Rücksicht begründet worden, die man auf die einmal bestehende Mühlenindustrie Deutschlands nehmen müsse.

Alte Standortsbeziehungen, von denen das Wohl ganzer Landschaften abhängt, wirken überhaupt ausschlaggebend in die Einstufung der verschiedenen Waren regelmäßig hinein und machen es erst verständlich, daß überall der Gesamtaufbau der Gütertarife über lange Zeiten hinweg einen so hohen Grad von Starrheit aufweist. Oder ist es nicht auffallend und bezeichnend zugleich, daß die formelle Umgestaltung des deutschen Tarifs, die in der Berücksichtigung der Entfernungen den materiellen Wandel zum Staffeltarif mit sich gebracht hat, an der Einstufung der Waren nur ganz wenig gegenüber der Vorkriegszeit geändert hat? Man scheut sich hier wie anderwärts, durch einen Wechsel des Normalsatzes in die altbestehenden Beziehungen in einer Weise einzugreifen, die sich dank den nicht vorauszusehenden Nebenwirkungen überhaupt jeder Übersicht entzieht. Hält man es also für ein volkswirtschaftliches Interesse, daß sich wirtschaftliche Veränderungen tiefgreifender Art nur langsam vollziehen und deshalb nicht von außen her in den Gesamtbau der Produktion und Fertigung hineingetragen werden sollen, dann wird man die Vorsicht der Eisenbahnen, an den Normaltarifen bedeutsame Änderungen vorzunehmen, auch als volkswirtschaftlich richtig anerkennen müssen. —

7. Das aktive Eingreifen wird also mit Recht von den Bahnen in das Gebiet jener Sonderregelungen verlegt, die wir in Deutschland als *Ausnahmetarife* zu bezeichnen pflegen. Hier herrscht allenthalben eine so bunte Mannigfaltigkeit, daß es unmöglich erscheint, irgendein System aus den Tatsachen abzulesen. Von dem einen Extrem, vor der Errichtung eines neuen Werkes mit der dafür wichtigen Eisenbahn erst die Zu- und Abfuhrtarife festzulegen (wie es in allen Ländern des Privatbahnsystems gang und gäbe ist) oder für eine ganz bestimmte Verkehrsbeziehung einmaliger Art einen Sondertarif aufzustellen (wie etwa den Eisenerztarif vom Siegerland nach Oberschlesien), bis zu dem anderen Extrem des deutschen Kohlentarifs, der für alle Kohlentransporte gilt, aber nicht in das Schema der Normaltarife mit seinen Sätzen eingefügt ist, werden sämtliche Möglichkeiten freierer Gestaltung irgendwie ausgenutzt.

Gemeinsam ist den Sonderregelungen nur das Negative, daß man sich weder an die allgemein geltende Behandlung der Entfernungen noch an die allgemein festgelegte Güterklassifikation hält, um eben Sonderbedürfnissen der Volkswirtschaft in übersehbarem Rahmen dienstbar zu sein. Und wieder muß daran erinnert werden, daß auf der deutschen Reichsbahn reichlich zwei Drittel aller Transporte zu Ausnahmetarifen ausgeführt werden — ein gerade volkswirtschaftlich wichtiger Ausgleich gegenüber der Starrheit der Normaltarife.

Bei den Sonderregelungen und Ausnahmetarifen macht sich jedoch die volkswirtschaftlich entscheidende Seite der ganzen Eisenbahnpolitik in anderer Weise geltend. Auch sie stehen überall, wo überhaupt der Staat sich um die Eisenbahnen seines Gebietes kümmert, unter dem gesetzlichen Zwang rechtzeitiger Veröffentlichung und peinlicher Innehaltung. *Tariftreue* wird also für sie genau so wie für die Regeltarife von den Eisenbahnen gefordert.

Auch dies liegt, wie dargelegt, im Interesse der Eisenbahnen selbst, die sich sonst nicht die betrieblich ergiebigste Organisaton zu schaffen vermöchten und dem Monopol sicherlich ganz fern bleiben müßten. Die Tariftreue ist zugleich aber auch für die Volkswirtschaft dasjenige Mittel, mit der sie die Ausübung des Monopols wirksam zu kontrollieren vermag. Und sie sichert der Volksgemeinschaft die Berechenbarkeit der wichtigsten Transportkosten — eines Kostenelements also, das in einer Güteraustauschwirtschaft zu den Grundlagen aller Wirtschaftsführung gehört. Gerade weil es unmöglich erscheint, den unendlich mannigfachen Transportbedürfnissen eines hoch entwickelten Wirtschaftsgebietes mit einem Tarifsystem zu dienen, das im ganzen von jedermann leicht zu überblicken ist —, darum muß wenigstens auf die Veröffentlichung und die Innehaltung der so mannigfaltigen Tarife entscheidendes Gewicht gelegt werden. Mit der Tariftreue wird das allgemeine Interesse am sichersten gewahrt; sie ist wichtiger als irgendein System der Entfernungsberechnung oder der Güterklassifikation, wichtiger auch als die Höhe der Frachten.

Kapitel IV. Monopol und Tariftreue.

Wenn in der Tariftreue, in dem strengen Innehalten der veröffentlichten Frachtsätze die lebenswichtige Leistung enthalten ist, welche die Eisenbahnen der Volkswirtschaft ihres Landes darzubieten vermögen, dann ist es andererseits eine Aufgabe des Staates, seiner Gesetzgebung und seiner Verwaltung, dafür Sorge zu tragen, daß den Bahnen die Erfüllung dieser Leistung dauernd möglich sei. Es genügt nicht, sie gesetzlich zu fordern und verwaltungsmäßig zu kontrollieren. Es müssen auch die Unterlagen gegeben werden, von denen aus die Vorschrift durchführbar und billig erscheint.

Gewiß läßt sich wenigstens in jenen Staaten, in denen die Ausführung eines Gesetzes für jeden Fall selbstverständlich ist, und vollends bei der Deutschen Reichsbahn, deren Angestellte sich auch unter der rechtlichen Gesellschaftsform durchweg als Träger alter Staatsbeamtentradition empfunden haben, das Durchhalten der Tariftreue sogar dann erwarten, wenn es den Interessen der Bahn selbst zuwiderläuft und diese gegenüber frei sich bewegenden Wettbewerbern in Nachteil gerät. Es fragt sich dann nur, wie lange ein derart ungleicher Kampf von dem gebundenen Betrieb geführt werden kann, ob etwa natürliche oder technische Vorteile ihm für einzelne Verkehrszweige einen absoluten Vorsprung genügenden Umfangs gewähren, und ob nicht der ihm entzogene Verkehr im ganzen seine Leistungsfähigkeit wirtschaftlich so stark schwächt, daß er mit dem ihm bleibenden Teil gerade seiner volkswirtschaftlichen Aufgabe nicht mehr gerecht werden kann. Die Gefahr ist um so größer, als die Bahn gerade dank ihrer Tariftreue dem Gegner den vollen Einblick in ihre Preisberechnungen gewährt, dieser aber sich dem Einblick der Bahn entzieht, und als im Gesamttarif der Bahn die einzelnen Teile ein zusammenhängendes Ganzes bilden, aus dem so leicht nicht eine größere Zahl von Teilgebieten ohne schwere Erschütterung des Ganzen herausgerissen werden kann. Die Tariftreue trägt nun einmal nicht nur jene Entwicklung zur Großunternehmung, ohne die sich im Eisenbahnbereich eines großen Landgebietes das Monopol nicht aufbauen läßt; sie wird auch selbst von diesem Monopol getragen. Tariftreue und allgemeiner Wettbewerb sind in der Wirklichkeit unvereinbare Begriffe.

Wenn trotzdem in Deutschland und in Frankreich — als einzigen Ländern der Erde — eine blühende Binnenschiffahrt und ein starker Eisenbahnverkehr sich ohne gegenseitige Tariffühlung haben entwickeln können, so ist das kein Gegenbeweis. In Frankreich gibt es zwar einen Fluß- und Kanalbesitz, der sich über das ganze Land ausbreitet und der räumlichen Erstreckung nach den Schienenwegen wohl empfindlichen Wettbewerb bereiten könnte; dank seiner stark wechselnden Abmessungen ist er jedoch als ein Schiffahrtsnetz noch weniger zu bezeichnen, als etwa Eisenbahnen verschiedener Spurweite miteinander ein Netz bilden, und er ist auch in seiner räumlichen Wirksamkeit ganz wesentlich dadurch eingeschränkt, daß die Bahnen ihm die technischen Einrichtungen eines unmittelbaren Güterumschlags (trotz aller Gesetzesvorschriften) nur an recht wenigen Stellen gewährt haben. In Deutschland fehlt es zwar nirgends, wo nur irgendein Bedürfnis danach besteht, an solchen Umschlagsgelegenheiten, und sehr stark stützt sich die Binnenschiffahrt auf einen Verkehr, der vorher oder nachher, oft genug vorher und nachher, des Schienenweges sich bedient. Durch die neuen Abmessungen, die jetzt für die großen Kanalbauten des Reiches angesetzt sind, ist auch zwischen Rhein und Oder die Verbindung so weit einheitlich gestellt, daß man von einem Schiffahrtsnetz allenfalls sprechen darf. Aber die einzelnen Ströme laufen nicht, wie in Frankreich, radial von einem gemeinsamen Quellgebiet in das Land hinaus, kommen sich also nicht nahe genug, die Kanäle nur als kurze Ergänzungsstücke behandeln zu können, und so fallen die Kanalabgaben stärker ins Gewicht. Auf dem wichtigsten Kanal, dem Mittellandkanal, gilt außerdem das staatliche Schleppmonopol (nach französischem Vorbild) und damit die staatliche Beherrschung des meist ausschlaggebenden Teils der Schiffsfrachten. Was in Deutschland und Frankreich unter diesen Einschränkungen noch an Wettbewerbsmöglichkeiten zwischen Schiffahrts- und Schienenwegen übriggeblieben ist, hat sich von den Bahnen her durch entsprechende Sondertarife — in Deutschland nicht zuletzt durch die verhältnismäßig hohen Anschlußfrachten, die fast überall außerhalb der Vorteile des Staffelsystems geblieben sind — in erträglichem, das Gesamtgefüge des Bahnverkehrs nicht störendem Ausmaß halten lassen. Für beide Länder ist es jedoch ein Problem, ob nicht auch der Rest von wirtschaftlichem Wettbewerb durch eine einheitliche, beide Transportmittel je nach ihrer technischen Eigenart einspannenden Frachtengestaltung beseitigt werden sollte — wenn es nur nach den Besonderheiten der Schiffahrt irgend möglich wäre.

Ebenfalls nur in recht engen Grenzen macht sich der Wettbewerb des Flugzeuges für die Schienenwege geltend. Da seine Landungsplätze wegen ihres Raumanspruchs einstweilen noch weit außerhalb der Städte angelegt werden müssen und mit ihren Kosten sich gegen eine irgend starke Verdichtung sperren, so sind es nur die sehr großen Entfernungen, die von ihm bedient werden können. Und schon für schweres Gepäck ist das Flugzeug bekanntlich auf ein Zusammenarbeiten mit der Eisenbahn angewiesen; im Gütertransport können sie keine große Bedeutung beanspruchen. Man kann also allenfalls von einer geringfügigen Einbeulung, nicht von einer Durchbrechung des Eisenbahn-Transportmonopols schon sprechen.

Sehr viel tiefer greift jetzt in allen Ländern der Kraftwagen bekanntlich in die Gestaltung des Eisenbahnverkehrs ein. Auch er kann zwar seine volle Leistungsfähigkeit nur auf solchen Straßen entfalten, die eigens für ihn gebaut sind und anderen Wagen die Benutzung verweigern. Auch auf den gewöhnlichen Landstraßen jedoch, wenn sie nur die feste Decke eines Hauptweges tragen, bleibt noch genug Tragfähigkeit und Schnelligkeit übrig, den Eisenbahnen wichtige Verkehrsteile zu entziehen. Und vollends genügen schon Straßen ziemlich geringer Widerstandskraft, den Anschluß an das große Netz zu bewirken; wie ja auch der Kraftwagen in das Innere der Städte einzudringen vermag und jeder besonderen Verladungsstelle, jedes Bahnhofs entbehrt. Dies ist nun zwar nicht dahin zu verstehen, daß die großen und schweren Wagen des Überlandverkehrs innerhalb der Städte ihre Ladung von den verschiedensten Stellen hier selbst zusammenholen oder so verteilt abliefern könnten; für Stückgüter muß der kleine Verteiler noch hinzukommen, der die Umladung also nicht erspart. Aber es ist doch ein engmaschiges, wirkliches Netz von Straßen, das dem Kraftwagen allenthalben zur Verfügung steht und den Vergleich mit den Eisenbahnen sehr wohl aushält, diese an Ausbreitungsfähigkeit sogar noch übertrifft. Von einem Transportmonopol kann daher für die Eisenbahnen, selbst wenn sie in sich als Monopol organisiert sind, nirgends mehr die Rede sein.

Hiermit ist die Tariftreue in ihrer Grundlage gefährdet; und nicht das Eisenbahn-, sondern das allgemein-volkswirtschaftliche Interesse erfordert deren Unversehrtheit. Gewiß nicht in dem Sinne, daß gerade für die Schienenwege etwa das frühere Transportmonopol wiederhergestellt werde; es gilt vielmehr, auch die technische Eigenart des Kraftwagens in die Bewältigung der Transportgesamtaufgabe einzuspannen. Wohl aber muß in gegenseitiger Ergänzung eine Leistungsteilung der Art erreicht werden, daß dem jüngeren Zweige sich ebenso ein Entfaltungsraum darbietet, wie der ältere Bruder seine noch längst nicht abgenutzten und deshalb noch immer volkswirtschaftlich wertvollen Anlagen und Betriebsmittel zu möglichst vollständiger Ausnutzung bringen kann. Hier stehen so große allgemein-volkswirtschaftliche Werte auf beiden Seiten in Frage, daß nur vorsichtiges Abwägen — von Land zu Land wahrscheinlich verschieden — zur besten Allgemeinlösung führen kann. Eines aber ist sicher: Nur wenn beide Verkehrsmittel, Eisenbahn und Kraftwagen, unter Tarifzwang gestellt sind, behält die Tariftreue ihren volkswirtschaftlichen, gemeinnützigen Sinn.

III.

Die Eisenbahn als Träger der neuzeitlichen Wirtschaftsgestaltung

In der zweiten Hälfte der Dreißiger Jahre häufen sich in Deutschland die Erinnerungstage für jene Ereignisse, die im Rahmen des heutigen Reichs das Eisenbahn-Zeitalter eingeleitet haben. Auf die Eröffnung der Nürnberg-Fürther Bahn, die am 7. Dezember 1835 stattgefunden hat, folgt am 24. April 1837 die Anfangsstrecke der Leipzig-Dresdner, am 23. November 1837 die der Österreichischen Kaiser-Ferdinands-Nordbahn; und das Jahr 1838 bringt den Betriebsbeginn für Berlin—Potsdam, Braunschweig—Wolfenbüttel, Düsseldorf—Elberfeld; das Jahr 1839 den für Magdeburg—Leipzig, Köln—Aachen, München—Augsburg, Frankfurt a. M.—Wiesbaden. Von besonderer Bedeutung ist das Jahr 1838 noch dadurch geworden, daß am 3. November das Preußische Eisenbahngesetz verkündet worden ist, welches dann fast ein ganzes Jahrhundert hindurch das Verhältnis des Staates zu den Privatbahnen bestimmt hat; in der Art, wie es in jener Frühzeit schon — weit über die ersten Regelungen der anderen Staaten hinausgreifend — die allgemeine, wirtschaftliche und namentlich politische Bedeutung des neuen Transportmittels vorausgesehen und demgemäß den Staatsgewalten die überragende Stellung gegenüber allen privaten Sonderinteressen gesichert hat, ein besonders hervorragendes Beispiel autoritärer Gesetzgebung. Mit den Strecken Braunschweig—Wolfenbüttel und München—Augsburg ist aber auch der Staatsbahngedanke bereits in jenen Tagen zur Erscheinung gekommen.

Ein Jahrhundert nur trennt die Gegenwart von jener Zeit — im Völkerdasein eine wahrlich kurze Zeitspanne, und doch in diesem einen Falle von solcher Bedeutung, daß es der Erde als Wohn- und Betätigungsraum des Menschen ein völlig neues Antlitz gegeben und das menschliche Zusammenleben auf eine völlig neue Unterlage gestellt hat. Aus der Erde als einem geographischen Begriff ist eine wirkliche Einheit, ein zusammenhängendes Ganzes geworden, dessen Teile sich jeweils in Freundschaft oder Feindschaft gegenüberstehen mögen, stets aber das Vorhandensein der fernsten Erdgenossen berücksichtigen müssen: die Weltmarktwirtschaft der letzten Friedenszeit und der Weltkrieg sind beide ein Ausfluß der erdumspannenden Verbundenheit, die dank den Schienenwegen bis ins Innerste der Erdteile hineinreicht und erst so zu einem Wesensbestandteil neuzeitlicher Daseinsführung hat werden können.

Kapitel I. Ein deutscher Pionier.

1. Wie unser deutscher Friedrich List schon damals — als einziger und in scharfem Gegensatz zu den die Schnelligkeit betonenden Technikern — in bewundernswerter Klarheit erkannt hat, sind es vor allem drei technische Tatsachen, welche dank ihrem Zusammentreffen die Eisenbahn aus allen Beförderungsmitteln herausheben und ihr bis zum heutigen Tage ihre eigenartige Bedeutung verleihen: die Massenhaftigkeit und die Regelmäßigkeit ihrer Transportleistungen sowie die Anpassungsfähigkeit ihres Weges gegenüber den Naturgegebenheiten des Geländes.

Gewiß lassen sich mit der einfachen Landstraße die Hemmungen der Gebirge und Sümpfe leichter und billiger überwinden. Selbst der Kraftwagen bringt es jedoch nicht zu Massenleistungen, die auch nur im leisesten den Vergleich mit einem Eisenbahnzuge aushalten. Vollends kann die gleiche Pünktlichkeit und Gleichmäßigkeit der Transporte von der Landstraße nicht erwartet werden, weil sie mannigfach verschiedene Transportmittel stets tragen muß.

In der Eignung zu Massenleistungen sind dem Schienenwege die Wasserstraßen des Binnenlandes vielfach und der Ozean immer überlegen. Dafür fehlt es diesen Wegen aber noch heute an der festen Berechenbarkeit der Transportzeit und an der Unabhängigkeit gegenüber dem Wechsel der Jahreszeiten und der Luftströmungen. Auch sind sie an die natürlichen Verhältnisse der Wasserführung und die Hafenmöglichkeiten räumlich fest gebunden.

Sogar im Nachrichtenverkehr, der mit dem Draht und vollends mit der Radio-Übertragung alle Räume überwindet und im Rundfunk sich auch ein Massentransportmittel geschaffen hat, der sich hiermit der schnellsten Beförderungsmittel bedient, haben die Eisenbahnen noch immer eine besonders wichtige Stellung inne. Der mit ihnen beförderte Brief überträgt denn doch die Mitteilungen zuverlässiger, und das Ganze des Brieftransports stellt eine sonst nicht mögliche Massenleistung dar.

Flugzeug und Luftschiff endlich stehen vollends sowohl in der Massenhaftigkeit des einzelnen Transportvorgangs als auch in seiner Berechenbarkeit und Gleichmäßigkeit, als auch dank den Ansprüchen ihrer Landungsstellen in der Anpassungsfähigkeit gegenüber dem Gelände weit zurück. Nur in der Schnelligkeit sind sie wenigstens dann, wenn es sich um die Überwindung großer Entfernungen handelt, dem

Schienenweg überlegen; der mit dem Aufsuchen und Verlassen des Flughafens immer verbundene Zeitverlust fällt dann nicht ins Gewicht, die Fahrgeschwindigkeit bestimmt also die Gesamtzeit der Reise von Haus zu Haus entscheidend. Schnelligkeit jedoch spielt noch heute nur in verhältnismäßig wenigen Beziehungen eine ausschlaggebende Rolle. Es ist bezeichnend, daß sogar im Seeverkehr neuerdings die Massenhaftigkeit wieder stärker betont wird und daß die Eisenbahnen nicht wagen, ihre schnellsten Züge mit besonders hohen Fahrpreiszuschlägen zu belasten, während sie doch sonst in ihren Tarifsystemen zur Deckung ihrer Gesamtkosten sehr wohl die eingeforderten Preise nach der Benutzer-Wertung der einzelnen Leistungen abzustufen verstehen.

Die Regelmäßigkeit und Berechenbarkeit, die Fahrplanmäßigkeit der Eisenbahn ist es vor allem, was unserm ganzen Leben seinen Stempel aufdrückt. Dies ist so stark betont, daß sogar die Seeschiffahrt, seitdem die Schienenwege ihr in früher nie gekannten Mengen die Personen und Güter zur Weiterbeförderung heranführen, in der sog. Linienfahrt sich ganz auf das Innehalten fester, lange voraus niedergelegter Fahrpläne eingestellt und ihr seit etwa 1880 das Übergewicht über die freie (Tramp-)Schiffahrt gegeben hat. —

2. Aus der Erkenntnis der entscheidenden Wirkungen hat Friedrich List — damals ebenfalls als einziger — für das neue Verkehrsmittel noch ein Zweites abgeleitet. In einer Zeit, in der alle Welt die Bedeutung der Eisenbahn in der Verbesserung der Nachbarschafts-Verbindungen erblickte und deshalb überall Schienenwege nur auf kurze Strecken und ohne gegenseitigen Zusammenhang zwischen großen Städten erbauen wollte — das gilt nicht nur für das politisch zerrissene Deutschland, sondern für England, Frankreich, die nordamerikanische Union in genau der gleichen Weise —, da ist List schon mit der Forderung hervorgetreten, von vornherein die einzelnen Strecken als Teile eines ganzen *Landesnetzes* zu planen und ihnen demgemäß eine technisch einheitliche Gestalt zu geben. Bei der Leipzig-Dresdner Bahn (1837/39 eröffnet), für die er die erste Anregung gegeben hatte, hat er sogar seine Lebensstellung gefährdet und schließlich verloren, weil er es trotz aller Warnungen der ihm zunächst folgenden Männer nicht lassen konnte, diese Bahn immer wieder „als Grundlage eines allgemeinen deutschen Eisenbahnsystems“ anzupreisen; eine Auffassung, mit der er die erforderlichen Kapitalien nicht nur nicht gewonnen, sondern geradezu abgeschreckt hat. Und dennoch hat er recht behalten.

Zuerst (1842) ist in Frankreich für das Ganze des Landes durch staatliches Gesetz ein wirkliches Netz von Schienenwegen zur Ausführung bestimmt worden — genau nach Lists Vorschlägen. Aber auch in Deutschland ist es schon 1846 zur Gründung des „Vereins preußischer“ und 1847 zu dessen Erweiterung in einen „Verein Deutscher Eisenbahnverwaltungen“ gekommen. Dieser hat sich später weit über Deutschlands Grenzen ausgedehnt (daher 1935 in „Verein Mitteleuropäischer Eisenbahnverwaltungen“ umgetauft) und ist dadurch die Unterlage für jene technische Vereinheitlichung der europäischen Bahnen geworden, die es erlaubt, durchgehende Züge von der Küste des Atlantischen Ozeans bis zur westrussischen Grenze und von Skandinavien bis nach Italien und Griechenland zu führen. Und wie man daher längst von einem europäischen, auch von einem nordamerikanischen Eisenbahnnetz im eigentlichen Sinne dieses Wortes sprechen darf, so bereitet sich ein solches auf Grund der „afrikanischen Spur“ schon für den letzterschlossenen Erdteil vor. Das „Internationale Übereinkommen über den Eisenbahnfrachtverkehr“, 1890 abgeschlossen und sogar im Weltkrieg durchgehalten, 1924 durch ein Übereinkommen über den Personen- und Gepäckverkehr ergänzt, greift noch wesentlich weiter aus; ihm sind auch die russischen Bahnen angeschlossen, so daß erst die Westküste des Großen Ozeans und die Gebirge Zentralasiens die Grenzen seiner Wirksamkeit bilden.

Nur der Nachrichtenverkehr hat sich im Internationalen Telegraphenverband (1865) und im Weltpostverein (1874) auf deutsche Anregungen hin je eine noch raumgrößere Organisation geschaffen. Die Seeschiffahrt dagegen kennt ebensowenig wie der Luftverkehr schon Verbände, die sich über mehr als nur Teilgebiete der Erde erstrecken; und in der Binnenschiffahrt haben es weder Frankreich noch auch bisher Deutschland mit ihren Kanalbauten zu Netzen gebracht, die diesen Namen in strengstem Sinne verdienen: die Ausmaße der Ströme und Kanäle weichen in Deutschland von West nach Ost allzu sehr voneinander ab, als daß je ein Großkahn des Rheins durch die Kanäle zur Weser oder Elbe — geschweige denn zur Oder — kommen könnte, oder daß es sich lohnte, zur Vermeidung einer Umladung mit einem kleinen Oder- oder Spreekahn bis zum Rhein zu fahren — es sind Straßen sehr verschiedener Spurweiten gleichsam, die da zwar miteinander verbunden werden, trotzdem jedoch nicht ein wirklich einheitliches Netz bilden. —

3. Schließlich noch mit einer dritten Voraussage hat List recht behalten. Er vernachlässigt wahrlich nicht den Personenverkehr; für die kulturellen und politischen Wirkungen, die er durch ihn von den Eisenbahnen erwartet, findet er vielmehr immer wieder Worte von hinreißendem Schwung — hier hat er sogar geirrt, wenn er die Ausebnung der nationalen Gegensätze angekündigt hat. Aber für die Eisenbahnen selbst sieht er — auch dies als einziger — den *Güterverkehr* zum un-

endlich wichtigeren Teilstück werden, weil in dessen Unterlagen, in der Gütererzeugung und im Güterverbrauch wie auch im Güteraustausch, die von Schienenwegen durchzogenen Gebiete sich bis ins tiefste wandeln würden. Was bisher nur für höchstwertige Luxusgüter gelohnt, jedem Gut sogar diesen Charakter unweigerlich aufgedrückt hatte, ein Transport auf weite Entfernungen — das werde, so prophezeit List, die Gegenstände des täglichen Verbrauchs und damit die Massengüter erfassen, und aus dieser Aufgabe würden die Eisenbahnen das finanzielle Rückgrat gewinnen, das für die Festlegung so gewaltiger Kapitalmengen die unerläßliche Voraussetzung sei.

List sieht sogar schon aus der Ausweitung des Eisenbahnbesitzes über die Erde hin eine internationale Produktionsteilung kommen, die jedem Lande die Ausnutzung seiner besonderen Kräfte in größerem Ausmaß als zuvor ermöglichen werde; und wenn er trotzdem zum Schutz der „produktiven Kräfte" Deutschlands nach Zöllen ruft, so will er nur den zeitlichen Vorsprung der englischen Industrie damit ausgeglichen wissen. Hier ist allerdings die spätere Zeit über ihn hinweggegangen, gerade weil er die Bedeutung des Güterverkehrs so richtig eingeschätzt hat. Aus dem internationalen Güteraustausch ist, je mehr die Eisenbahnen das Innere der Erdteile erschlossen, um so stärker die Gefahr erwachsen, daß in einzelnen Staaten wichtige Produktivkräfte ganz zum Erliegen kamen; und man hat sich nicht mit „Erziehungszöllen" begnügt, hat zu Erhaltungszöllen (Deutschland 1879) übergehen müssen.

Im Kerne hat List jedoch auch hier recht behalten. Es ist sowohl auf dem Gebiete der landwirtschaftlichen Gütererzeugung als auch auf dem der industriellen Fertigung je länger um so ausgeprägter zur internationalen Teilung der Produktionsaufgaben gekommen, und die Massengüter sind die tragenden Säulen des gesamten Weltverkehrs geworden. Frühere Luxusgüter haben vielfach weit entfernt von ihren Gewinnungsstätten den Charakter täglich umgesetzter Bedarfsgegenstände angenommen.

Kapitel II. Der Entwicklungsgang.

1. Was Friedrich List in großartiger Zukunftsschau hat kommen sehen, ist naturgemäß nicht mit einem Schlage in die Welt getreten. Noch im Jahre 1850, wenige Jahre also nach Lists freiwilligem Tode (1847), gab es auf der Erde erst knapp 40 000 km Schienenwege; davon 10 600 km in Großbritannien und Irland, 6000 km im späteren Deutschen Reich, 23 500 km in ganz Europa, 14 500 km in der nordamerikanischen Union. Im Raume des Deutschen Reiches war allenfalls für Norddeutschland westlich der Oder schon von einem Netze zu sprechen; in den süddeutschen Staaten gab es nur je eine einzige Linie.

Im Jahre 1880 sah es ganz anders aus: auf der Erde zählte man 370 000 km, in Großbritannien und Irland fast 30 000 km, im Deutschen Reich 35 000 km, in Europa zusammen 170 000 km, in den Vereinigten Staaten von Amerika 150 000 km. Dies bedeutete für die älteren Kulturstaaten Europas, so namentlich Deutschland und das nordöstliche Viertel der Vereinigten Staaten von Amerika, bereits ein Schienennetz, dessen tragende Linien alle in Betrieb standen. Danach handelt es sich in diesen Gebieten fast nur noch um eine Ausgleichung und Verdichtung der Maschen; es werden „Nebenbahnen" — ein Begriff, der bezeichnenderweise in der deutschen Bahnordnung von 1878 festgelegt wird — und um die Wende des Jahrhunderts sogar fast nur noch „Kleinbahnen" gebaut, welch letzteren der Vater des preußischen Kleinbahngesetzes von 1892 die Eigenschaft einer Eisenbahn geradezu abgesprochen und nur die eines „organisierten Rollfuhrunternehmens" zuerkannt hat.

Das letzte Menschenalter vor dem Kriege bringt dafür in die „Neuländer" mit bemerkenswerter Schnelligkeit und namentlich ihrer Bevölkerungszunahme stark vorgreifend das neue Transportmittel hinein. Hier wird im kühnsten Sinne des Wortes in gewaltigem Ausmaß Land „erschlossen", das bis dahin mit der Außenwelt überhaupt noch keine Beziehungen unterhalten und in landschaftlich starrer Begrenztheit dahingelebt hatte. Dies gilt schon für das östliche Rußland und vollends für Sibirien, das mit der ersten Teilstrecke der langen Querbahn im Jahre 1896 überhaupt den ersten Schienenweg bekommen hat. Es gilt auch für Nordamerika, dessen gewaltige Westgebiete jenseits der Mississippi—Chikago-Linie zwar 1869 mit der ersten Pazifikbahn eine Durchquerung erfahren hatten, jedoch jetzt erst das Tempo des Ostteils einigermaßen nachholten. Es gilt für die übrigen Erdteile. So hat sich der Bahnbesitz von 1880 bis 1910 erweitert in Nordamerika von 160 000 auf 420 000 km, in Mittel- und Südamerika von 15 000 auf 100 000 km, in Asien ebenfalls von etwa 15 000 auf 100 000 km, in Afrika von 5000 auf 40 000 km, in Australien und Neuseeland von 8000 auf 30 000 km. Auf der ganzen Erde ist die Million überschritten.

Allerdings sind es in allen Neuländern vor dem Weltkrieg wie heute nur in einigen küstennahen Teilgebieten schon Netze geworden. Mannigfach müssen noch die etwa vorhandenen Flüsse trotz ihrer Ungleichmäßigkeit und Unberechenbarkeit die Hauptaufgabe des Transportes übernehmen; man denke an die Nil- und die Kongobahnen, an Sibirien, Argentinien, Brasilien. Noch stellen Europa und die nordamerikanische Union, wenngleich nicht mehr je fast eine Hälfte, so doch je etwa ein Drittel der Gesamtlänge. Es ist aber allenthalben — Innerasien und Inneraustralien allein ausgenommen — in die uralte Abgeschlossenheit endgültig Bresche gelegt und selbst für solche Landschaften, die noch tagelange Fahrten bis zur nächsten Eisenbahn zurückzulegen haben, eine Dauerverbindung mit der übrigen Welt hergestellt worden. Der Anreiz zu weiteren Bahnbauten ist gegeben. Nur von neuer Kapitalbildung — sei es in den Neuländern selbst, sei es in den alten Kulturgebieten — hängt ein erneutes Fortschreiten der Erschließung ab. Raum ist noch, trotz aller Wüsten und Gebirge, sogar für Erschließungsbahnen und vollends für Ausfüllung des schon gegebenen Bahnbesitzes auf der Erde in Hülle und Fülle vorhanden. —

2. Diese Entwicklung ist bis zum Ende des 19. Jahrhunderts so gut wie ausschließlich und danach noch ganz überwiegend, wenngleich zum Teil unter Einschaltung nordamerikanischer Zwischenstellen, vom *europäischen Kapital* getragen worden.

Nicht zuletzt die Eisenbahnen selbst waren es, die mit ihrer zunehmenden Verdichtung die vorher für Transporte zu verwendenden Arbeitskräfte für unmittelbar produktive Zwecke frei setzten und namentlich auch die sachlichen Gütergewinnungsmöglichkeiten in immer stärkerem Grade auszunutzen erlaubten. Volkskapital wurde so in West- und Mitteleuropa gebildet; gesteigerte Gesamtproduktivkraft, die auch in der Zunahme des privatwirtschaftlichen und privatrechtlichen Geldkapitalbesitzes sich niederschlug. Und war erst die Heimat mit einem Netz von Schienenwegen versorgt, so drängten diese Privatkapitalien nach außen; und zwar um so stärker gerade wieder in den Eisenbahnbau hinein, je mehr in den Altländern die großen Bahngesellschaften zur Regelmäßigkeit der Zins- und Dividendenzahlung hatten vorschreiten können.

Auch die Verstaatlichung der schon bestehenden Bahnen, wie sie z. B. im Deutschen Reich durch die größeren Einzelstaaten zwischen 1875 und 1885 in raschem Zuge durchgeführt worden ist, hat beträchtliche Mengen des privaten Kapitals für solche Wirtschaftsexpansion zur Verfügung gestellt. Wollten doch längst nicht alle Aktionäre der Privatbahnen nur Inhaber staatlicher Schuldverschreibungen werden oder bleiben, und lag es dann doch besonders nahe, daß man das freigewordene Kapital wiederum in Eisenbahnen, jetzt aber des Auslandes, anzulegen versuchte.

So ist das Eisenbahnnetz der Neuenglandstaaten, dessen Entwicklung an die Namen nordamerikanischer Familien (wie etwa der Vanderbilts) allein geknüpft erscheint, großenteils von England und Holland aus finanziert worden. Am Bau der sogenannten Pazifikbahnen, die von der Mississippi—Chikago-Linie zur Küste des Großen Ozeans führen und in den achtziger Jahren sich zu Netzen auswuchsen — auch sie engstens verbunden mit nordamerikanischen Namen wie Fink, Hill und Harriman, alle drei ursprünglich deutschen Familien entstammend —, war deutsches Kapital neben westeuropäischen Geldmitteln so stark beteiligt, daß die mannigfachen Konkurse der letzten Jahrzehnte des vorigen Jahrhunderts sich hauptsächlich zu Lasten der deutschen und sonst europäischen Geldgeber abgespielt und das Volksvermögen der Union selbst nur in verhältnismäßig geringfügigem Umfang geschwächt haben. Es kam um die Wende des Jahrhunderts aber auch zu einem gewissen Ausgleich, als ein gewaltiger Kampf um die Beherrschung der westlichen Bahnen von den beiden Rivalen Hill und Harriman an die europäischen Börsen getragen wurde und in Berlin die Aktienkurse z. B. der Northern Pacific, die vorher weit unter Pari gestanden hatten, auf höher als 1000 emporschnellen ließ.

Auch in Rußland, einem alten Arbeitsfeld reichsdeutscher Menschen, hat das deutsche Kapital sich in sehr maßgeblichem Umfang in Eisenbahnbauten betätigt, bis die — politisch begründete und deshalb von Bismarck angeordnete — Streichung der russischen Wertpapiere von der Lombardliste der Deutschen Reichsbank (1887) diesen Besitz nach Frankreich abdrängte und nun Frankreich überhaupt die Bahnenfinanzierungen für Rußland aufnahm. Rumänien und dann namentlich die Türkei seien als weitere Beispiele deutschen Eisenbahnbaues noch erwähnt; jenes geradezu ein Monopol für deutsche Betätigung, diese aber ihr durch England und Frankreich immer streitig gemacht. In den anderen Erdteilen finden wir dagegen deutsches Kapital nur in geringem Maße in Eisenbahnen angelegt, und nur in China und Siam in maßgeblichem, die Betriebsführung deutsch machendem Umfang; sogar seine Kolonien hat das Reich erst sehr spät — erst im neuen Jahrhundert — und sehr spärlich mit Schienenwegen bedacht.

England hat ganz anders ausgegriffen und nicht nur seine Kolonien (Indien, Kanada, Südafrika, Australien usw.) durch die Begründung privater Bahnunternehmungen wie auch durch die Gewährung staatlicher Rentengarantien fester noch als durch das staatsrechtliche Band an sich gekettet. Auch außerhalb seines staatlichen Bereichs, so namentlich in Südamerika, sind fast alle Bahnen mit englischem Kapital durch englische Gesellschaften erbaut und englischer Leitung unterstellt worden, so daß auch hier ein ungeheuer starkes Band wirtschaftlicher Art viel weitergehende Bindungen nach sich gezogen hat. Erst der Weltkrieg hat in fast allen diesen Gebieten die Staatsverwaltungen auf den Plan gerufen, ihre Länder von solchen Fesseln zu befreien und an die Stelle der englischen Bahngesellschaften die Staaten selbst zu setzen; ein Kampf, der noch in vollem Gange ist.

Kapitel III. Eisenbahnen und Banken.

1. Die gewaltigen Geldansprüche, die schon aus der Anlage eines kurzen Schienenweges und nun gar aus der Bildung eines Netzes erwachsen, haben früh *eigenartige Beziehungen* zwischen der Eisenbahn- und der Bankenentwicklung geschaffen.

Zwar scheinen in den Ländern Westeuropas die ersten Gesellschaften, wie sie aus der Initiative kleinerer Gruppen hervorgegangen sind, so durch öffentliches Werben sich die erforderlichen Kapitalien beschafft zu haben; im englischen Mutterland wird ja noch heute diese Form des Geldaufbringens so gut wie ausschließlich angewandt. Aber schon in jenen Gruppen finden sich, wenigstens in Deutschland, ganz regelmäßig solche Männer, die auch bei der Gründung der ersten Aktienbanken bald danach an führender Stelle stehen. Ein Hansemann, der von Aachen aus den Bau der Rheinischen Bahn (Köln—Antwerpen als eine „von Holland unabhängige Rheinmündung") betrieben hat, ist später zum Begründer der Disconto-Gesellschaft geworden. Sein Rivale bei der Bahn, der Kölner Camphausen, war schon damals ein Bankherr. Fritz Harkort, der wirtschaftliche „Alte Fritz" Westfalens, einer der ältesten Vorkämpfer (lange vor Fr. List) für den Eisenbahnbau auf deutschem Boden und stärkste Triebkraft für die Errichtung der Bergisch-Märkischen und der Köln-Mindener Bahn, ist auch an der Bankenentwicklung des deutschen Westens beteiligt gewesen; und sein jüngerer Bruder Gustav Harkort, einer der führenden Köpfe bei der Leipzig-Dresdner Bahn, hat mit denselben Männern später die Allgemeine Deutsche Creditanstalt (Adca) in Leipzig errichtet. Gustav Mevissen war nicht zuletzt durch seine Arbeit an der Rheinischen Bahn bekannt geworden, als er durch die preußische Staatsverwaltung an die Spitze des A. Schaaffhausen'schen Bankvereins in Köln gestellt wurde, und hat dann diese erste Aktienbank Deutschlands immer auch für den Ausbau des rheinisch-westfälischen Eisenbahnnetzes eingesetzt.

Als ein Beispiel, daß in der Frühzeit eine große Eisenbahn-Unternehmung schon durch eine Bank ins Leben gesetzt worden ist, dürfte nur die französische Nordbahn Bedeutung haben; sie ist eine Schöpfung des Hauses Rothschild, das schon damals in London und Paris, Wien und Frankfurt a. M. an führender Stelle der Bankwelt stand und so aus ganz Europa die Mittel an sich zog, mit denen sie auch ein solches Werk finanzieren konnte. —

2. Ein *neuer Ton* kommt in das Zusammenleben der beiden Wirtschaftszweige hinein mit der Errichtung des Crédit Mobilier in Paris durch die Brüder Pereire (1852); desjenigen Unternehmens, das einen ganz neuen Banktypus geschaffen hat. Hier war zwar ursprüng-

lich auch nur der Gedanke lebendig, zum Ausgleich des Risikos für den einzelnen Geldgeber zunächst von einer größeren Anzahl anderer, jeweils schon bestehender Unternehmungen die Aktien in die Bank zu übernehmen und dafür an die eigenen Geldgeber Obligationen auszugeben; man dachte nicht daran, von der Bank aus selbst solche andere Werke zu gründen. Da ihnen jedoch rasch die fremden Mittel in reichlichem Maße angeboten wurden, so gingen die Brüder Pereire fast von Anfang an zu eigener Initiative über und machten aus dem Crédit Mobilier eine später sogenannte *Gründungsbank.* Hierbei haben sie von Anfang an in besonders starkem Maße sich den Eisenbahnen zugewandt; das französische Gesetz von 1842 hatte ja die Finanzierung großenteils und die Betriebsführung völlig in die Hand privater Gesellschaften gelegt. Es erwies sich jedoch trotz aller fachlichen Risikoverteilung als ungesund, für die Übernahme von Aktien anderer Unternehmungen sich selbst die Mittel durch Obligationsausgabe zu beschaffen; der Crédit Mobilier ist bald (1867) zusammengebrochen. Aber der Gedanke der Gründungsbank war doch in die Welt gesetzt und hat in anderen Ländern auch die Eisenbahnentwicklung entscheidend mitbestimmt.

So namentlich in Deutschland. Hier ist schon 1852 die Bank für Handel und Industrie (die Darmstädter Bank) von Köln aus mit gleicher Zielsetzung errichtet worden; und zwar in Darmstadt, nicht in Köln und nicht in — aber doch dicht bei Frankfurt, weil in Preußen grundsätzlich die Konzession für eine Aktienbank damals verweigert wurde — die für den A. Schaaffhausen'schen Bankverein gemachte Ausnahme hatte ganz besondere Gründe — und weil in Frankfurt die alten Bankhäuser die Zulassung ebenfalls zu vereiteln wußten. Ihr folgte 1856 die Mitteldeutsche Kreditbank, die aus denselben Gründen Meiningen als Gesellschaftssitz wählte. Und später sind ihrem Beispiel auch die anderen Großbanken gefolgt, selbst wenn sie bei ihrer Errichtung andere, speziellere Ziele verfolgt hatten; so die Diskontogesellschaft, die Deutsche Bank, die Dresdner Bank und noch manche andere. Alle jedoch mit dem Unterschied gegenüber dem Crédit Mobilier, daß sie sich die Gründungsmittel niemals durch die Ausgabe festverzinslicher Obligationen beschafft haben, sondern großenteils durch die stetige Vergrößerung ihres Aktienkapitals und daneben durch das Heranziehen der Depositengelder, die doch immerhin nur niedrig zu verzinsen und in der Zinshöhe dem Konjunkturengang anzupassen sind. Vor allem aber haben die deutschen Banken ausnahmslos darauf gesehen, die von ihnen etwa übernommenen Aktien der Unternehmungen anderer Art so rasch wie möglich wieder abzustoßen, nicht auf ihnen „sitzen zu bleiben“, wozu namentlich die starke Ausdehnung des Depositenverkehrs und die damit verbundene Werbung einer festen Kundschaft dienen sollte. So ist es gekommen, daß alle diese Banken an der Herausbildung der großen deutschen Eisenbahngesellschaften durch Kreditgewährung großen Stils und auch durch vorläufige Aktienübernahme beteiligt waren und daß sie nach der Verstaatlichung sich gerade auch in der Eisenbahnfinanzierung im Ausland betätigt haben. Am bekanntesten ist die Rolle, welche die Deutsche Bank an der Anatolischen und Bagdadbahn innegehabt hat. In Rumänien war es die Diskontogesellschaft, welche die Pläne ihres früheren Kunden Strousberg aufnahm. In Nordamerika sind wohl alle tätig geworden.

Für das Ausland und die Kolonien sind auch in England regelmäßig Banken als Vermittler von Eisenbahnkapitalien tätig, mag es sich um Aktienausgabe privater Gesellschaften oder auch um staatliche Anleihen handeln. Dies gehört zum Geschäftsbereich der Foreign and Colonial Bankers, die zwar zumeist den Hauptton ihres Arbeitens auf die dem Warenhandel dienenden Kreditvorgänge, den Rembourskredit und die finanzielle Abwicklung des Konsignationsverkehrs, zu legen pflegen, aber von den Handelstransaktionen her auch in enge Fühlung mit den Transportunternehmungen des Auslandes und mit den fremden Staaten gekommen sind. Unter ihnen stehen (wie auch im Warengroßhandel Englands selbst) von jeher Firmen deutscher Herkunft — wie J. H. Schröder, Baring, Huth u. a. — mit an führender Stelle. Im Unterschied zu den deutschen Üblichkeiten tritt bei allen diesen Bankhäusern die Vermittlerrolle zumeist auch der Form nach deutlich hervor — sie dienen als Zeichnungsstellen, die mehr nur ihren Namen (ihren Emissionskredit) und nicht ihre Mittel dem ausländischen Geldsucher zur Verfügung stellen. Oft genug aber wird selbst hieraus ein echtes Kreditgeschäft, wenn nicht gar eine Beteiligung. —

3. Die entgegengesetzte Rolle haben bis zum Weltkrieg in den *Vereinigten Staaten von Amerika* die Bankhäuser für die dortigen Eisenbahnen innegehabt, d. h. sie waren hauptsächlich die Vermittler der großen Kapitalaufnahmen in Europa. Hieraus hat sich jedoch ebenfalls vielfach eine feste Bindung zwischen ihnen und den Bahngesellschaften ergeben, die sich in gegenseitiger Beeinflussung der Geschäftsführung auswirkt. Das wohl wichtigste Beispiel ist in der Lösung jenes Streites gegeben, den die Eisenbahnmagnaten Hill und Harriman um die Bahnen des Westens geführt haben; Pierpont Morgan, der schon im Nordosten beim Ausbau des Vanderbilt-Systems bedeutsam mitgewirkt hatte, wurde von Kuhn, Loeb & Co. (der Bankverbindung Harrimans) gleichsam als Schiedsrichter herangezogen und hat es dann auch zum Ausgleich gebracht.

Seit dem Weltkriege hat sich zum Ausland hin die Richtung des Arbeitens gewandelt: die nordamerikanische Union ist bekanntlich Geldgeber geworden; und mögen es vielfach europäische Kapitalfluchtgelder sein, die über Nordamerika in die übrige Welt gelangen, — immer sind es die Bankhäuser New Yorks, darunter ebenfalls viele mit deutschen Firmennamen, die sich zu Trägern dieser Kreditaktivität gemacht haben.

Dank der gewaltigen Größe ihrer Kapitalansprüche haben also allenthalben die Eisenbahnbauten ebenso die Hilfe der Banken in Anspruch genommen, wie sie umgekehrt mit ihren Ansprüchen beigetragen haben, die Banken zu Großunternehmungen zu entwickeln. Das Netz der internationalen Kapitalverflechtung zumal ist großenteils aus den Eisenbahn-Banken-Beziehungen entstanden.

Kapitel IV. Die Wandlung im Wirtschaftsleben.

1. In den älteren Kulturstaaten hat sich inzwischen die *Aufgabe* verschoben, und zwar in doppelter Richtung. Einmal galt und gilt es technisch, seitdem die Neubauten nur noch lokale Bedeutung haben können, die bestehenden Netze in ihrer Leistungsfähigkeit dauernd zu steigern, um sie den sich erhöhenden Bedürfnissen des Verkehrs anzupassen und auch den neu hochkommenden Transportmitteln gegenüber wettbewerbskräftig zu halten. Die Berechenbarkeit der Ablieferung zumal und die Massenhaftigkeit, zum Teil auch die Schnelligkeit und die Bequemlichkeit werden stärker betont als in den Anfangszeiten und erfordern Wandlungen ebenso in der Linienführung und in der Tragkraft des Weges wie namentlich in der Ausgestaltung der Zugmittel und der Fahrzeuge, wie aber auch in der ganzen Betriebsführung.

Wichtiger noch ist, daß sich das Schwergewicht der gesamten Eisenbahngebarung auf die Preisfrage, auf die Tarife verlagert hat; vor allem auf die Gütertarife, von deren Höhe alle Güterpreise, damit alle Produktionskosten in Landwirtschaft und Industrie und alle Lebenskosten sämtlicher Bevölkerungsschichten abhängig geworden sind. Diese Entwicklung ist dadurch bedingt, daß der einzelne Mensch und die einzelne Landschaft sich abgewöhnt haben, ihre Erzeugungs- und Fertigungsarbeit auf den eigenen Verbrauch einzurichten und umgekehrt ihre Bedarfsdeckung allein oder auch nur vorzugsweise aus der eigenen Produktion zu gewinnen. Die Gütertarife der Eisenbahnen gehören zu den wichtigsten Mitteln, nicht etwa nur die wirtschaftlichen Beziehungen eines Landes zur übrigen Welt in der jeweils gewünschten Richtung zu regeln, sondern mehr noch den binnenwirtschaftlichen Güteraustausch von Landschaft zu Landschaft nach Art und Umfang zu bestimmen.

Hier tritt greifbar deutlich zutage, was die Eisenbahnen für das neuzeitliche Wirtschaftsleben bedeuten, welche grundlegende Wandlung sie allenthalben herbeigeführt haben; was es eigentlich heißt, daß durch sie und die sie ergänzende Linienschiffahrt der Meere an die Stelle der lokalen, raumgebundenen Wirtschaftsweise die erdumfassende, vom Einzelraum unabhängige Wirtschaft gesetzt worden ist. Nicht an sich der sogen. Welthandel ist das Neue; er ist so alt, wie wir überhaupt dank Geschichts- und Spatenwissenschaft das menschliche Leben zurückzuverfolgen vermögen, und er greift auch heute irgendwie in die entlegensten, von keinem Schienenweg berührten Landschaften mit seinem Güteraustausch hinein. Auch das gewandelte Mengenverhältnis darf nicht als das entscheidende Merkmal der neuen Zeit angesprochen werden; würden noch immer die Güter, die „von weit her" sind, eben dieser Herkunft wegen besonders hoch geschätzt und als Luxus empfunden, sie wären trotz größerer Mengen eine Entbehrlichkeit und könnten daher das innere Wesen unserer Daseinsführung nicht kennzeichnen. Das maßgeblich gewordene Neue, das in den tiefsten Grund ragende Andere, ist vielmehr in der Art der Güter gegeben, die jetzt von jenem Welthandel über die ganze Erde hinweg umgesetzt werden: die Unentbehrlichkeiten des Daseins, deren Wegfall alsbald, selbst wenn er nur vorübergehend eintritt, die breitesten Massen der Bevölkerung aus ihrer ganzen Lebenshaltung herauswirft, bilden den Grundstock alles interlokalen und internationalen Güteraustausches, und oft genug schätzen wir ein in der Nähe gewonnenes Gut erheblich höher ein als das Erzeugnis der Ferne, das uns in fester Berechenbarkeit tagtäglich zugeführt wird.

Wer wäre wohl in den letzten Friedensjahrzehnten als Wirtschaftskenner auf den Gedanken verfallen, einem „kattunenen Schlafrock echt ostindischen Stoffes", wie ihn Hermanns Vater für Dorothea hingegeben hat, mit der besonderen Begründung nachzujammern: „So etwas kriegt man nicht wieder"? Ausgerechnet ostindische Baumwolle, die wir seit langem als die geringstwertige Sorte ihrer Art einzuschätzen pflegen, obwohl sie doch den längsten Weg von ihrer Erzeugungsstätte bis zu uns zurückzulegen hat, — sie soll man nicht wiederbeschaffen können? Wieviel höher werten wir nicht den ägyptischen Stoff, die Mako-Baumwolle, die doch sozusagen vor unserer Tür uns entgegenwächst, und nun gar den feinen Flachs Belgiens und Irlands, der uns zum Luxusgut geworden ist. Und doch war es ein Wirtschaftsbeobachter höchsten Grades, der den wohlhabenden Wirt zum „Goldenen Löwen" jenen Schlafrock aus diesem Grunde so „ungern vermissen" läßt. — Oder würden wir in jenen Jahrzehnten die Bedeutung des Welthandels an der Einrichtung des Arbeitszimmers eines offenbar ebenfalls wohlhabenden Gelehrten dargelegt haben, wie es Karl Andree, der Herausgeber des bekannten

Handatlas, noch im Jahre 1863 in der Einleitung seiner „Geographie des Welthandels“ getan hat? Ihm scheinen der Schreibtisch aus Mahagoniholz, der englische Teppich aus südamerikanischer oder australischer Wolle, der chinesische Tee aus Berliner Porzellantasse und viele andere Gegenstände von ausgeprägtem Luxuscharakter so wesentlich, daß er kaum die kleinste Kleinigkeit solcher Art vergißt.

Wir würden dies alles wohl auch erwähnt haben, um die Vielseitigkeit der internationalen Handelsbeziehungen Deutschlands recht anschaulich zu machen; aber als Nebensächlichkeit nur, gleichsam als Verzierung und Schnörkel. Alle Betonung hätten wir — zahlenfreudig, wie wir geworden sind — auf den Hinweis gelegt, daß Deutschlands Einfuhr im ganzen von 2,8 auf die gewaltige Summe von 10,8 Milliarden RM zwischen 1880 und 1913 angewachsen ist und daß davon die Rohstoffe schließlich fast 60 % und die Lebensmittel fast 30 %, die fertigen Waren jedoch nur wenig mehr als 10 % ausgemacht haben. Ins Konkrete übertragen heißt dies: ein Großteil all jener Dinge, mit denen wir uns ernährt und bekleidet und unsere Häuser wohnlich gemacht haben, stammte als Rohstoff aus dem Ausland; vollends vieles von dem, mit dessen Verarbeitung wir unsere gewaltig angewachsene Bevölkerung in Arbeit und Brot gehalten haben. Für Großbritannien, Frankreich, Belgien, Holland, die Schweiz lassen sich ähnliche Zahlenreihen geben, wenn schon nicht mit den gleichen Anteilsätzen.

Dies bedeutet weiter, daß auch unsere Ausfuhr eine zwingende Notwendigkeit geworden war; denn mit ihr bezahlten wir jene Einfuhrgüter zum weitaus größten Teil. Deshalb war es wichtig, daß die Zahlen dieser Ausfuhr im ganzen fast Schritt mit denen der Einfuhr gehalten haben: aus 2,9 sind 10,1 Milliarden RM geworden; das kleine Weniger der Ausfuhr wurde reichlich durch solche Einnahmen ausgeglichen, die wir aus Dienstleistungen (Transporten, gerade auch unserer Eisenbahnen, Versicherungen u. dgl.) für ausländische Rechnung und aus Unternehmungs- und Kapitalerträgnissen im Ausland selbst erzielten. Die Zusammensetzung dieser Ausfuhr war jedoch fast entgegengesetzt wie die der Einfuhr: 67 % stellten die fertigen Waren, 22 % die Rohstoffe und halbfertigen Waren, 11 % die Lebensmittel. Und auch hierin gelten für die anderen Länder West- und Mitteleuropas ähnliche Zahlenreihen.

Trotz dieser Notwendigkeiten ist es mißverständlich, von Abhängigkeiten zu sprechen. Es war ja nichts Einseitiges. Die Lieferländer jener Rohstoffe und Nahrungsmittel waren auf die dichtbevölkerten Gebiete von Industrieeuropa als Abnehmer in genau dem gleichen Grade angewiesen wie diese auf ihre Lieferungen, und ebenso hing ihre ganze wirtschaftliche Entwicklung und ihre gesamte Lebenshaltung maßgeblich von der Zufuhr der Fabrikate ab, die sie nach dem Kulturstande ihrer Bevölkerungen und teilweise aus klimatischen Gründen nicht selbst herstellen konnten.

Gewiß gab es in diesen Gegenseitigkeitsverhältnissen schon lange vor dem Weltkriege andauernd Verschiebungen. Es braucht nur auf die industrielle Entwicklung hingewiesen zu werden, die Deutschland seit der Mitte des vorigen Jahrhunderts durchgemacht und durch die es den „Ent-Anglisierungsprozeß" Europas und der Welt eingeleitet hat. Und von einer industriellen „Ent-Europäisierung" der Welt ist seit der Jahrhundertwende sehr deutlich gesprochen worden. Der englische Wunsch, „Werkstatt der Welt" zu bleiben und die anderen Länder in der Agrar- und Rohstoffproduktion festzuhalten, hat sich rasch als unerfüllbar erwiesen und auch durch seine Ausdehnung auf Industrieeuropa nicht an Tragkraft gewonnen.

Der Vorsprung der alten Industriegebiete jedoch, der sich in den Gestehungskosten und Preisen auszudrücken pflegte, sorgte früher dafür, daß den Neuländern der Übergang zu eigener Verarbeitung ihrer Rohstoffe nicht allzu rasch gelang. Europa konnte mit der Abnutzung und Abschreibung seiner älteren Anlagen und mit der Umstellung auf jeweils höherwertige Spezialfabrikate regelmäßig mitkommen. Andererseits gab dieser Industrialisierungprozeß den neu ergriffenen Ländern stets einen solchen Auftrieb in Lebenshaltung und Leistungsfähigkeit, daß sie gerade für die alten Gebiete in ständig steigendem Maße Fabrikatenabnehmer wurden.

Der lebhafteste Güteraustausch hat sich vor dem Weltkrieg nicht zwischen Agrarrohstoffländern und Industriegebieten, sondern zwischen den verschiedenen Industriegebieten selbst abgespielt — auf Grund jener Produktionsteilung, die sich allmählich aus den Kostenunterschieden ergeben hatte. Im Unterschied zur Landwirtschaft, bei der sich derselbe Verschiebungsprozeß deutlich verfolgen läßt, bei der er aber dank ihrer Boden- und Klimaabhängigkeit großenteils nicht durch Umstellungen aufgefangen werden konnte, wurden in der Industrie meist die unvermeidlichen Kapitalverluste — zumeist Verluste nur an privatem Kapitalbesitz, nicht an volkswirtschaftlicher Produktivkraft — durch die Vorteile aufgewogen, die sich aus dem Übergang zu besseren Fabrikationsmethoden und zu immer größerer Mannigfaltigkeit der Fertigung ergeben. Deutschland zumal mit seiner Betonung der feineren Fabrikation und dem Fehlen jeglicher Standdardindustrie hat sich als höchst beweglich und anpassungsfähig erwiesen.

In diesen überstaatlichen Güteraustausch haben überall die Eisenbahnen auch mit ihrer Tarifgestaltung bewußt eingegriffen, und nicht der letzte Grund für ihre fortschreitende Verstaatlichung liegt gerade auf diesem Gebiet. In Deutschland ist es großenteils durch die sogen. Seehafen-Ausnahmetarife geschehen, die sowohl für die Weiterbeförderung ausländischer Rohstoffe (so etwa Baumwolle) zu den innerdeutschen Verarbeitungsstätten als auch für den Vortransport deutscher Ausfuhrwaren mit wesentlichen Verbilligungen gewährt worden sind; nur in räumlich sehr beschränktem Umfang (für Ostafrika und die Levante) hat man auch durchgehende Frachtsätze bis zum überseeischen Bestimmungsort mit den entsprechenden Schiffahrtsgesellschaften vereinbart. Im Ausland, namentlich in England und in den USA., ist gerade diese letztere Form mit Vorliebe angewandt und zu gutem Teil noch dadurch gestützt worden, daß die privaten Eisenbahnunternehmungen die Schiffahrtslinien auch rechtlich an sich angeschlossen haben. Es dürfte jedenfalls kaum ein Land gegeben haben und heute geben, in dem nicht für die Ausfuhr besondere Frachtermäßigungen bestehen.

Trotzdem hat das Dawes-Gutachten, dessen Eisenbahnteil überhaupt von bemerkenswerter Animosität gegen unsere Staatsbahnen zeugt, diesen gerade aus den Seehafentarifen einen schweren Vorwurf gemacht und darauf das Urteil gegründet, daß die einzelstaatlichen Staatsbahnen Deutschlands das Finanzinteresse zugunsten allgemein-wirtschaftlicher Forderungen vernachlässigt hätten. Mit aus diesem Grunde ist die Reichsbahn mit einer Reparationsverpflichtung von jährlich 660 Millionen Goldmark dann belastet worden, wie schon im Diktat von Versailles die Gewährung irgendwelcher Ausnahmetarife tatsächlich unmöglich gemacht worden war. Erst der Wegfall dieser Beschränkung (1925) und der Reparationsverpflichtung (1929) haben der Reichsbahn den Weg zur Gewährung ermäßigter Tarifsätze für die Förderung des Außenhandels wieder geöffnet. —

3. Nun wäre es aber wiederum falsch, in dem überstaatlichen und die Landesgrenzen überschreitenden Güteraustausch allein oder auch nur entscheidend das Wesen der neuzeitlichen Wirtschaftsweise zu sehen. Der Ausdruck Weltwirtschaft ist insofern arg mißverständlich, als er einseitig die wirtschaftsgeographischen Umrisse der wirtschaftspolitischen Aufgaben zu betonen scheint und *den wirtschafts-organisatorischen Inhalt,* die Ausgangsstellung also aller Wirtschaftspolitik, zu stark zurücktreten läßt. Die Bezeichnung Weltmarktwirtschaft trifft dieses Wesenselement besser; denn das Wesen der Friedenswirtschaft lag darin, daß jedermann auf dem „Markte“ als dem großen Unbekannten seinen Bedarf zu decken und auf dem „Markte“ seine Leistungen zum

Verkauf anzubieten pflegte, und daß dieser „Markt“ in seiner Preisbewegung nicht mehr von dem jeweiligen lokalen Angebot-Nachfrageverhältnis bestimmt wurde, sondern ein größeres Ganzes darstellte und von hier aus alle lokalen Beziehungen maßgeblich regelte.

So war auch jeder rein binnenwirtschaftliche Güteraustausch, da selbst hohe Schutzzölle für die innere Preisbildung nur eine von vielen Spesen bedeuteten und den Zusammenhang mit der allgemeinen Preisbewegung keineswegs lösten, aus den lokalen Produktions- und Bedarfsverhältnissen herausgehoben. Die einzelnen Staaten, die doch wirtschafts*politisch* je eine Einheit abgeben, waren der Wirtschafts*gestaltung* nach nicht einmal je ein geschlossenes, die Landschaften ihres Staatsgebietes in der Produktion und in der Konsumtion der Lebens- und Arbeitswesentlichkeiten aufeinander abstellendes Teilganzes geworden. Sie fügten sich vielmehr nur als eine Summe von lauter Einzelvorgängen in das Weltmarktganze ein — man denke etwa an die starke Getreideausfuhr aus Deutschlands Ost- und Südmarken, der eine noch stärkere Fremdeinfuhr im Westen und in der Mitte gegenüberstand, oder an die deutsche Eisenerz- und Steinkohleneinfuhr, während unsere eigenen Gewinnungsstätten nicht zur vollen Ausnutzung zu bringen waren.

Alle Länder haben erst den Sprung von der lokal gebundenen „Nachbarschaftswirtschaft“ zur raumunabhängigen Weltmarktwirtschaft getan, ehe ihre Staatsgewalten daran dachten, mit Hilfe der Wirtschaftspolitik ihre Landschaften zu Nationalwirtschaften (Volkswirtschaftskörpern) zusammenzufassen.

Wie weit sich jedoch tatsächlich der Güteraustausch — im Rahmen der allgemeinen Wirtschaftsbeziehungen oder auch unter dem Einfluß staatlich-wirtschaftspolitischer Maßnahmen — innerhalb der Staatsgrenzen zu entwickeln vermochte, das hing wiederum entscheidend von dem Aufbau des Eisenbahnnetzes und von der Eisenbahntarifpolitik ab; wie denn auch beides in den Dienst des nationalwirtschaftlichen Gedankens überall dort gestellt worden ist, wo der Staat sich zum Träger einer zielbewußten Eisenbahnpolitik gemacht hat. Man vergleiche etwa den Aufbau der französischen Bahnen, die seit jenem Gesetz von 1842 (nach bekanntem Wort) sich wie das Netz einer Spinne, mit Paris als Mittelpunkt, über Frankreich legen, mit den deutschen und englischen Schienenwegen, die je wie ein Fischernetz gleichmäßig die verschiedenen Landschaften bedienen und so für die Wahl, ob binnenländischer oder Auslandsgüteraustausch, die natürlichen Entfernungsverhältnisse viel stärker wirksam gemacht haben. Für das Deutsche Reich war es besonders schwer, die Ziele einer Nationalwirtschaft auch in die Eisenbahnpolitik hineinzutragen; waren doch bei uns die Schienenwege zwar schon seit dem Beginn der achtziger Jahre ganz überwiegend in der staatlichen Hand, aber in der der einzelnen größeren Bundesstaaten und nicht des Reiches, und standen doch demgemäß hinter den wirtschaftlichen Gegensätzen der Landschaften stets gleich die einzelstaatlichen Gewalten, die das Besondere hier immer vor dem Gemeinsamen betont haben.

Ein besonders lehrreiches Beispiel für diese Gegensätze bietet die so wichtige Getreidetarifpolitik. Preußen hatte alsbald nach der Eröffnung seiner staatlichen Ostbahn, in Durchbrechung des sonst üblichen Kilometertarifs, für den Getreidetransport von Ost- und Westpreußen nach Berlin einen sogen. Staffeltarif eingeführt, wonach die Kilometersätze sich mit zunehmender Entfernung beträchtlich ermäßigten; und dies hatte die Getreidesendungen des Ostens, die sonst zur Ostseeküste und damit zur Ausfuhr gegangen wären, in erheblichem Umfang nach Berlin gebracht. Im Jahre 1891, als eine schlechte Welternte die Auslandsversorgung von Mittel- und Westdeutschland zu gefährden drohte, wurde dieser Staffeltarif auf das ganze Staatsbahnnetz Preußens ausgedehnt und in der Tat wenigstens Mitteldeutschland wesentlich stärker als vordem vom Osten her beliefert. Sofort kamen aber auch von den süddeutschen Bundesstaaten schwere Klagen, daß die Lage ihrer Landwirte durch dieses ungewohnte Hereinbrechen ostdeutscher Angebote noch besonders erschwert würde. Diese Staaten machten 1894 sogar ihre Zustimmung zum deutsch-russischen Handelsvertrag von der Aufhebung des preußischen Getreidestaffeltarifs abhängig, und Preußen mußte auf den Druck der Reichsverwaltung hin den — seiner östlichen Landwirtschaft sehr nützlichen, tatsächlich den Süden nicht schädigenden — Tarif wieder aufheben. Als Entschädigung wurde die ostdeutsche Ausfuhr damals erleichtert, indem ihr für jede Menge eine dem Einfuhrzoll entsprechende Vergütung vom Reiche zugestanden wurde. So hat der Gedanke der Weltmarktverbindung das Ziel der Nationalwirtschaft wieder verdunkelt. Erst im Jahre 1920, nachdem das Reich die Eisenbahnen in Besitz und Betrieb genommen hatte, konnte das Prinzip des Staffeltarifs, das einem so ausgeprägten Landkoloß wie Deutschland und zugleich dem Ziel der Selbstkostendeckung der Bahn am besten entspricht, der Frachtengestaltung der Reichsbahn allgemein zugrunde gelegt und so der tatsächlich-wirtschaftliche Zusammenschluß der deutschen Landschaften energisch gefördert werden.

Kapitel V. Der Weg zur Verstaatlichung.

1. Wie die Eisenbahnen zum Träger des allgemeinen Güteraustausches geworden sind, diese Seite des neuzeitlichen Wirtschaftslebens also gleichsam verkörpern, so drückt sich in ihnen am allerschärfsten

die andere Eigenart der Daseinsgestaltung aus, die dem 19. Jahrhundert die Bezeichnung des kapitalistischen Zeitalters eingetragen hat, als Ausfluß der Technik aber auch die kommende Neugestaltung mit bestimmen muß: die zunehmende *Zusammenballung großer Kapitalmassen* in einer Unternehmung und die Beteiligung immer weiterer Bevölkerungskreise an diesem Kapitalbesitz. Zugleich sind an dem Bahnbetrieb so deutlich wie kaum an einem anderen Wirtschaftszweig die Voraussetzungen abzulesen, an die diese Erscheinungen geknüpft sind, und damit die Grenzen, innerhalb deren sie nur zur Geltung kommen können. Was an der marxistischen Lehre von der „Kapitalkonzentration" richtig und was an ihr unzulässige Verallgemeinerung ist, kommt hier zum Vorschein.

Die Entwicklung der Eisenbahnunternehmungen verläuft in allen Ländern der Erde in auffallend gleicher Linie. Von der ursprünglichen, in der Konzession der Liverpool-Manchester-Bahn z. B. ausgesprochenen Auffassung, wonach die Bahngesellschaft lediglich den Weg (wie einen Kanal) darzubieten und auf diesem jeden beliebigen Interessenten zum Betrieb (mit Lokomotive oder auch Pferd und Wagen) zuzulassen habe — vom sogen. Wettbewerb auf der Schiene —, ist man rasch abgekommen, nachdem die in der Schiene liegende Zwangsläufigkeit, die Unmöglichkeit des Ausweichens also, und die Schwierigkeit des raschen Haltens sich gleich bei der feierlichen Eröffnung jener ersten Eisenbahn im tödlichen Unfall des englischen Schatzkanzlers ausgewirkt hatten.

Die Notwendigkeit eines fest geregelten Fahrplans hat auch die Einheitlichkeit der Betriebsführung erzwungen — wie ja auch heute etwa die Internationale Schlafwagengesellschaft zwar ganze Züge über die ihr nicht gehörenden Schienenwege fahren läßt, aber nirgends zur Lokomotivgestellung zugelassen und überall in den Fahrplan der einzelnen Bahn eingespannt wird. Die vorherrschende Regel ist es zugleich geworden, daß die Betriebsführung und damit das Eigentum an den Betriebsmitteln mit dem Schienenweg in einer Hand sich befinden; nur dort, wo noch aus den ersten Anfängen, wie in Frankreich z. B., die damals abgeschlossenen Verträge in die Gegenwart hineinragen, findet sich eine Trennung der Art, daß der Staat die teuerste Anlage, nämlich den Unterbau (den eigentlichen Weg) gestellt und einer privaten Betriebsgesellschaft die Beschaffung des Oberbaues und der Betriebsmittel überlassen hat — auch dann aber wohl ausnahmslos mit der Bestimmung, daß bei Ablauf der Konzession der Staat das ganze in seiner Hand vereinigen kann. Sogar in jener Mehrzahl der Staaten, in denen nicht von Anfang an ein ganzes Netz von Schienenwegen geplant worden ist, haben sich die einzelnen, meist kleinen Strecken der ersten Zeit zwar zunächst nur zu Fahrplangemeinschaften der aneinanderstoßenden Unternehmungen, früh aber auch schon zu großen und dann immer größer werdenden Einheitsunternehmungen zusammengeschlossen, bis schließlich diese Unternehmungen mit den Räumen zur Deckung gelangt sind. Auch die Staatsverwaltungen haben, soweit sie sich unmittelbar zum Träger der Eisenbahnentwicklung gemacht haben, die in den Privatbahnsystemen durchaus herrschende Tendenz sich zu eigen gemacht.

Sogar in England, wo der Staat sich bis zum Weltkrieg fast nur um die Tarifgebarung der Privatbahnen und gar nicht um deren Organisation gekümmert hat, war es nur ein letzter Schritt, mit dem das staatliche Gesetz im Jahre 1921 diese Bahnen zu vier gewaltigen, den Gesamtraum räumlich unter sich aufteilenden Einheitsunternehmungen zusammengeführt hat. Und wenn es in USA. trotz des Bundesgesetzes von 1920 zu demselben Ergebnis der restlosen Aufteilung des Raumes noch nicht hat kommen können, so liegt der Grund auch hier nicht in einem grundsätzlichen Widerstand der privaten Gesellschaften; deren riesige Konzerne haben den Nordosten, das Gebiet der alten Neuengland-Staaten, schon in den achtziger Jahren, den Südosten und den Westen um die Wende des vorigen Jahrhunderts im wesentlichen unter sich aufgeteilt und streiten sich jetzt mit dem Bundesverkehrsamt (Interstate Commerce Commission) nur noch um Einzelheiten herum. In Frankreich, wo schon das Gesetz von 1842 die räumliche Aufteilung gebracht hat — daher die Bezeichnungen Nordbahn, Ostbahn, Westbahn, Paris—Orleans-Bahn, Paris—Lyon—Mittelmeer-Bahn und Südbahn —, bereiten die Einsetzung eines Verwaltungsrates, der unter staatlicher Führung für die einheitliche Betriebs- und Finanzgebarung der Einzelnetze zu sorgen hatte, und die Errichtung einer für alle geltenden Ausgleichsklasse (Gesetz von 1921), besonders deutlich jetzt die Errichtung einer alle Bahnen umfassenden, vom Staat mit 51 % des Kapitals beherrschten Nationalen Gesellschaft (1937), die volle Verstaatlichung vor, die aller Voraussicht nach zwischen 1950 und 1960 mit Ablauf der alten Konzessionen erfolgen wird.

Im Deutschen Reich ist zwar noch ein B i s m a r c k in den siebziger Jahren mit seinem Plan, sämtliche Eisenbahnen des Reichsgebietes in den Besitz des Reiches zu überführen, am Widerstand der Einzelstaaten gescheitert. Durch deren Verstaatlichungsmaßnahmen ist jedoch je für ihre Gebiete, durch Preußen sogar für fast ganz Norddeutschland und die linksrheinischen Reichsteile, die unternehmungsweise Zusammenfassung herbeigeführt worden. Die Errichtung der preußisch-hessischen Eisenbahngemeinschaft (1896) hat ebenso wie die im Jahre 1909 gegründete Güterwagen-Gemeinschaft aller deutschen Bahnen immerhin schon der endgültigen Vollvereinigung vorgearbeitet; die endlich im Jahre 1920 in der Reichsbahn verwirklicht worden ist.

Sogar in den überseeischen Neuländern, soweit sie bereits über nennenswerten Eisenbahnbesitz verfügen, macht sich die Tendenz der Vereinheitlichung in aller Stärke geltend; zumeist ebenfalls in der Form eines Strebens nach Verstaatlichung. —

2. Es müssen gewaltige Kräfte sein, die in dieser Weise über alle Verschiedenheiten des staatlichen und wirtschaftlichen Aufbaues und der wirtschaft-seelischen Einstellung hinweg in der gleichen Richtung wirksam und allenthalben auch der stärksten Widerstände Herr geworden sind. In der privatwirtschaftlichen Sphäre sind als die treibenden, immer wieder durchstoßenden Kräfte, wie Karl Marx es will, in der Tat das *„stehende Kapital“* und die *„konstanten Kosten“* anzusprechen. Jene Anlagen also, die ausschließlich in der einmal erhaltenen Form genutzt werden können, die sich auch bei Fehlschlagen der ursprünglichen Planung oder bei schlechten Konjunkturen nicht in andere Verwendungsarten hinüberwerfen lassen und demgemäß die in sie hineingesteckten Geldmassen ein für allemal festlegen; und jene Kosten, die — hauptsächlich, aber nicht allein aus den Kosten der festen Anlagen stammend — sich entweder gar nicht oder doch nicht in gleichem Maße wie die Leistungen steigern. Aus jener Unbeweglichkeit und aus der Kostenkonstanz folgt zweierlei: ein Drängen auf dauernd gleichmäßige und vollständige Ausnutzung auf der einen, eine peinliche Empfindlichkeit gegen den Wettbewerb und seine Kämpfe auf der anderen Seite.

Das Interesse an gleichmäßig vollständiger Ausnutzung hat zu den Fahrplan-Gemeinschaften und darüber hinaus zum Zusammenschluß solcher Unternehmungen geführt, deren Strecken aneinanderstoßen und erst im Zusammenwirken das Verkehrsbedürfnis voll befriedigen. So mag es im Anfang der Entwicklung für die Berlin—Potsdamer und die Potsdam—Magdeburger Bahn nicht viel bedeutet haben, daß sich außer dem Lokalverkehr über ihre Linien auch Personen- und Gütertransporte bewegten, die ihren Bestimmungsort erst je auf der anderen Strecke erreichten; mochten diese wenigen Fahrgäste dann in Potsdam umsteigen oder womöglich sogar den Bahnhof wechseln und mehr oder minder lange auf einen Anschlußzug der anderen Gesellschaft warten müssen, die Güter dort umgeladen werden und ebenfalls viel Zeit verlieren — zur Vermeidung solcher Lästigkeiten besondere Aufwendungen zu machen, etwa gar die Spurweiten der Gleise aneinander anzupassen oder auf die volle Selbstherrlichkeit der Verwaltung zu verzichten, verlohnte sich nicht, solange ein solcher Übergangsverkehr nur eine unbedeutende Begleiterscheinung des Lokalverkehrs blieb. Ganz anders, wenn er sich auf jeder der beiden Strecken in den Vordergrund schob. Dann erwachte das Interesse, ihn zu pflegen und durch diese Pflege noch zu steigern. Die bisherigen Anlagen wurden ja um so besser und gleichmäßiger ausgenutzt, aus den Zufälligkeiten und der Geringfügigkeit des Lokalverkehrs herausgehoben. Es konnte sogar vorteilhaft werden, mit neuen Kosten neue Anlagen vorzurichten, wenn nur der neue Durchgangsverkehr über die etwaige Steigerung der Betriebskosten hinaus etwas mehr als die Verzinsung dieser neuen Anlagen zu erbringen versprach. Und es kam der Zeitpunkt, zu dem die technische Anpassung und der Fahrplanvertrag nicht mehr ausreichten, den Verkehr gegen Betriebsstörungen zu sichern und zur Befahrung der ganzen Strecke anzureizen. Es mußte schließlich auch der Selbständigkeitsdrang der einzelnen Verwaltungen schweigen. So kam es zu einer Verschmelzung, zur Berlin—Potsdam—Magdeburger Bahn als einer neuen Unternehmungseinheit.

Ein anderes Mittel, die Verzinsung der einmal aufgewendeten Anlagekosten einer Bahn zu bessern und zu sichern, kann in der Schaffung von Zubringerlinien gegeben sein. Dies gilt sogar dann, wenn der Verkehr der neuen Linie die aus ihm unmittelbar erwachsenden Kosten nicht deckt; wenn er nur der Hauptlinie ein solches Mehr an Transporten und Einnahmen bringt, daß jene Verluste hierdurch aufgehoben werden. So fängt der Netzgedanke an, bei der einzelnen Unternehmung Geltung zu bekommen, und das bedeutet ebenfalls Vergrößerung der Betriebseinheit und der zusammengefaßten Kapitalbeträge. —

3. Eben hiermit steigert sich jedoch auch die Gefahr für die einzelnen Bahnunternehmungen, mit anderen Großen in *Wettbewerb und Wettbewerbskämpfe* zu geraten. Sie war zwar überall dort schon gegeben, wo zwei Bahnen dieselben Orte, wenngleich auf verschiedenen Wegen, miteinander verbanden (etwa Berlin—Dresden über Röderau oder über Elsterwerda); indes, ein solcher „Wettbewerb in den Knotenpunkten" ging selten ans Leben, wurde durch die Beherrschung der Zwischengebiete zumeist aufgefangen. Wo sich jedoch die Zubringer, die Saugarme, berührten und ineinander verstrickten, da hieß es um die Quellen des ganzen Systems kämpfen, und da mußten denn alle Mittel der Betriebs- und der Preisgestaltung helfen, das Feld zu behaupten. Und das Ergebnis? Sehr selten ein eindeutiger Sieg, der den Gegner vernichtet hätte. Günstigstenfalls fast immer nur ein Konkurs der kapitalschwächeren Bahn, der diese jedoch als Betrieb nicht beseitigte, vielmehr nach durchgeführter „Kapitalreorganisation" — einem Buch-

haltungsvorgang, von dem Betrieb aus gesehen — nur kampfstärker dastehen ließ; und immer eine solche Schwächung auch des stärkeren Teils, daß an eine spätere Erholung kaum zu denken war, oft genug es auch bei ihm nicht ohne starke Kapitalabschreibungen abging.

Die stehenden Anlagen bleiben nun einmal betriebsfähig, auch wenn sie ihrem Kapital keine Verzinsung erbringen, solange noch die laufenden Betriebskosten aufgebracht werden. Stellen jene Anlagen also in einem Unternehmen den ausschlaggebenden Bestandteil des gesamten Kapitalaufbringens, so bedeutet sogar ein Vollkonkurs nichts anderes als Anpassung der privatwirtschaftlichen Selbstkosten an die Ertragsmöglichkeiten, also eine besonders starke Wettbewerbsstellung des neu (d. h. nur juristisch neu) aufgebauten Unternehmens. Selbst zwei und drei Konkurse bei ein und derselben Bahn rasch hintereinander waren daher in dem Lande der schärfsten Kämpfe, in USA., keine Seltenheit; und es wird verständlich, daß sogar dort in späterer Zeit, etwa um die Wende des 19. Jahrhunderts, als Wettbewerbsmittel nicht mehr die Tarifermäßigungen mit ihren unabsehbaren Wirkungen angewandt werden, daß die Rivalen vielmehr an den Börsen um den ausschlaggebenden Aktienbesitz raufen.

Dies bedeutet ein völlig anderes Kampfziel; nicht Vernichtung, sondern Beherrschung des in Tätigkeit bleibenden Gegners. Dies bedeutet Vereinigung der Unternehmungen; d. h. ein Ergebnis, das auch durch freie Vereinbarungen zu erzielen ist. Und dieser Weg wird um so eher beschritten, als auch ein Börsenkampf allen Beteiligten große Kosten zu verursachen und dauernden Schaden zu bringen pflegt. Mag man die Tarifkämpfe geradezu als eine Kinderkrankheit der Eisenbahnen bezeichnen —, die Börsenkämpfe gehören auch noch in die Zeiten der Unreife und sind daher sogar in USA. im neuen Jahrhundert nicht mehr vorgekommen. Der jüngere Stephenson hat mit seinem Ausspruch, den er für die Eisenbahnentwicklung schon in den vierziger Jahren des vorigen Jahrhunderts geprägt hat, in vollem Umfang recht behalten: Competition is combination, Wettbewerb bedeutet Vereinigung. —

4. Aber eben für die Eisenbahnen, nicht schlechthin für alle Wirtschaftszweige; in der Absolutheit sogar fast nur für die Eisenbahnen. Bei diesen allerdings liegen die Voraussetzungen vor, die es — ohne Eingreifen des Staates — zur monopolistischen Beherrschung ganzer Gebiete kommen lassen. Fast überall sonst — und der Ausnahmen von dieser Regel sind wenige — werfen sich den etwa geltenden Monopol- und Vereinigungstendenzen Hemmungskräfte mit solcher Gewalt entgegen, daß jene sich bei freier Wirtschaft nicht durchzusetzen vermögen. Finden wir dennoch in anderen Wirtschaftszweigen monopol-

artige Gebilde (etwa in der Form straffer Syndikate oder geschlossener Konzerne), so ist es entweder der Staat, der sie mit seiner Gesetzgebung ermöglicht hat — so durch Zwangssyndikate, aber auch mit den Patentgesetzen und teilweise mit den Schutzzöllen und sonstigen Grenzsperren; oder aber es sind brüchige Erscheinungen, die bei allen ihren Maßnahmen mit neuen Wettbewerbsmöglichkeiten rechnen und danach sich richten müssen, also trotz trügerischer Form in Wirklichkeit kein Monopol besitzen —, wie es sogar für das „Mustersyndikat" aller Welt, das Rheinisch-Westfälische Kohlensyndikat, gegolten hat, bis es 1915 durch den Staat zu nachhaltigem Zusammenschluß gebracht worden ist, und wie es auch der für straffste Syndizierung gleichsam geborene deutsche Kalibergbau hat erfahren müssen, ehe er 1910 durch Reichsgesetz zwangsweise syndiziert worden ist.

Wo liegen *die entscheidenden Unterschiede?* Sie liegen nicht in den treibenden Kräften, in der Betonung also des stehenden Kapitals und der konstanten Kosten. Allerdings sind diese nirgends so wuchtig in den Vordergrund gerückt wie bei den Eisenbahnen; man schätzt hier für beide den Anteil an den entsprechenden Gesamtaufwendungen auf mindestens 70 bis 75 %, muß wahrscheinlich sogar noch wesentlich höher gehen. Beim Bergbau jedoch, zumal wenn er in große Tiefen geht, und auch bei den verschiedenen Zweigen der betonten Massenfertigung, wie namentlich in der eisenschaffenden Industrie, spielen die festen, unveränderlichen Anlagen und die von dorther kommenden Verzinsungskosten, wie auch die allgemeinen Verwaltungskosten ebenfalls eine genügend wichtige Rolle, auch hier immer wieder das Streben nach Marktbeherrschung auszulösen; wie es ja auch an Riesenkonzernen, teilweise sogar internationalen Charakters, und an zeitweise straffen Syndikaten, ebenfalls zum Teil auf internationaler Grundlage, in diesen Wirtschaftszweigen nicht fehlt. Die positiven Kräfte sind also hier wie dort in gleicher Wirksamkeit vorhanden.

Schon das Verhältnis zum Grund und Boden ist jedoch grundverschieden. In den Fertigungsindustrien hat dieser in der Regel überhaupt keine nennenswerte Bedeutung; die Fälle sind sehr selten, in denen der Boden von sich aus begrenzt ist, auf dem ein solches Werk errichtet werden könnte. Der Bergbau aber nimmt die Erde nicht nur an der Oberfläche, sondern in allen drei Dimensionen in Anspruch; er ist hiermit der Idee nach ins Unbegrenzte gestellt, und auch in der Wirklichkeit hat es in allen seinen Zweigen noch immer Überraschungen gegeben — vor allem dann, wenn ein Zusammenschluß der schon bestehenden Zechen oder Gruben seine Preismacht monopolmäßig überspannt hat, so daß es lohnend wurde, nach neuen Lagerstätten zu suchen und die gefundenen trotz hoher Kosten zu entwickeln.

Nur die Eisenbahn hält sich an die Erdoberfläche. Ist es also zur Ausbildung eines Schienennetzes gekommen, so läßt sich keine neue Linie von anderem als streng lokalem Charakter erbauen, ohne daß sie die eine oder andere der schon bestehenden Strecken zu kreuzen hat; sie stößt also auf das schon vergebene Eigentumsrecht der Netz-Unternehmung. Dies kann gewiß durch entsprechende Enteignungsgesetze der Staaten, durch staatlichen Eingriff also, oder durch besondere Bestimmungen der wiederum staatlichen Konzessionen in seiner hemmenden Wirkung eingeschränkt werden; es kann Zulassung einer Kreuzung und sogar Mitbenutzung eines Streckenteils gefordert werden. Die allgemeine Erfahrung hat jedoch gelehrt, daß es in der Betriebsführung genug Mittel gibt, diese formell zugestandenen Rechte tatsächlich illusorisch zu machen. In USA. haben die Monopolgebilde der Eisenbahnen keineswegs auf diejenigen Bundesstaaten sich beschränkt, in denen es an Enteignungsgesetzen und anderen staatlichen Vorschriften ähnlicher Art fehlt; sie gehen durch alle Einzelstaaten hindurch und über alle Enteignungsmöglichkeiten hinweg. Die stärkste Gefährdung aller Monopolbestrebungen, das Aufkommen neuer Wettbewerber, braucht also von den zu Netzen zusammengeschlossenen Eisenbahnunternehmungen nicht gefürchtet zu werden. Diese bedeutsamste Hemmung der Kombinationen fällt weg.

So auch eine zweite Hemmung von kaum minderer Kraft. Schon im Bergbau und in der Massenfertigung macht sich geltend, daß ihre Betriebe nicht nur jeweils für längere Zeiten im voraus ihren Gang regeln müssen, also etwas von Fahrplanmäßigkeit an sich tragen; sie können auch, eben weil es sich um Massenleistungen handelt, in viel größerem Umfang als etwa ein Werk der spezialisierten Feinindustrie von einer Stelle hier übersehen und demgemäß geleitet werden: in wenigen Ziffern lassen sich tagtäglich die Arbeitsleistung und die abgesetzte Gütermenge wie auch die Verkaufserlöse so zusammenfassen, daß ein Gesamtergebnis klar heraustritt und danach etwa neue Anordnungen gegeben werden. Der Eisenbahnbetrieb ist durch die Zwangsläufigkeit der Schiene schlechthin an Fahrplanmäßigkeit gebunden und findet es oft schon schwer genug, im Rahmen eines Fahrplans gelegentlich einmal eine Sonderleistung einzuschieben; ihn ganz und gar auf Beweglichkeit einzustellen, ist technisch eine Unmöglichkeit. Seine Transportleistungen, deren Benutzung und Erträge sind ebenfalls zahlenmäßig darzustellen; die Frachtsätze für die Güter und die Fahrpreise für die Personen werden für noch längere Zeiten als die Fahrpläne in Tarifen festgelegt, die keinem Angestellten ein abweichendes Verhalten im Einzelfall erlauben oder es gar von ihm fordern. So ist hier erst recht, trotz der örtlichen Dezentralisation der unendlich vielen Betriebsstellen, über größte Entfernungen hinweg eine einheitliche Oberleitung durchzuführen. One man's theory, die Begrenzung der Unternehmungsgröße durch die Übersichtskraft des einen letztentscheidenden Mannes, kann bei den Eisenbahnen bis zu Größen eingehalten werden, die sonst nirgends zu erreichen sind.

Und schließlich noch eine Erleichterung, um nur das Wichtigste anzuführen. Schon eine kurze Strecke erfordert ein so hohes Anlagekapital, daß selbst im Anfang der Entwicklung wohl keine Eisenbahn allein aus den Mitteln eines einzelnen Kapitalisten oder einer kleinen Gruppe hat gebaut werden können. Längst schon dürfte es auf der ganzen Erde kein Unternehmen geben, das nicht — in der Regel in der Form der Aktiengesellschaft — auf ein breites Publikum sich stützt und stützen muß. Dies schließt gewiß nicht aus, daß auch heute noch — wie wir es von England und von USA. hören — starke Persönlichkeiten der Eisenbahnführung sich als Schöpfer „ihres" Werkes in starker Selbständigkeit zu erhalten wissen und dem reinen Anteilbesitz nicht viel Einfluß auf ihre Geschäftsleitung einräumen; sie pflegen den Zusammenschlußbewegungen, soweit sie diese nicht selbst tragen, in ähnlicher Weise Widerstand zu leisten wie nur irgend der Alleinbesitzer eines kleineren Betriebes. Aber eben diesen ausgeprägten Unternehmer-Persönlichkeiten wird auch die Grenze des eigenen Erweiterungsstrebens, die sonst in der eigenen Kapitalkraft liegt, durch das Heranziehen des Fremdkapitals ganz wesentlich weiter gesteckt. Wer verlangt denn von dem Leiter einer Aktiengesellschaft etwa, daß er selber die Mehrheit der Aktien besitze? Die soziale Bedeutung der Aktiengesellschaft liegt ja gerade darin, daß sie der „kapitallosen Unternehmer-Energie" das fehlende Kapital beistellt und ihr die Ausführung der Unternehmungspläne möglich macht. Und diese „knorrigen" Unternehmer pflegen nicht nur in den Kreisen der eigenen Aktionäre, sondern auch bei denen der verwandten Betriebe Vertrauen zu genießen. Ihnen fließen ebenso für ihre Erweiterungswünsche die erforderlichen Gelder zu, wie auch der Widerstand anderer Unternehmungsleiter gegen solche Wünsche dann von deren Aktionären gebrochen wird. Auch ein Börsenkampf ist ja nur möglich, wenn die umfochtene Unternehmung die Rechtsform der Aktiengesellschaft besitzt.

So sicher also im Eisenbahnwesen gewaltige Kräfte auf das Herausarbeiten größter Unternehmungen hinwirken und die Hemmungskräfte zu überwinden vermögen, so bestimmt haben wir es hier mit einer

Sondererscheinung zu tun, die aus ganz eigentümlichen, sonst sich nicht wiederfindenden Voraussetzungen erwächst und nicht verallgemeinert werden darf. Das Besondere kommt ganz deutlich darin zum Ausdruck, daß wir in Deutschland, dem angeblichen „Land der Kartelle und Konzerne“, (nach den letzten Betriebszählungen und nach der Statistik der Bank für Deutsche Industrie-Obligationen) überhaupt nur vier oder fünf Wirtschaftsgruppen anzuführen haben, in denen die Großunternehmung (mit mehr als 5 Millionen Reichsmark Betriebsvermögen und mehr als 1000 Beschäftigten) der ganzen Gruppe das Gepräge gibt: der Bergbau mit anschließender Eisen- und Stahlindustrie, die elektrotechnische und die chemische Industrie sowie die Seeschiffahrt und das Bankwesen. Im Gesamtdurchschnitt schon der Industrie und vollends der ganzen Wirtschaft überwiegen noch immer stark die mittleren (51 bis 1000 Personen und ½ bis 5 Millionen Reichsmark Betriebsvermögen umfassend) und selbst die noch kleineren Unternehmungen.

Daß aber auch in jenen Gruppen der Konzentrationen und Kombinationen dem Vergrößerungs- und Verschmelzungsprozeß deutlich erkennbare Grenzen gesetzt sind, ist in den starken Rückbildungen zutage getreten, die sich sowohl in der Bergbau- und Eisenindustrie als auch in der Seeschiffahrt als notwendig erwiesen haben; auch haben weder die elektrotechnische Industrie noch das Bankentum in ihren Größtunternehmungen sich als besonders widerstandsfähig gegenüber der Wirtschaftskrise erwiesen. Sogar für die chemische Industrie ist die weit verbreitete Meinung, daß sie bereits mit allen wesentlichen Teilen in der I. G. Farbenindustrie A.-G. zusammengefaßt sei, nicht mehr als ein schwerwiegender Irrtum; sowohl der Beschäftigtenzahl und der Kapitalkraft nach als auch in den Ausfuhrzahlen entfällt auf sie nur etwas mehr als die Hälfte ihrer Gruppe, und der andere Teil, der mit seiner Produktion ausgeprägt spezialisiert ist, enthält in starker Zersplitterung noch so viel Mittel- und Klein-Unternehmungen alten Bestandes, daß er wohl dauernd jenem Großkonzern ein bedeutsames Gegengewicht in der Gesamtgruppe bilden wird. Es sind also schon innerhalb der einzelnen Industriegruppen, wie die Statistik sie zu nennen pflegt, und vollends in dem, was man zusammenfassend Industrie nennt, viel zu viele und viel zu tiefgreifende Unterschiede wirksam, als daß man von irgendeiner einheitlichen Tendenz sprechen dürfte, wie sie doch im Eisenbahnwesen über die ganze Erde hin offensichtlich gilt.

Die Eisenbahngesellschaften sind es denn auch, die überall bei weitem das Größte darstellen, was es in der privatwirtschaftlichen

Sphäre an Kapitalkonzentrationen gibt. In England z. B. war die damals größte Unternehmung, die London-Nordwest-Bahn, schon um die Mitte des vorigen Jahrhunderts zu einem Kapitalbestand von rund 40 Millionen oder 800 Millionen Goldmark gelangt; zu Beginn des neuen Jahrhunderts aber erreichte die dann größte Unternehmung, die London—Midland-Bahn, den gewaltigen Betrag von fast 200 Millionen £ oder 4 Milliarden Goldmark. Aus Frankreich sei mitgeteilt, daß die größte Bahngesellschaft, die Paris—Lyon—Mittelmehr-Bahn, in den fünfziger Jahren 900 Millionen Franken, im neuen Jahrhundert aber 5 Milliarden Franken umfaßte. Von rund 600 englischen Meilen war die Streckenlänge auf fast 6000 Meilen dort, von 1800 km auf 10 000 km hier je in der stärksten Unternehmung angewachsen.

Leider verbieten die mannigfaltigen und völlig unübersichtlichen Verschachtelungen, die den Aufbau der nordamerikanischen Unternehmungen kennzeichnen, die Anführung der dort hervortretenden Kapitalzahlen. Es darf aber erwähnt werden, daß man die Streckenlänge, die von der Pennsylvania-Bahn und von der New-York—Hudson-Bahn kontrolliert wurden, schon um die Wende des Jahrhunderts auf 40 000 und 30 000 km geschätzt hat.

Auch für die einzelstaatlichen Eisenbahnen Deutschlands lassen sich vergleichbare und überhaupt brauchbare Zahlen über die Größe des in ihnen arbeitenden Kapitals nicht angeben; sie waren alle in die allgemeine Finanzgebarung und deren Buchungsformen so fest eingespannt, daß die etatsmäßigen Berechnungen der Kapitalbewegungen für die wirklichen Werte nichts besagen. Aber auch das Bilanzkapital der Reichsbahngesellschaft (26,7 Milliarden Reichsmark) gibt von ihrer Kapitalstärke keinen genauen Begriff; ist es doch nicht etwa aus irgendwelchen Anlagewerten, sondern nach den Betriebsüberschüssen der letzten Friedensjahre durch deren Kapitalisierung (11 Milliarden), durch Hinzufügung von 2 Milliarden neu auszugebender Vorzugsaktien und schließlich durch eine Verdoppelung der so gewonnenen Zahl (13 Milliarden Reichsmark gewöhnliche Aktien) im wesentlichen rechnerisch gewonnen worden*). Von der Gewaltigkeit dieses Reichsunternehmens, des größten Unternehmens der Welt, gibt eine bessere Vorstellung die Tatsache, daß jetzt (unter Einschluß der österreichischen Staatsbahnen) rund 60 000 km Streckenlänge darin zusammengefaßt sind und mehr als 750 000 Menschen beschäftigt werden.

*) Der letzte Jahresbericht (für 1937) gibt als Eigen- und Schuldkapital der Reichsbahn (ohne Reichsautobahnen) den Betrag von rund 19 Milliarden Reichsmark an.

So hat sich jene Sorge der preußischen und sonst einzelstaatlichen Staatslenker, die in den Eisenbahnen *„Staaten im Staate“* emporkommen sahen, aufs schärfste bewahrheitet. Alle Versuche, durch eine entsprechende Gesetzgebung und durch verwaltungsmäßige Kontrolle dem Staat einen maßgeblichen Einfluß auf die Bahnpolitik und namentlich auf die Tarifgebarung der Privatbahnen zu sichern, haben nirgends und niemals zu dem erstrebten Ergebnis geführt; die Eisenbahnen wurden und blieben — nach einem Ausdruck, der in England schon zu Anfang der vierziger Jahre geprägt worden ist — der Herrgott, der den Verlauf des Wirtschaftslebens lenkt. Sogar das preußische Gesetz von 1838, das mit verblüffender Bestimmtheit die tatsächlich gekommene Entwicklung vorausgesehen hat und für kleinere Nebenbahnen noch heute wirksam sein kann, hat zur Zähmung der großen Unternehmungen nicht ausgereicht. Und so ist es in zunehmendem Maße über die Erde hin zur *Verstaatlichung der Bahnen* gekommen — als einer mehr noch staatlichen als wirtschaftlichen Notwendigkeit.

Auch wirtschaftlich hat sich aber bei uns in Deutschland das Staatsbahnsystem durchaus bewährt. Wieder hat sich geltend gemacht, daß die Eisenbahnen dank ihrer technischen Natur einen streng fahrplanmäßigen Betrieb erfordern, und daß sie dank der Betonung des stehenden Kapitals und der konstanten Kosten ihre Preispolitik nur in der Form fester Tarife zu führen vermögen; daß sie also auch in privater Hand nicht die Beweglichkeit eines kleinen Einzelunternehmens zu leisten vermögen. Einer solchen Aufgabe und nicht zuletzt dem Grad von Anpassungsfähigkeit, der noch verbleibt und deshalb auch gefordert werden muß, hat sich unsere Beamtenschaft mit ihrer alt-merkantilistischen, nie unterbrochenen Tradition durchaus gewachsen gezeigt. Wenn heute schon wieder reichlich 70 % der Gütertransporte nach Ausnahmetarifen ausgeführt werden, so zeigt dies wahrlich die weitestgehende Berücksichtigung der örtlichen und sachlichen Besonderheiten. Und wenn jedermann sicher ist, daß die veröffentlichten Tarife auch wirklich eingehalten werden, dann bedeutet dies für alles Wirtschaften und Wirtschaftsplanen nicht nur die Festigkeit irgendeines beliebigen Kalkulationselementes, sondern die zuverlässige Berechenbarkeit einer tragenden Grundsäule, der an Bedeutung nur noch der ebenfalls gleichmäßig geltende Diskontsatz der Notenbank allenfalls gleichkommt.

Was vor 100 Jahren, in den Tagen der ersten Eisenbahnplanungen, mit der Gründung des Deutschen Zollvereins angestrebt worden ist und in ihm vom 1. Januar 1834 ab einen staatsrechtlich-formalen Rahmen erhalten hat —, was dann in der Mannigfaltigkeit der teils privaten, teils staatlichen Eisenbahnen sich nur unvollkommen hat erreichen lassen und auch zwischen den bundesstaatlichen Staatsbahnen des letzten Friedensmenschenalters noch reichlich Reibungen übriggelassen hat — die Geschlossenheit des deutschen Wirtschaftskörpers ist durch die Vereinheitlichung der Bahnen in der Reichsbahn seit 1920 endlich geschaffen. Und wie die Eisenbahnen über alle wirtschaftlichen Leistungen hinaus im Frieden und im Krieg für das Staats- und Völkerleben stets maßgebliche Bedeutung haben, so kann es nicht ausbleiben, daß die Zusammenfassung von rund 750 000 Beamten, Angestellten und Arbeitern in einem Reichsbetriebe auch staatlich dem Reichsgedanken, dem Ziele des einheitlich deutschen Volkes zugute kommt.

GPSR Compliance

The European Union's (EU) General Product Safety Regulation (GPSR) is a set of rules that requires consumer products to be safe and our obligations to ensure this.

If you have any concerns about our products, you can contact us on ProductSafety@springernature.com

In case Publisher is established outside the EU, the EU authorized representative is:

Springer Nature Customer Service Center GmbH
Europaplatz 3
69115 Heidelberg, Germany

Batch number: 10844827

Printed by Printforce, the Netherlands